Belastbarkeit, innere Stärke, Widerstandskraft – mit diesen Schlüsselbegriffen gibt die Psychotherapeutin Polly Young-Eisendrath Denkanstöße und konkrete Hilfestellungen zum Umgang mit Leiderfahrungen wie schweren Traumata durch Verlust und Tod, Krankheit, Frustration und all den Dingen, die wir von Kindheit an als »schlimm« im Leben empfinden. Sie geht der Frage nach, warum viele Menschen in der Folge unter Depressionen leiden – Depressionen in all ihren Schattierungen von gravierendem psychischen Schmerz bis zum diffusen Gefühl der Sinnleere – und warum manche hingegen innere Stärke zeigen, an Problemen wachsen, ja sogar im Sinne einer Reifung Gewinn aus dem ziehen, was ihnen im Leben zustößt. In einer anregenden Verbindung aus Jungianischer Psychologie, aus Leitgedanken des Buddhismus und Fallgeschichten vermittelt die Autorin eine dem »be happy«-Diktum entgegengesetzte Überzeugung: daß Leiderfahrungen bis zu einem gewissen Grad durchaus notwendig sind, damit Menschen eine reife Persönlichkeit entwickeln und tiefere Einsicht in den Sinn des Lebens bekommen können. Dieses lebensgeschichtliche und auf Eigenverantwortlichkeit bauende Deutungsmuster ist nicht nur für Therapeuten anregend, sondern kann jedem den Anstoß geben, über das eigene Leben und Schicksal neu nachzudenken.

Polly Young-Eisendrath, geboren 1947 in Kanada, studierte Psychologie und absolvierte eine Ausbildung zur Jungianischen Analytikerin. Sie führt eine eigene therapeutische Praxis und unterrichtet an der kanadischen University of Vermont. Zahlreiche Publikationen, darunter auf deutsch: ›Du bist ganz anders, als ich dachte. Den Partner wirklich lieben lernen‹ (1993).

Polly Young-Eisendrath

Die starke Persönlichkeit

Quellen der Lebenskraft

Aus dem Englischen von Maria Buchwald

Deutscher Taschenbuch Verlag

Von Polly Young-Eisendrath
ist im Deutschen Taschenbuch Verlag erschienen:
Der Kuß der Froschkönigin (35147)

Zum Andenken am meinen Vater,
Ercil Young, aus dessen Leiden ich Erkenntnis gewann.

Deutsche Erstausgabe
März 1998
2. Auflage Dezember 1998
Deutscher Taschenbuch Verlag GmbH & Co. KG,
München
© 1996 Polly Young-Eisendrath
Titel der amerikanischen Originalausgabe:
The Gifts of Suffering. Finding Insight, Compassion, and Renewal
Addison-Wesley Publishing Company, Inc., Reading,
Massachusetts 1996
ISBN 0-201-47964-8
© der deutschen Ausgabe:
1998 Deutscher Taschenbuch Verlag GmbH & Co. KG,
München
Umschlagkonzept: Balk & Brumshagen
Umschlagfoto: © FOTEX
Satz und Gestaltung: Hartmut Czauderna,
Gräfelfing, auf Apple Macintosh QuarkXPress
Gesetzt aus der 10,4/13˙ Stempel Garamond
Druck und Bindung: C. H. Beck'sche Buchdruckerei,
Nördlingen
Gedruckt auf säurefreiem, chlorfrei gebleichtem Papier
Printed in Germany · ISBN 3-423-35141-1

Inhalt

Danksagung

Am meisten danken möchte ich Dan Gottlieb, Joanna Macy, June Singer und Roschi Philip Kapleau – deren Lebensgeschichten in dieser Reihenfolge hier geschildert werden –, daß sie sich Zeit genommen haben und mir bereitwillig von ihren Wandlungsprozessen erzählt haben. Viele meiner Vorstellungen über dieses Buch steckten noch in den Anfängen, als ich mit ihnen sprach. Ihre Antworten und Kommentare auf die Fragen zum Phänomen des Leidens (dieser Fragenkatalog findet sich im Anhang) markierten für mich den Beginn eines Entdeckungsprozesses. Ich studierte die Bandaufzeichnungen aufmerksam und stellte die Überlegungen meiner Gesprächspartner in einen größeren Kontext. Und dadurch erreichte ich viel mehr, als es mir nur mit eigenen Erfahrungen möglich gewesen wäre.

Carol Foltz erwies sich bei diesem Projekt als gründliche und gewissenhafte Forschungsassistentin. Mit der Zusammenstellung der Anmerkungen und Verweise leistete sie hervorragende Arbeit. Ohne ihre Hilfe hätte ich die empirischen Grundlagen zum Thema »innere Widerstandskraft«, von dem in diesem Buch die Rede ist, nicht im erforderlichen Maße ausschöpfen können. Danke, Carol.

Sue Trainor war flink und genau bei der Textverarbeitung, bei Anmerkungen und Einfügungen, die ich immer wieder verlangte. Danke, Sue.

William Patrick und Sharon Broll waren ausgezeichnete Lektoren. Ich bin ihnen dankbar für ihr beharrliches Umgestalten und Kürzen meines ausufernden Stils. Dieses Buch war ein großer Gewinn für mich, da ich hier zum ersten Mal einige meiner Überlegungen und beruflichen Erfahrungen in einem übergeordneten gedanklichen Zusammenhang vorstelle. Oft bin ich zu akademisch oder zu persönlich an diese neuen Themen herangegangen. Ohne meine tatkräftigen Lektoren hätte ich die Probleme nicht gemeistert.

Während der Niederschrift dieses Buches starb mein Vater. Er und ich hatten eine komplizierte und schwierige Beziehung, aber der Prozeß seines Sterbens verwandelte und vereinfachte diese Beziehung; sie wurde durch eine neue Klarheit und Freundlichkeit bereichert. Er hatte keinen schweren Tod, und diese Erfahrung bestärkte mich sehr in dem Glauben an eine übersinnliche Kohärenz des menschlichen Lebens – unser Sein ist bedeutsam auf vielerlei Ebenen. Ich glaube, daß der Tod ein Übergang ist, ein neues Entwicklungsstadium darstellt sowohl für den Sterbenden als auch für den Lebenden. Ich werde immer dankbar dafür sein, daß ich den Tod meines Vaters in diesem Sinne erleben durfte.

Ohne meinen Partner und Ehemann, Ed Epstein, hätte ich das Buch nie vollendet. Bei allem, was ich tue, ist er mein bester Freund und Mitarbeiter. Wie immer danke ich ihm für seine Zeit, seine Energie, seinen Scharfblick und seine Kritik.

Natürlich bin letzten Endes ich verantwortlich für das, was hier steht. Ich hoffe, daß es erhellen kann, auf welche Weise Leid und Mitleid(en) verbunden sind und warum wir Leiderfahrungen und Schmerz als wichtige (wenn auch schwierige) Lehrer für unsere Menschwerdung wertschätzen sollten.

Einführung

Ich habe viel Zeit meines Lebens damit verbracht, das Problem des Leidens zu studieren. In meiner Kindheit war ich häufig Nöten und Konflikten ausgesetzt, da die Erwachsenen um mich herum offensichtlich nicht in der Lage waren, angesichts der Belastungen durch Armut, Familienstreitigkeiten und Ängsten zusammenzuhalten. Als Jugendliche wurde mir das Ziel meines Lebens deutlich: die Suche nach Ursachen und Heilmethoden für emotionales Leiden. Als Erwachsene verbrachte ich unzählige Stunden damit, mit anderen über ihre Probleme und die damit verbundenen Lebenssituationen zu sprechen. Als Psychologin studiere ich die menschliche Entwicklung – in meinem eigenen Leben, in meiner Praxis und anhand empirischer Forschung.

Heute sehe ich, daß ich aus meiner schwierigen Kindheit Nutzen gezogen habe; daß ich über genügend Unterstützung verfügte, um leidvolle Prägungen in Erkenntnis und in Verbundenheit mit anderen Menschen zu verwandeln. Ich bezweifle, daß ich ein erfüllteres Leben als mein gegenwärtiges hätte führen können, wenn ich in meiner Kindheit mit Privilegien überhäuft worden oder in der Lage gewesen wäre, wie eine Hellseherin in die Zukunft zu schauen. Meine Arbeit als Psychotherapeutin und Analytikerin eröffnet mir jeden Tag meines Lebens neue Bedeutungshorizonte und Einsichten. Wäre meine Neugier am Sinn und Zweck des menschlichen Leidens ohne die Probleme in meiner Kindheit so frühzeitig erwacht? Ich glaube nicht. Es veranlaßte mich, einen Berufsweg einzuschlagen, der mich lehrte, den Schwierigkeiten des Lebens ohne Verzweiflung ins Auge zu sehen. Durch das Studium der Lebensgeschichten, die Menschen in Not mir schilderten und die ich mitverfolgte, festigte sich meine Zuversicht – Zuversicht, daß die Verwandlung von Problemen in ein Lebensziel und in innere Reife erlernt werden kann.

Dieses Buch handelt von der »Mitgift« von Leid und Schmerz: Einsicht, Verbundenheit und inneres Wachstum. Und ich möchte meinen Lesern begreiflich machen, wie und warum Probleme manchmal zu einer Wandlung führen können, zu anderen Zeiten dagegen nur zu noch mehr Leiden. Dabei stütze ich mich auf Entwicklungstheorien (insbesondere der von C. G. Jung) aus der Psychologie, der Psychoanalyse und dem Buddhismus. Außerdem bringe ich Geschichten von Menschen zur Sprache, die innere Stärke und Widerstandskraft entwickelten und unter Beweis stellten.

Da mein Schwerpunkt auf dem liegt, was wir eine »starke Persönlichkeit« nennen, gehe ich nicht detailliert auf die pathologischen Wirkungen von traumatischen Erfahrungen ein, obwohl mir ihre Tragweite vollständig bewußt ist und ich in meiner therapeutischen Arbeit gesehen habe, wie eine grundsätzliche Lebenszuversicht dadurch untergraben wird. Keinesfalls unterschätze ich den Schaden, den das menschliche Leben durch direkte oder indirekte Gewalt in der Kindheit, durch Verlusterfahrungen, durch Unwissenheit und Unterdrückung und durch die ungerechte Verteilung materieller Güter und Bildungschancen erleidet – in unserer Gesellschaft und auf der ganzen Welt.

Die Ansicht, daß Leiden und Mangelerfahrungen bestimmte positive Eigenschaften fördern können, mag auf diejenigen Menschen wie eine Beleidigung wirken, die glauben, daß so etwas – insbesondere unter Armen, Kranken und Unterdrückten – nicht wiedergutzumachen ist. Ich hoffe, daß die Leser, die so empfinden, mein Buch dennoch nicht gleich aus der Hand legen und sich der Erkenntnis öffnen, daß selbst schlimmste seelische Verletzungen in Hoffnung und Sinngebung verwandelt werden können. Die meisten von uns benötigen viel Unterstützung, um diese Wandlung zu vollziehen. Einige wenige können es aus eigener Kraft, so als wären sie mit der angeborenen Fähigkeit ausgestattet, hinter eine Mauer aus Schmerz und darüber hinaus zu sehen. Warum sollten wir diese Menschen nicht zu unseren Lehrern machen?

Meine sind sie jedenfalls gewesen. Schon als Kind war ich faszniert von dem Gedanken, daß Leiden inneren Reichtum – das heißt gewisse Einblicke in die menschliche Seele und ein Lebensziel – mit sich bringt, den wir auf keinem anderen Weg erlangen können. Immer suchte ich nach Menschen, die schlimme Situationen überlebt und daraus Nutzen gezogen hatten. Als ich acht oder neun Jahre alt war, entwickelte ich meine eigene Theorie über die starke Persönlichkeit, wonach Schwierigkeiten in der Kindheit späteren Leistungen auf künstlerischem oder geistigem Gebiet förderlich seien. In den vergangenen zwanzig Jahren ließ ich mich in meiner Arbeit als Psychotherapeutin von Jungs Vorstellung inspirieren, der meinte, »Blei« könne während der Entwicklung zum Erwachsenen in »Gold« verwandelt werden. Belastungen wie Kindheitsprobleme, Ehekonflikte oder Krankheiten veranlassen uns oft, Fragen zu stellen, die zu neuer Selbsterkenntnis und letztlich zu einem neuen Sinn im Leben führen. Spirituelle Praktiken und ein Wissen über seelische Zusammenhänge haben den Menschen über Jahrtausende bei dem Prozeß geholfen, »Blei« in »Gold« zu verwandeln.

Der Buddhismus war in meinem Leben schon eine wichtige Quelle der Inspiration, noch ehe ich auf die Universität ging, um meine Ausbildung als Psychologin zu absolvieren. Viele Jahre lang sprach ich nie öffentlich über meinen buddhistischen Hintergrund, teilweise aus Angst, daß es andere von mir entfremden und mich als Exotin abstempeln würde. Heute, wo der Buddhismus im Westen eine große Anhängerschaft genießt und lesbare Übersetzungen buddhistischer Werke vielen Menschen zugänglich sind, denke ich, daß die Zeit gekommen ist, zu zeigen, welchen Stellenwert er in meiner Weltsicht einnimmt.

Viele Menschen haben zur Entstehung dieses Buches beigetragen, aber diejenigen unter ihnen, deren Lebensgeschichten im einzelnen dargestellt werden, waren dabei unerläßlich. Ohne ihre Geschichten hätte es dieses Buch nicht gegeben. Da alles, was in einer Psychotherapie geschieht, streng vertraulich ist, kann ich

11

die Dinge, die mir meine Klienten mitteilen, nicht direkt oder gar wörtlich wiedergeben. Daher habe ich Bruchstücke verschiedener Fallgeschichten zusammengesetzt und sie mit erfundenen Namen und Persönlichkeiten versehen, damit sie lebensecht wirken. Auch kann ich nur in begrenzter Weise mein eigenes Leben einbeziehen, da ich in meiner Arbeit als Analytikerin ein bestimmtes Maß an Anonymität wahren muß. Denn meine Klienten sollen nicht von meiner Lebensgeschichte beeinflußt werden, sondern sich vollständig auf ihre eigene konzentrieren können.

Die ausführlichen Fallgeschichten, die Sie hier lesen werden, stammen von vier mir sehr teuren Freunden und sind in jeweils mehrstündigen Gesprächen eigens für dieses Buchprojekt aufgezeichnet worden (meine Gesprächspartner haben alles, was ich über sie schreibe, gelesen und gebilligt). Ich schildere die wichtigen Ereignisse in ihrem Leben, die mit ihrer Wandlung zusammenhängen, damit der Leser nachvollziehen kann, wie Schmerz und Leiden in ihr Leben traten und sich mit ihrer Reifung verflochten. Ihre Lebensgeschichten sind Vermächtnisse, die uns allen wertvolle Anregungen für unser Leben geben mögen.

ERSTES KAPITEL

Das Positive am Leiden

Vor etlichen Jahren stellte sich in meiner psychotherapeutischen Praxis ein Ehepaar vor, das ein Kind durch eine lange, schwere Krankheit verloren hatte. Während einer Sitzung erzählte mir der Vater die Geschichte von einem alten, weisen Chinesen[1], die ihm in seinem Schmerz sehr geholfen hatte und die ich hier wiedergeben möchte:

Der Weise, der als sehr lebensfroh und abenteuerlustig galt, hatte eine merkwürdige Angewohnheit, die immer wieder die Aufmerksamkeit seiner Umgebung weckte: Er pflegte seinen Maulesel rückwärts zu reiten.

Die Leute fragten ihn oft: »Warum reitest du deinen Maulesel rückwärts?« Und er antwortete jedesmal: »Es spielt im Leben keine Rolle, wohin man geht. Die Richtung ist unwichtig, einzig das, was man auf seinem Weg tut, zählt.«

Aber sie ließen nicht locker und wollten von ihm wissen: »Wie sollen wir leben?«

»Laßt euch Erfolge nicht zu Kopf steigen und verzweifelt auch nicht über Niederlagen. Glück oder Unglück haben keine Bedeutung. Die Wechselfälle des Lebens sind nur dazu da, um euren Charakter zu formen. Wenn ihr Mißgeschick erleidet und in der richtigen Weise darauf reagiert, wird es euch langfristig ebensoviel Nutzen bringen, wie wenn ihr Glück erfahren hättet. Verbündet euch mit dem Schicksal – und jede Erfahrung, die euch das Leben zu bieten hat, wird euren Charakter stärken.«

Dieser alte Mann war gleichgültig gegenüber materiellem Reichtum, Ruhm oder Mißerfolg. Er ritt rückwärts und schenkte daher den Dingen, die ihm geschahen, wenig Beachtung, dafür aber um so mehr seinen eigenen Reaktionen.

Ich war tief beeindruckt davon, wieviel Weisheit und Trost mein Patient durch diese Geschichte erfahren hatte. Und auch auf welche Art und Weise: Immer wenn dieser junge Mann das Gefühl hatte, sein Schmerz überwältige ihn, half ihm die Geschichte, einen Sinn darin zu sehen und ihn als Möglichkeit für eine neue seelische Entwicklung zu begreifen.

Alle Heilmethoden, Ratschläge und Fallbeispiele, die ich in diesem Buch anführe, könnte man in dem Satz: »Reite deinen Maulesel rückwärts« zusammenfassen.

Vielleicht haben Sie zu diesem Buch gegriffen, weil Sie Kummer haben, vielleicht auch, weil Ihnen – vor kurzer Zeit oder in Ihrer Kindheit – etwas Schlimmes zugestoßen ist. Jeder von uns wird im Leben mit Schicksalsschlägen konfrontiert, aber die meisten Menschen sind nur allzuschnell bereit, den damit verbundenen Schmerzen und Leiden auszuweichen.

Wir glauben, wir müßten in der Lage sein, uns vom Schmerz zu befreien, und halten Leiden für eine Zeitverschwendung. Wir sind in unserer Gesellschaft von »Antileidenskampagnen«[2] umgeben, die uns suggerieren, wir könnten uns schützen, indem wir uns der Illusion der Kontrolle hingeben. Aber indem wir viel Geld verdienen, unsere Stimmungen mit Hilfe von Antidepressiva verändern und uns mehr und mehr auf Erfolg und Leistung konzentrieren, geben wir uns falschen Sicherheiten hin. Manche behaupten, wir sollten das, was uns quält – eine Krankheit, einen Ehegatten, eine Depression, eine Pflicht, eine bestimmte Arbeit – einfach aus unserem Leben entfernen.

Dabei vergessen wir, daß Leiden ein wesentlicher Bestandteil der Existenz und zudem eine der Haupttriebkräfte der menschlichen Entwicklung ist. Schmerz und Leiden dürfen wir nicht ausweichen, denn sie können unsere verborgene Fähigkeit zu Mitgefühl und Kreativität zutage treten lassen. Solange wir unsere Grenzen nicht erreichen, wissen wir nicht, wie wir sie überwinden können. Ehe wir unsere größten Ängste nicht wirklich kennen, wissen wir nicht, wieviel innere Stärke in uns steckt. Erst wenn Nöte und Schicksalsschläge unsere Schutzwälle niedergerissen haben, stellen wir uns die großen Fragen der menschlichen Existenz: Wer bin ich? Was für ein Ziel verfolge ich im Leben? In schwierigen Zeiten durchbrechen wir die gewohnten Grenzen zwischen uns und den anderen und erfahren – oft zum ersten Mal – wirkliche Gemeinschaft.

Bis vor einigen Jahren hätte ich es abgelehnt, über Leiden zu schreiben, da ich annahm, ich sei dafür nicht kompetent. Für mich gehörten Leiden und seine Deutung in den Bereich der Religion. Aber ich habe zu viele Menschen getroffen, die kein Verständnis für ihr eigenes Leiden aufbrachten und keine Ahnung hatten, in welcher Weise oder aus welchem Grund es sinnvoll für sie sein könnte. Allzuoft hörte – und höre – ich in dem Erstgespräch für eine Psychotherapie auf meine Frage nach Mutter oder Vater meines Klienten die mechanischen Antworten: »Ich komme aus einer dysfunktionalen Familie«[3], oder: »Meine Mutter war Alkoholikerin.« Wenn ich dann darum bitte, mir Einzelheiten zu nennen, und beispielsweise frage: »Was für ein Mensch war Ihr Vater?« ernte ich oft einen erstaunten, ja ärgerlichen Blick, und es fallen Sätze wie: »Ich erinnere mich nicht sehr gut an ihn. Mir ist vor allem im Gedächtnis, daß er sehr kühl und abweisend war. Ich spielte in meiner Familie die Rolle des Vermittlers/Friedensstifters/lieben Kindes«. Wenn ich mit Menschen zu tun habe, die in beruflichen oder familiären Schwierigkeiten stecken, stellen sich mir ihre Einstellungen zu den erlittenen Schicksalsschlägen oft ähnlich verworren oder kurzsichtig dar. So ist der Tod eines Ehegatten oder Angehörigen nichts anderes als ein »unersetzlicher Verlust«. Eine Scheidung wird auf einen banalen »Fehler« reduziert, oder sie ist das Symptom einer Störung. Anstatt diese Verluste und Unglücksfälle aufgrund der Fülle von Erkenntnissen, die sie uns über uns selbst und über die menschliche Natur vermitteln können, wertzuschätzen, stempeln viele Menschen sie allzuschnell ab und gehen darüber hinweg oder sie verheimlichen sie schamhaft und ängstlich.

Gewöhnlich nehmen wir an, daß die Schwierigkeiten in unserer Kindheit letzten Endes darauf hinauslaufen, daß wir als Erwachsene keinen Erfolg haben können, denn unsere Eltern waren gewalttätig oder Alkoholiker oder unwissend. Leider bringt uns diese klischeehafte Vorstellung um eine differenzierte Sicht der Dinge und um die Fähigkeit der Anteilnahme, die beide unser Verständnis für andere und für uns selbst bereichern.

Obwohl die traditionelle Psychotherapie mit ihrer Methode, die bestehenden Probleme auf die Kindheit zurückzuführen, uns möglicherweise darin bestärkt hat, uns ganz offen über unsere Eltern zu beklagen, scheint es oft so, als sei uns die tiefere Bedeutung des Erlebten entgangen. Sowohl Freud als auch Jung[4] gründeten ihre Therapien auf der Voraussetzung, daß die Konfrontation mit dem, was uns am stärksten traumatisiert und am meisten Schmerz bereitet hat, den Beginn der Heilung darstellt. Versuchen wir, dem, was uns Probleme bereitet, auszuweichen oder es zu leugnen, werden unsere Schwierigkeiten im allgemeinen noch größer. Simple Schuldzuweisungen können ein Mittel sein, der Verantwortung für die eigenen Einstellungen und Handlungen aus dem Weg zu gehen. Bilden wir uns ein, unsere Schwierigkeiten zu meistern, oder lehnen wir Krankheit, Verlust oder Tod letztendlich ab, so hindert uns dies daran, uns und andere kennenzulernen, und wir fühlen uns den Dingen entfremdet und beziehungslos.

Viele Theorien über die geistige Entwicklung machen einen Unterschied zwischen einem nutzbringenden Leiden, das zu seelischer Reife führt, und nutzlosem Leiden, das lediglich noch mehr Leiden mit sich bringt. Jung sprach von neurotischem Leiden als Scheinersatz für wirkliches Leiden[5]. In seinen Schriften trennte er das ständige Grübeln, die innere Unruhe, die Selbstzweifel und das ängstliche Verhalten des Neurotikers ganz klar von jenem Leiden, das ein wesentlicher Bestandteil des Leben ist. Die ehrliche Konfrontation mit tiefempfundenem Schmerz über die Begrenztheit und Unvollkommenheit des menschlichen Lebens, über unvermeidliche Verluste, Krankheit, Verfall und Tod macht uns den tieferen Sinn des Lebens bewußt.

Eine Neurose hingegen hindert uns daran, die volle Bedeutung unseres Schmerzes zu erkennen; auch lenkt sie uns vom Wesentlichen ab und erzeugt Trugbilder: durch Idealisierung und großartige Erwartungen, durch Selbstmitleid und Neid. Sie geht einher mit einer kindlichen Auffassung vom Leben, da sie uns fordern läßt, daß die Dinge so sind, wie wir sie gerne hätten, und Scham oder Zorn in uns auslöst, wenn sie eben nicht so sind.

Solange wir nicht die Verantwortung für unser eigenes Leben – unsere Einstellungen und Handlungen – übernehmen, bleiben wir neurotische Kinder; wir wiederholen stets dieselben Fehler, die wir in unserer Kindheit angenommen haben, und geben anderen die Schuld dafür. Jung war der Ansicht, daß unsere westlichen Glaubenslehren neurotische Neigungen fördern, da wir unseren Gott gemeinhin als allmächtige Vaterfigur ansehen. Menschen, für die Gott in erster Linie ein starker Beschützer ist, werden nie reif: Sie »*bleiben* Kinder, anstatt *wie* die Kinder zu werden, und sie erlangen das Leben nicht, weil sie es nicht verloren haben«[6]. Der Begriff »das Leben verlieren« bedeutet hier, daß man gezwungen ist, die kindlichen Wünsche von Kontrolle und Perfektion aufzugeben, um den Herausforderungen von Schmerz und Schwierigkeiten in unserem Leben zu begegnen. Jene kindlichen Wünsche finden ihren Niederschlag in den erwähnten »Antileidenskampagnen«, denen zufolge Verlust, Krankheit, Alter – ja vielleicht sogar der Tod – mit Hilfe irgendeines Medikaments oder irgendwelcher spiritueller Techniken besiegt werden können.

Zwischen Schmerz und Leiden unterscheidet eine alte Tradition im Buddhismus[7] – eine Religion, die diese Unterscheidung seit mehr als zweitausendfünfhundert Jahren erforscht. Vielleicht bietet der Buddhismus, dessen Begründer die Linderung des Leidens als seine zentrale Aufgabe ansah, die höchstentwickelte Interpretation des menschlichen Leidens und seiner Bedeutung. Seine Lehren enthalten psychologische Einsichten und praktische Weisheiten, die zeigen, wie man durch Schwierigkeiten hindurchgeht und dabei eine Wandlung zur seelischen Reife vollführt.

Wenn Sie mit dem Buddhismus nicht vertraut sind, mag Ihnen diese Auffassung fremdartig, vielleicht sogar abwegig vorkommen. Aber wenn Sie imstande sind, Ihren Geist für das zu öffnen, was diese uralte und doch so zeitgemäße Religion uns über das Leben zu sagen hat, werden Sie entdecken, daß sie in einigen speziellen Fällen Hilfe bietet. Ich erwähne den Buddhismus hier deshalb, weil ich eine persönliche Erfahrung damit verbinde (auf die ich weiter unten zu sprechen komme), aber auch wegen seiner großen Nützlichkeit bei Problemen des Leidens in allen Lebenslagen – angefangen von alltäglichen Problemen bis hin zu Krankheit und Tod. Ich gebe hier nur eine kurze Einführung in den Buddhismus; mehr über seine Bedeutung werden Sie ohnehin erfahren, wenn Sie selbst erleben, auf welche Weise er Licht in die Fragen der menschlichen Probleme bringt.

»Buddha« ist ein Wort aus dem Sanskrit, das zwei zusammenhängende Bedeutungen hat: Erstens heißt es höchste Wahrheit oder höchster Geist, und zweitens: der, der sich der wahren Natur des Lebens bewußt ist. Der als Buddha bekannt gewordene Mann – ein indischer Prinz, der vor mehr als zweitausendfünfhundert Jahren lebte – war eigentlich dazu ausersehen, Herrscher eines kleinen Königreiches zu werden; er wählte jedoch einen spirituellen Weg. Man nimmt an, daß Prinz Siddharta – so lautete sein Name, ehe er Erleuchtung fand – deswegen ein spirituelles Leben wählte, weil er sich mit Armut, Krankheit und Alter nicht abfinden konnte.

In jener Zeit herrschte in Indien eine strenges Kastensystem. Die »Unberührbaren«, die der untersten Kaste angehörten, verrichteten ausschließlich Arbeiten, die niemand sonst übernehmen wollte: Sie transportierten Leichen auf die Scheiterhaufen, beseitigten menschliche und tierische Exkremente, vertrieben giftige Schlangen und andere gefährliche Tiere aus menschlichen Behausungen u. ä. Siddharta, der der priviligiertesten, herrschenden Kaste entstammte, war über die Notlage der »Unberührbaren« tief bestürzt. Er war nicht bereit, die bestehende religiöse Lehre zu akzeptieren, wonach diese Menschen aufgrund ihrer früheren Leben in ihre Kaste hineingeboren waren und erst im nächsten Leben imstande sein würden, ihre Verhältnisse zu ändern.

Auch beobachtete Siddharta, daß jeder Mensch auf dieser Welt – unabhängig davon, welcher Gesellschaftsschicht er angehört und über welche geistigen Errungenschaften er verfügt – Krankheit, Schmerz, Verlust und Tod unterworfen ist. Dieser Umstand weckte in dem jungen Prinzen den starken Wunsch, die Ursachen oder Quellen des Leidens zu ergründen, um ihm abzuhelfen.

Nachdem Siddharta sechs Jahre lang die strengen und schwierigen Yogaübungen der damaligen Zeit praktiziert hatte, fühlte er sich schwach und erschöpft. In einem Augenblick der Eingebung entdeckte er, was er später den »Mittelweg« der Meditationspraxis nannte – eine Methode, die sowohl Gesundheit und körperliche Kraft als auch Konzentration und Achtsamkeit förderte. Dank dieser Methode gewann Siddharta schließlich eine tiefe Kenntnis von der Natur des menschlichen Lebens.

Er verstand fundamental, auf welche Weise wir selbst unser Leiden erzeugen und wie wir es lindern können. Und es war für ihn eine konkrete, unumstößliche Tatsache, daß alle Wesen dieser Welt miteinander verbunden und voneinander abhängig sind. Da er diese Wahrheiten so klar erkannte, erkannte er auch, daß das menschliche Leben eine große Qual oder aber eine Quelle der Freude und eine Chance sein kann. Um unser Leben in Freiheit, Gesundheit und Glück führen zu können, müssen wir mitfühlend und tolerant sein. Und damit wir mitfühlend und tolerant sein können, kommen wir – wie wir sehen werden – nicht umhin, uns selbst mit Schmerz und Leiden sowie mit der Ergründung seiner Bedeutung zu konfrontieren und uns unserer Abhängigkeit und Verbundenheit mit allen Wesen dieser Erde bewußt zu werden. Buddha lehrte eine Methode, mit der dieser gedankliche Prozeß eingeleitet werden kann, und er hinterließ einen riesigen Schatz an Wissen und Weisheit, der seiner eigenen Erfahrung entstammt.

Nach seiner Erleuchtung verbrachte Buddha fünfundvierzig Jahre mit Reisen und Lehren. Viele seiner unzähligen Lehren hat man aufgezeichnet, und sein Vermächtnis ist ungeheuer groß. Ich werde hier einige seiner Lehren anführen, seiner Bilder und Gedanken, die wichtig sind, um zu verstehen, wie Schmerz und Leiden in geistige Entwicklung und schöpferische Kraft verwandelt werden können.

Ein wichtiger Gedanke ist in dem Sanskrit-Wort *Dukkha* enthalten – ein Begriff, den Buddha benutzte, um die Grundverfassung der menschlichen Existenz zu beschreiben. Gewöhnlich wird dieser Begriff mit »Leiden« übersetzt, passender wäre jedoch »Unzufriedenheit«. Wörtlich bedeutet er: »Rad, das sich nicht um seine Achse dreht«, oder: »Knochen, der aus seinem Gelenk herausgesprungen ist«. *Dukkha* entspricht den Reaktionen, die in unangenehmen oder schmerzlichen Situationen automatisch in uns ablaufen. In Sätzen wie »Das gefällt mir nicht«, oder: »Weshalb passiert gerade mir das?« oder: »Warum bin ich nur so dumm?« zeigt sich die entweder verdeckte oder ganz offen an den Tag gelegte Haltung, die wir einnehmen, wenn die Dinge nicht so laufen, wie wir es gerne hätten.

Der Schlüsselbegriff *Dukkha* veranschaulicht, wie wir Leiden hier verstehen, wenn wir den Unterschied zwischen Schmerz und Leiden erforschen. Er ähnelt dem, was Jung meinte, als er sagte, daß die Neurose ein »nutzloses Leiden« darstellt; *Dukkha* ist Reibung und Unzufriedenheit, ist die negative Einstellung, die uns daran hindert, ein inneres Gleichgewicht zu finden und uns von unseren Wünschen und ständigen Klagen zu trennen. Schmerz dagegen ist ein notwendiger, allgemeiner Bestandteil der Existenz. Zu dem menschlichen Lebenszyklus aus Geburt, Entwicklung, Verfall und Tod gehört ganz unvermeidlich ein bestimmtes Maß an Schmerz und Verlust. Wenn schmerzliche Erfahrungen richtig verstanden werden, machen sie uns neue Bedeutungen und Ziele bewußt. Wenn *Dukkha* – die Neurose oder das nutzlose Leiden – mit unseren Schmerzerlebnissen in Konflikt gerät (was unweigerlich geschieht), werden wir aus unserer

Entwicklungsbahn geworfen und verharren oft in Selbstmitleid, Neid und Groll, was wiederum zu mehr Leiden führt und noch mehr Schmerz erzeugen kann.

Der erste wichtige Lehrsatz des Buddhismus lautet (im Sinne des *Dukkha*): »Leben ist Leiden«. Mit Unvollkommenheit, Unzufriedenheit und Verwirrung müssen wir im Leben rechnen, aber sie können gemildert und umgewandelt werden. Oft nehmen wir unsere Unvollkommenheit gar nicht zur Kenntnis, bis wir Schmerz oder Kummer erfahren, der unser Bewußtsein weckt. Für manche von uns rührt das Bewußtsein für die Unvollkommenheit des Lebens von schmerzlichen Erfahrungen in der Kindheit her; bei anderen wird es zu einem späteren Zeitpunkt wachgerufen. Ganz gleich, wodurch es geweckt wird – wenn wir anfangen zu begreifen, daß wir nicht alles unter Kontrolle haben und daß uns schlimme Dinge zustoßen, ganz gleich, wie sehr wir uns bemühen, perfekt zu sein und für die Zukunft zu planen, werden wir in einen Zustand von *Dukkha* versetzt; wir empfinden Unvollkommenheit, Unzufriedenheit und Verwirrung.

Der Buddhismus lehrt nun, daß ein Großteil unseres Leidens die direkte Folge unserer eigenen (oft uneingestandenen) Überzeugungen und Einstellungen ist, die sich in unserem Handeln niederschlagen. Genau dies entdeckten Jung und Freud auch bei ihrer Erforschung des Unbewußten, und dasselbe beobachte ich immer wieder in meiner Arbeit und in meinem Leben.

Meine Geschichte

Dem Buddhismus zufolge besteht der einzige Weg, nutzloses Leiden zu verhindern, darin, uns von unseren Wünschen nach Kontrolle, von dem Streben nach Selbstschutz und dem Gefühl der Unverbundenheit mit anderen zu lösen. Bestimmte Voraussetzungen müssen gegeben sein, damit erlittene Schicksalsschläge sich in die Fähigkeit zu Einsicht, Mitgefühl und geistiger Erneuerung verwandeln können. Sie können nur im Zusammenhang mit dem wirklichen Leben verstanden werden; deshalb enthält dieses Buch die Lebensgeschichten vieler Menschen, die durch Schwierigkeiten zu neuen Erkenntnissen gelangt sind. Doch können sie lediglich Anhaltspunkte geben; denn um den Wandlungsprozeß in Gang zu setzen, muß jeder an sich selbst arbeiten.

Da dies mein Buch ist, ist es in vieler Hinsicht auch meine eigene Geschichte. Daß ich ein Buch über Leiden schreibe, ist kein Zufall, denn in meiner Kindheit wurde ich häufig mit Leiden, Schmerz, Aggression und Gewalt konfrontiert. Vielleicht hatte ich, weil ich in der Regel nicht Opfer, sondern fast immer Beobachterin war, deshalb Gelegenheit, nachzudenken und den Grund dafür zu suchen, warum es im Leben so viel Elend gab.

Meine frühe Kindheit, die ich abgeschieden auf dem Lande verbrachte, war von Leiderfahrungen geprägt. Vom dritten oder vierten Lebensalter an wurde ich des öfteren in meinen Tagträumen oder Spielen durch schreiende Menschen aufgestört. Meistens waren es meine Eltern, die miteinander stritten, manchmal auch andere Verwandte.

Im heutigen Sprachgebrauch würden einige dieser Szenen unter dem Begriff »häusliche Gewalt« rangieren. Als ich aufwuchs, gab es keinen Namen für diese angsteinflößenden Dispute. Bis zu einem gewissen Grade gehörten sie zum Lebensstil meines Zuhauses – und auch dem anderer Kinder – und waren vorhersehbare Zänkereien zwischen den Geschlechtern, zwischen Eltern und Kindern. Als ich Geschichten über »den Krieg« hörte, den Amerika mit den Deutschen und den Japanern führte, stellte ich ihn mir ein wenig so vor wie die Streitigkeiten, die ich zu Hause und in der Nachbarschaft erlebte. Als kleines Kind hatte ich grandiose, tröstliche Phantasien; ich sah mich im Geiste auf einer Apfelsinenkiste stehen und zu einer großen Menschenmenge sagen: »Ihr müßt aufhören. Kein Ideal und keine Überzeugung sind wichtig genug, um diesen Haß zu rechtfertigen.« Ich war ein sehr ernstes Kind.

Mich beunruhigte das Geheimnis, welches das Leiden umgab.

Auch wenn das Leben angenehm war (und das war es oft in unserem kleinen, hübschen Haus, das mitten in der Natur stand), ängstigte und sorgte ich mich. Warum fügten meine Eltern sich gegenseitig – und zuweilen auch ihren Kindern – so viele furchtbare Dinge zu? Warum waren manche Menschen so rasch niedergeschlagen und so schwer zu trösten?

Seit meinem vierten Lebensjahr war ich in irgendeiner Weise ständig mit solchen Fragen beschäftigt. Als kleines Kind dachte ich, die Antwort sei Unwissenheit; die meisten Menschen könnten die einfache Wahrheit nicht begreifen, die doch darin bestand, daß wir uns gegenseitig lieben und beschützen sollten. Als ich älter wurde, verblaßte diese einfache Wahrheit, und an Ihre Stelle traten Theorien und Vorstellungen über die Komplexität der menschlichen Seele und des Lebens an sich. Aus irgendeinem Grund, der zweifelsohne mit meiner eigenen Persönlichkeit zusammenhing, ordnete ich – von meinem kindlichen Blickwinkel aus – Naturkatastrophen oder Unfälle jedoch nie dem Bereich des Leidens zu. Das Wirken der Natur schien mir »fair« und »gerecht« zu sein und nicht auf der Gerechtigkeit oder den Bedürfnissen der Menschen zu beruhen, sondern auf einem System, das außerhalb der Menschheit existierte. Das Leiden, das ich kannte, rührte von dem her, was die Menschen sich gegenseitig (oder sich selbst) antaten.

Später, als ich den Begriff des Bösen lernte, hielt ich die Menschen für die Urheber des Bösen. Die Theorie, wonach der Teufel alles Böse erzeugt, kam mir immer widersinnig vor. Ebenso widersinnig fand ich die Auffassung, eine Krankheit, eine Überschwemmung, eine giftige Schlange oder ein Virus seien böse. Diese natürlichen Geschehnisse schienen anderen Gesetzen zu gehorchen, etwas, das jenseits von Gut und Böse war. Der bestimmende Faktor, den ich als Kind für das Leiden – und später für das Böse – verantwortlich machte, war die Art und Weise, in der die Menschen ihr eigenes Elend schufen, indem sie sich selbst, ihr Leben und die anderen ablehnten, haßten und herabsetzten.

Als ich acht oder neun war, erlebte ich, daß meine Eltern von mir enttäuscht waren. Ich lernte zu viel für die Schule, und ich war unsportlich. Oft war ich sehr ruhig, zuweilen ängstlich und zurückgezogen. Einige Erwachsenen sagten mir ganz offen, ich sei zu ernst, andere versuchten, mich aufzuheitern. Die Leute stellten mir immer die Frage – die damals, in den fünfziger Jahren, dem heutigen »Take it easy« entsprach: »Warum trägst du denn alle Mühen der Welt auf deinen Schultern?«

Manchmal fragte ich mich selbst, warum ich so niedergeschlagen war. Schließlich litt ich nie Hunger, hatte Kleider, eine ganze Menge Tiere, die ich liebte, schöne Felder und Wälder, ein paar Freunde und eine gute Gesundheit. Warum war ich so oft furchtsam und so »unfähig, ein Kind zu sein« (wie die Erwachsenen es ausdrückten)?

Dann machte ich durch Zufall eine Entdeckung. Ich las mich in der öffentlichen Bibliothek durch die ganze Klassikerabteilung (von A bis Z, in alphabetischer Reihenfolge), denn ich hatte den brennenden Wunsch, etwas über das menschliche Leben zu erfahren. Die Bücher, die ich las, bereiteten mir häufig Vergnügen, doch natürlich verschlang ich sie mit gewichtigem Ernst und hatte zudem die Angewohnheit, mir ausführlich Notizen zu machen (was meine Familie, in der sonst niemand zum Zeitvertreib las, als höchst sonderbar empfand: »Was tust du eigentlich in deinem Zimmer?«). Die Geschichten und Lebensbeschreibungen offenbarten mir, daß die Schriftsteller schwere, ja zuweilen tragische Kindheiten gehabt hatten. Es kam mir allmählich zum Bewußtsein, daß meine große Ernsthaftigkeit ihren Sinn hatte: Eine schwere Kindheit führt manchmal zu einer bedeutenden Erkenntnis oder dem Schaffen eines Kunstwerks oder der Fähigkeit, Bücher zu schreiben. Ich beschloß, aus dem Leiden, das ich erfahren hatte, einen Nutzen zu ziehen. Und das habe ich auch getan.

Wenn ich auf meine Entwicklung als Mensch und Therapeutin zurückblicke, wird mir klar, daß neun Zehntel dessen, was wichtig und prägend für mich war, in irgendeiner Weise mit Schmerz und Leiden zusammenhing. Auf den ersten Blick mag das makaber klingen, aber ich schätze oft das, was negativ und schwierig ist, mehr als das Einfache und Bequeme. Und nicht etwa, weil ich Masochistin wäre – sondern weil schwierige Lebensumstände und negative Emotionen uns geistig wesentlich stärker in Bewegung halten als vergnügliche. Wäre ich in privilegierten Verhältnissen und ohne Verständigungsprobleme mit meinem häuslichen Umfeld aufgewachsen, hätte ich wohl kaum damit begonnen, mich eingehend mit dem Phänomen des Leidens auseinanderzusetzen. Und ich wäre mit Sicherheit nicht von dem angezogen worden, was mir am meisten im Leben bedeutet; und dazu gehören auch der Buddhismus und C. G. Jungs Psychologie.

Wie man Blei in Gold verwandelt

Seit jenen ersten Ausflügen in die Leihbibliothek habe ich mich eingehender mit den Theorien über die menschliche Entwicklung beschäftigt. Später auf der Universität wurde mir eine ganz andere Darstellung von schwerwiegenden Kindheitsproblemen geboten. Den Grundsätzen der Entwicklungspsychologie zufolge vermindert eine schwierige Kindheit die Kreativität und führt zu krankhaften psychischen Störungen. Hingegen ist die Geborgenheit, die ein Kind durch eine positive Beziehung zu einem oder beiden Elternteilen erfährt, der beste Garant für späteren Erfolg im Leben. Häusliche Konflikte und Sorgen können nur negative Konsequenzen haben. Jeder Autor, angefangen von Sigmund Freud über Erik Erikson und John Bowlby bis hin zu Daniel Stern, betont die große Bedeutung von intakten, Geborgenheit spendenden Bindungen in der Kindheit. Sie sind die Basis, so behaupten sie, für die Zuversicht und Selbständigkeit, die im Erwachsenenalter zum Erfolg führen.

Eine auffallende Ausnahme bildete die Lehre von C. G. Jung. Er sprach von möglicher Verwandlung, davon, daß man durch Schwierigkeiten zu größerer Integration gelangen kann, und verwendete dabei die alchimistische Metapher von der Verwandlung Bleis in Gold.

Auch der amerikanische Psychiater Harry Stack Sullivan hob sich von der allgemein vertretenen Auffassung ab. Er bewertete die Beziehungen mit Gleichaltrigen – unseren Kindheits- und Jugendfreunden – höher als das, was Eltern ihren Kindern vermitteln können. Er glaubte, daß jeder Mensch in jeder neuen Phase seines Lebens die Gelegenheit bekommt, seine Identität und geistige Entwicklung zu überdenken, wenn seine Freunde ihn ehrlich und konstruktiv zu kritisieren vermögen.

Und der Psychoanalytiker Heinz Kohut sprach über die Vorteile, die die Widrigkeiten[8], welche man als Kind erfährt, haben können; vorausgesetzt, die Persönlichkeit ist stark genug, um sie durchzustehen und weiterzuleben. Zeitlich begrenzte Nöte, die uns nicht niederzwingen, können uns in der Überzeugung bestärken, daß wir belastbar sind und unser Leben selbst bestimmen.

Jung, Sullivan und Kohut waren diejenigen Theoretiker, die ich bei meinen ersten Begegnungen mit Denkmodellen über die menschliche Entwicklung am anregendsten und vielversprechendsten fand. Mich interessierte eine Psychologie der sozial Schwachen; ich war begierig nach einem Zeichen der Hoffnung für die Armen und Unterprivilegierten, die Unterdrückten und Mißhandelten. Ebenso war ich fasziniert davon, wie Menschen Leiden ertragen und transformieren.

In den vergangenen fünfzehn Jahren hat sich das ehemalige Randthema »Belastbarkeit«[9], das früher nur in psychologischen Untersuchungen von Kindern psychisch gestörter, oft schizophrener Eltern vorkam, zu einem Hauptgegenstand der psychologischen Forschung gemausert. *Belastbarkeit* definiert die Fähigkeit, auch nach Leiderfahrungen ein erfülltes Leben zu führen (und nicht nur zu »überleben«). Menschen, die belastbar sind, empfinden sich als »erfolgreich«. Für manche bedeutet es, Zuversicht zu haben, jedes Hindernis zu meistern, das sich einem in den Weg stellt. Wie man Erfolg auch definieren mag, belastbare, innerlich starke Menschen zeichnen sich dadurch aus, daß sie sich selbst und das, was sie tun, in einem positiven Licht sehen. Doch noch immer stellt die Frage nach Belastbarkeit, nach innerer Stärke, Forscher und Beobachter vor viele Rätsel: Warum reagieren manche Leute auf Leiderfahrungen, indem sie sich wandeln, neue Sinngebungen finden und Mitgefühl entwickeln? Warum reagieren andere, indem sie zusammenbrechen, in ihrer Entwicklung stehenbleiben, nur noch auf Selbstschutz aus sind und am Ende bitter, wütend und neidisch werden?

Niemand bestreitet die enorme Bedeutung, die beständiger, liebevoller und einfühlsamer Betreuung zukommt, insbesondere im ersten Lebensstadium. Erhalten Kinder diese Art von Fürsorge und Liebe, so werden sie dauerhaft davon profitieren. Aber was ist mit den Millionen Kindern, die nicht in einer liebevollen, Geborgenheit spendenden Umgebung aufwachsen? Sind sie zu Schwäche und Unzulänglichkeit verdammt? Können wir uns selbst ändern und uns geistig entwickeln, auch wenn unsere Eltern (oder anderen Bezugspersonen) uns vernachlässigten?

Und andererseits: Wie geht jemand, der in seiner Kindheit Geborgenheit, Liebe und Beistand erfuhr, mit den zwangsläufigen Mißerfolgen, Verlusten und Widrigkeiten um, die das Erwachsenenalter mit sich bringt? Ist ein Kind aus einer liebevollen, fürsorgenden Familie darauf vorbereitet, gut mit dem Treuebruch eines Ehepartners, einer schlimmen Krankheit oder einem folgenschweren Unfall fertigzuwerden und daran zu reifen? Was ist ausschlaggebend dafür, daß ein Mensch als Erwachsener belastbar ist?

Wie wir sehen werden, wird die Fähigkeit, Negatives aushalten zu können und auf Schwierigkeiten mit seelischer Reifung zu reagieren, von mehreren Faktoren bestimmt; sie hängt aber immer davon ab, welche Bedeutung man als Mensch seinen Erfahrungen gibt. Wenn Leiden zu Sinngebungen führt, die die Mysterien des Lebens offenbaren, dann fördert es Mitgefühl, Dankbarkeit, Freude und Klugheit. Wenn Leiden zu Hemmungen, Rachegelüsten und Haß führt, dann raubt es Hoffnung und Liebe, und dann führt Schmerz zu Schmerz – ein Drama, das ich in meiner Kindheit nur allzuoft erlebte.

S. B. Fine, ein zeitgenössischer Wissenschaftler, der sich mit dem Thema Belastbarkeit beschäftigt, sagt: »Den Aussagen widerstandsfähiger Menschen verdanken wir folgende wichtige Botschaft: Persönliche Wahrnehmungen und Reaktionen auf belastende Ereignisse des Lebens sind ganz wesentliche Elemente zum Überleben, zur Genesung und Wiederherstellung, deren Tragweite oft über die Wirklichkeit der Situation oder die Hilfe durch andere hinausreicht.«[10] Wie der weise Chinese, der rückwärts ritt, schenken widerstandsfähige Menschen ihren eigenen Einstellungen und Reaktionen mehr Beachtung als den Ereignissen, die ihnen zu schaffen machen.

Belastbarkeit drückt sich weder in einer einzigen Handlung aus, noch ist sie ein beständiger Zustand. Aber ich habe gelernt, daß sie durch bestimmte Dinge gefördert werden kann und daß sie nicht so rätselhaft und unergründlich bleiben muß, wie sie mir selbst einen Großteil meines Lebens vorkam.

Ich habe persönlich erlebt, wie Menschen, nachdem sie mit Treuebruch, Krebs, Aids, dem Tod eines Kindes, dem Holocaust, Verlassenwerden, Kindesmißbrauch und Vernachlässigung konfrontiert worden waren, wieder vollständig am Leben teilnahmen. Die Widerstandsfähigen kehrten mit mehr Wissen, Weisheit und erneutem Interesse an anderen Menschen ins Leben zurück. Doch habe ich auch das Gegenteil erlebt: Es gab Menschen, die nach einem großen Unglück völlig am Boden zerstört waren und sich – was noch schlimmer war – in rachsüchtige, neidische, haßerfüllte Opfergestalten verwandelten.

Bei der Erfahrung von schwierigen Lebensumständen scheint nicht so sehr ausschlaggebend zu sein, wie stark der Schmerz, der Verlust oder die Demütigung empfunden wird, sondern die Einstellung, die ein Mensch ihnen gegenüber einnimmt sowie die Bedeutung, die er ihnen verleiht: Durch unsere eigenen Reaktionen erzeugen wir »Himmel« oder »Hölle«.

Wir alle sind bemüht, die Hölle zu meiden und den Himmel zu

finden, aber nicht immer ist uns klar, wieviel Macht wir selbst dabei haben. Zur Veranschaulichung führe ich hier eine berühmte Geschichte aus dem Zen-Buddhismus an, die von einem Samurai handelt, der einen Zen-Meister um Rat fragte:

»Du stehst im Ruf, ein großer Zen-Meister zu sein«, begann der Samurai. »Deshalb möchte ich, daß du mir die Wahrheit über Himmel und Hölle sagst. Gibt es sie wirklich?«

Ohne auch nur einen Augenblick zu zögern, antwortete der Meister: »Wie ist es nur möglich, daß ein so mißgestalteter und unbegabter Mann wie du ein Samurai werden kann? Erstaunlich!«

Das brachte den stolzen Samurai augenblicklich in eine solche Wut, daß er sein Schwert zog und brüllte: »Ich bringe dich um!«

Furchtlos sagte darauf der Meister: »Siehst du, das ist die Hölle.«

Der Samurai hielt inne und wurde nachdenklich. Sein finsterer Gesichtsausdruck verschwand allmählich. Er steckte sein Schwert wieder in die Scheide, legte seine Handflächen zusammen und verbeugte sich vor dem Meister.

»Und das ist der Himmel«, sagte der Meister ebenso ruhig.

Ohne es zu wissen, bringen wir mehr Leiden über uns, als irgendein Ereignis oder Unglück es von sich aus tun könnte. Aber wir haben auch die Fähigkeit, zu Frieden und Ruhe zu finden.

Das »Rad des Lebens«

Uns allen ist klar, daß wir nicht sehr weit zu gehen brauchen, um dem Leiden zu begegnen. Es ist nichts, was wir auf einer Bergspitze oder in einem sehr teuren Laden suchen müßten. Es gehört zum Leben ganz unvermeidlich dazu, und je früher wir seinen Wert sehen, desto besser sind wir imstande, zu wissen, wer wir eigentlich sind.

Im Buddhismus gibt es ein Symbol, das als »Rad des Lebens«[11] bekannt ist. Es ist als Mandala oder Kreis dargestellt, der aus den Darstellungen von sechs Lebensbereichen besteht; jeder Bereich zeigt eine mögliche Lebensform und wird sowohl als psychologischer Zustand als auch als »Ort« oder Situation angesehen.

Der unterste Bereich ist die Hölle. Er beinhaltet Lebensformen, die von Furcht und Aggression gekennzeichnet sind und in denen die Menschen von einem Schmerzzustand in den anderen geraten, weil sie nicht begreifen, daß sie diese Zustände selbst erzeugen. Aus einer solchen Existenz findet ein Mensch nur heraus, wenn er in den Spiegel blickt und sich selbst als den Urheber erkennt; deshalb ist die heilige Gestalt (*Bodhisattva* in Sanskrit) die über diesen Bereich wacht, mit einem Spiegel in der Hand dargestellt.

Es gibt die Anschauung, wonach die »Höllenexistenz« – auch wenn sie qualvoll ist – auf direkterem Wege zu Erleuchtung oder Erwachen führen kann, als der Himmel es vermag, wo man sich gut und zufrieden fühlt. Im Himmel gerät man leicht in einen Zustand schläfrigen Bewußtseins und mangelnder Achtsamkeit, aber in der Hölle ist man wegen des Schmerzes ständig hellwach. Der Glaube an den Wert von Schmerz und Leiden drückt sich in vielen Religionen und Mythen aus, häufig indem betont wird, wie wichtig ein Abstieg in den Untergrund[12] oder das Betreten der »Drachenhöhle« ist.

Die Schriftstellerin und Umweltaktivistin Joanna Macy, Professorin für Systemtheorie und Humanökologie in Berkeley, Kalifornien, ist international bekannt durch ihre Workshops und Tagungen zum Thema »Verzweiflung – und wie man sie überwindet«[13], in denen Menschen sich ihren Gefühlen und Ängsten in bezug auf einige uns überwältigende Probleme der Gegenwart und Zukunft stellen. Wenn sie über die Notwendigkeit spricht, dem Elend der gegenwärtigen Welt nicht auszuweichen, darüber, wie Armut und Verbrechen und unser stark wettbewerbsorientiertes Wirtschaftssystem ständig Leiden erzeugen, erinnert sie sich immer an den Augenblick, als sie zum ersten Mal begriff, wie wichtig es ist, Leiden zu akzeptieren. »Das geschah, als ich mich mit der Kreuzigung Jesu beschäftigte und sah, daß Gott imstande ist, unser ganzes menschliches Leiden zu erfassen. Er bewies es. Daß Er tatsächlich an ein Kreuz geschlagen worden ist, läßt sich nicht beschönigen. Es war eine Anerkennung unseres Leidens, aber es war ebenso eine Demonstration, wie man es durchsteht und sich dabei wandelt.«

Viele unserer geistigen und psychologischen Wortführer reden so, als ob unser Ziel nur darin bestünde, Schwierigkeiten zu überwinden. Joanna Macy berichtet, daß sie sich zuweilen mit spirituellen Lehrern austauscht, die finden, sie betone die dunkle, destruktive Seite unserer heutigen Existenz zu sehr. Sie antwortet ihnen dann immer: »Für mich ist es wichtig, in die Hölle zu gehen, zu fühlen, wie ich mit unserer Welt leide und zwar auf eine sehr intensive Weise, über die ich auch sprechen kann. Das weckt unser Mitgefühl und zeigt uns unsere wechselseitige Abhängigkeit.«

Im folgenden werden wir sehen, auf welche Weise einige Menschen den Weg von Leiden und Schmerz zu Mitgefühl und Kreativität gegangen sind. An dieser Stelle sei nur noch angemerkt, was die Jungianische Analytikerin und Autorin June Singer (mit deren Geschichte wir uns noch beschäftigen werden) antwortete, als ich sie fragte, welchen Rat sie Menschen geben könne, die mit Schmerz oder Verlust konfrontiert sind: »Ganz gleich, ob es sich um einen körperlichen, emotionalen oder sonstigen Schmerz handelt, kämpfen Sie nicht dagegen an. Widersetzen Sie sich nicht Fragen wie: Warum ich? Warum gerade das? Sagen Sie statt dessen zu sich: So ist die Lage nun einmal. Da stehe ich, und das geschieht jetzt. Was kann ich daraus machen? Wie kann ich damit umgehen? In welcher Hinsicht muß ich mich ändern? Wie kann ich die Lage verändern? Man muß sie wirklich akzeptieren, darf sich nichts vormachen, darf nicht leugnen, wie schwierig sie ist. Das habe ich über Schmerz gelernt.«

Zweites Kapitel

Leiden und Mitgefühl

Wenn es jemandem zumindest gelingt, Not zu ertragen,
hat er bereits eine fast übermenschliche Aufgabe gemeistert.[1]
Carl Gustav Jung, 1937

Schmerz, Verlust, Krankheit und Tod sind grundlegende Bestandteile unserer Existenz, die gewährleisten, daß wir uns von Zeit zu Zeit ändern oder unser Leben wenigstens überdenken. Sie werfen Fragen nach Ziel und Sinn auf und machen auf diese Weise unser Leben interessanter und anregender.

Sie sind jedoch nicht gleichzusetzen mit der Art von *Leiden*, das eigentlich eine Unzufriedenheit ist, eine negative Einstellung oder ein Überdruß, den wir oft wegen eines Schmerzes oder Verlustes, aber auch aufgrund der gewöhnlichen Mühsal des Lebens – sei es ein Verkehrsstau oder ein geplatzter Scheck – verspüren. Leiden in diesem Sinne ist das ständige Murren, der automatische negative Gedankenfluß, der viele Menschen durch ihr tägliches Leben begleitet.

Weiter oben habe ich erwähnt, daß die Erste Große Wahrheit des Buddhismus mit »Leben ist Leiden« übersetzt wird. Wenn wir als Bewohner der westlichen Welt diesen Satz hören, entgeht uns oft die darin liegende Weisheit; wir lehnen ihn als deprimierend oder lebensverachtend ab. Doch nichts könnte seiner tatsächlichen Bedeutung ferner sein. Er spornt uns vielmehr dazu an, uns von unseren ständigen Werturteilen und unserer negativen Einstellung zu befreien. Der Buddhismus fordert uns auf, uns auf die eigenen Reaktionen und Sichtweisen zu konzentrieren, auf die Art, in der wir Notlagen geradezu erzeugen, anstatt ganz unbefangen auf das zu reagieren, was gerade geschieht.

Wenn ein Mensch so aus dem Augenblick heraus agiert, gibt es kein Murren, keine negativen Kommentare, kein zwanghaftes Zurückhalten.

Mihaly Csikszentmihalyi, ein Entwicklungspsychologe der University of Chicago, bestätigte mit seinen Forschungen die Erste Große Wahrheit des Buddhismus. Er nennt die Verbundenheit mit dem gegenwärtigen Augenblick »Flow«-Erfahrung[2]. Er entdeckte ein hohes Maß an »Flow« beim Schachspielen und Bergsteigen, in der Chirurgie, beim Tanzen, Malen, in der Musik und bei vielen anderen konzentrierten Tätigkeiten – und zuweilen in jedem Menschen etwas davon. Solange Menschen von einer »Flow«-Erfahrung in Anspruch genommen sind, machen sie sich keine Gedanken um das Ziel. Sie reiten auf dem Maulesel, ohne zu überlegen, in welche Richtung. Alle Betroffenen berichten, sie seien in einem solchen Zustand vollkommen zufrieden und wach, ruhig und aufmerksam. Leider ist diese Erfahrung für die meisten Menschen etwas Seltenes.

Als Csikszentmihalyi zu verstehen versuchte, warum der »Flow«-Zustand so schwer zu erreichen ist und warum so viele von uns vergeblich danach streben, fand er heraus, daß die Gedanken und das Bewußtsein der Menschen im allgemeinen ungeordnet sind und daß Chaos der natürliche Geisteszustand ist, wenn keine äußerlichen Reize die Aufmerksamkeit in Anspruch nehmen.

Menschen, die meditieren, kennen dies aus eigener Erfahrung, aber diejenigen, die das noch nie versucht haben, meinen vielleicht, sie seien gar nicht imstande, einer Sache wirklich Aufmerksamkeit zu schenken, da sie die meiste Zeit so leicht ablenkbar und unfähig zur Konzentration sind. Wenn wir aber an etwas arbeiten, das unsere Aufmerksamkeit fesselt, oder wenn wir mit einer gewohnheitsmäßigen, geordneten Tätigkeit beschäftigt sind, richten wir unsere Überlegungen ganz automatisch darauf und fühlen uns besser. Doch meistens sind wir in einem ungeordneten Gedankenwust gefangen, der unseren Geist durchzieht.

Dazu kommt, daß unsere natürliche Einstellung eher negativ ist. Csikszentmihalyi: »Daß wir normalerweise auf etwas Negatives stoßen, wenn wir unseren Gedanken freien Lauf lassen, hängt auch damit zusammen, daß ein Hang zum Pessimismus die Anpassung fördert – wenn wir unter ›Anpassung‹ eine größere Überlebenschance verstehen. Wir werden von negativen Gedanken angezogen wie die Kompaßnadel vom Magnetpol, weil das – in der Regel – die beste Methode ist, um mögliche Gefahren vorauszusehen.«[3]

Diese unserem Wesen entsprechende Unzufriedenheit erkannte Buddha als unsere wahre Natur, als permanente Grundstimmung der Menschen. Wahrscheinlich hat das damit zu tun, daß wir ständig nach einer Gelegenheit trachten, die Dinge zu verbessern; es ist eine Art instinktive Haltung, die zu immer größerer Kompetenz führt. Solch eine allgemeine negative Einstellung mag zwar für die Menschheit als ganze nützlich sein, ist aber für den einzelnen oft problematisch. Sie blockiert unsere Fähigkeit, uns direkt auf unsere Handlungen zu konzentrieren, und führt dazu, daß wir unsere Aufmerksamkeit darauf richten, wie wir eine Sache bewerten, das heißt, ob wir sie mögen oder nicht.

Für die Buddhisten ist Leiden das, was uns davon abhält, uns auf eine unmittelbare Erfahrung einzulassen. Es hebt uns von den anderen ab und kann uns von ihnen distanzieren. Kommentare wie »warum gerade ich« oder »ich Arme(r)« oder »wie dumm ich doch bin« sind Anzeichen für Leiden. Diese Gedanken und Gefühle machen uns unruhig und verdrießlich. Erstaunlicherweise ist das Leiden oft schlimmer als der es auslösende Schmerz. Die folgende Geschichte veranschaulicht, daß die eigenen Gedanken und Gefühle in vielen Situationen größere Pein verursachen, als der Anlaß es erfordern würde:

Ein Mann war eines Abends im Haus einer Freundin eingeladen[4]. Als er seinen Tee trinken wollte, glaubte er, eine winzige Schlange in der Tasse zu sehen. Er wollte seine Gastgeberin nicht in Verlegenheit bringen, daher nahm er all seinen Mut zusammen und trank den Tee in einem Zug aus.

Als er nach Hause zurückgekehrt war, verspürte er starke Bauchschmerzen. Am nächsten Tag waren die Schmerzen noch schlimmer geworden. Er zog mehrere Ärzte zu Rate und probierte mehrere Heilmittel, aber keines zeigte Wirkung. Der Mann war nun ernsthaft krank und nahm an, er sei im Begriff zu sterben.

Als seine Freundin von seinem Zustand hörte, lud sie ihn wieder auf einen Tee ein. Der Mann saß an demselben Platz wie beim vorigen Mal und nahm die dargebotene Tasse Tee an. Als er sie eben austrinken wollte, sah er plötzlich wieder die Schlange. Diesmal machte er seine Gastgeberin darauf aufmerksam. Ohne ein Wort zu sagen, deutete sie auf die Zimmerdecke über ihm. Er schaute nach oben. Dort hing ein Stück Seil von einem Balken herunter. Der kranke Mann begriff, daß die »winzige Schlange« eine Spiegelung des Seils gewesen war. Die beiden schauten sich an und lachten. Die Schmerzen des kranken Mannes verschwanden auf der Stelle, und er wurde wieder vollständig gesund.

Leiden ist immer mit einer Phantasievorstellung verbunden – einer Angst oder einem Kommentar, der zwischen uns und unseren Erfahrungen steht. Ganz gleich, ob unser Schmerz wirklich oder lediglich eingebildet ist – unsere Phantasievorstellungen von dem Schmerz können unsere ganze Aufmerksamkeit fesseln und dazu führen, daß wir uns unausgeglichen und isoliert fühlen. Steht unsere Angst zwischen einem Erlebnis und seiner Bedeutung, so verursacht dies den seelischen Schmerz, der uns blockiert. Wenn Sie darauf achten, werden Sie allmählich sehen, wieviel seelischen Schmerz Sie sich zusätzlich zu dem notwendigen Schmerz bereiten, den Sie ertragen müssen. Nehmen wir den tatsächlichem Schmerz hin und verstehen wir ihn, so fangen wir an, das Wissen und das Mitgefühl zu entwickeln, das den »Nutzen« von Widrigkeiten ausmacht. *Dukkha* oder Phantasievorstellungen und Angst vor dem Schmerz können unsere Fähigkeit hemmen, uns der Lage bewußt zu werden und den Schmerz zu einer Wandlung zu nutzen.

Wenn Jung über die Neurose spricht, meint er diese Art unnötigen Leidens. Sie läßt uns auf bestimmte Erfahrungen (Streß, Frustration, Probleme oder Schwierigkeiten), die wir als Erwachsene machen, unreif und kindlich reagieren (zum Beispiel mit dem Gefühl von Hilflosigkeit und Machtlosigkeit). Da wir voraussetzen, daß das Leben so verlaufen muß, wie wir es wünschen, und uns ungerechterweise bestraft fühlen, wenn dies nicht der Fall ist, sehen wir unsere Beziehungen und Probleme zwanghaft aus diesem Blickwinkel heraus. Es ist nicht so, daß wir im wörtlichen Sinne wie Kinder denken – aber wir übernehmen nicht die volle Verantwortung für uns selbst. Wir glauben, daß andere verantwortlich seien oder daß die Verhältnisse uns zu einem gewissen Leben verurteilt hätten. Gewöhnlich fühlen wir uns dann entweder allen überlegen oder, im Gegenteil, allen unterlegen. Jung spricht in diesem Zusammenhang von Inflation und Deflation (Aufgeblasenheit und Unterlegenheitsgefühl; Anm. d. Ü.)

Inflation bedeutet, daß jemand sich außergewöhnlich und einzigartig fühlt und versucht, besondere Vereinbarungen mit dem Schicksal zu treffen: Wenn wir Reichtümer anhäufen, wenn wir viele gute Taten vollbringen, wenn wir joggen oder eine Diät einhalten und so weiter, dann dürften uns eigentlich keine schlimmen Dinge zustoßen. Oder vielleicht finden wir uns begabter, intelligenter oder wichtiger als andere. Auch dies ist eine Form des Leidens, denn es hindert uns daran, menschlich zu sein und die Fähigkeiten zu entwickeln, die mit dem Leiden einhergehen: Mitgefühl, Weisheit und wahre Kreativität.

Viele Menschen, die sich für etwas Besonderes halten, zwingen sich selbst unmögliche Lebensbedingungen auf und fordern sich viele Arbeitsstunden ab, oder – umgekehrt – sie arbeiten überhaupt nicht, weil sie nie das finden können, was ihrer würdig wäre. Ich bin in meiner psychotherapeutischen Praxis Menschen begegnet, die das Gefühl hatten, ihre Talente – fürs Schreiben, Malen oder Schauspielern – seien so einzigartig, daß sie niemals damit beginnen könnten, ihnen Ausdruck zu verleihen, da nichts, was sie täten, zu den gewünschten Erfolgen (Berühmtheit, Macht oder Vollkommenheit) führen würde. Folglich hatten sie sich auf gar nichts wirklich eingelassen, sondern hielten sich zurück und warteten auf den »richtigen« Augenblick oder die geeignete Beziehung, um ihre Phantasien schließlich verwirklichen zu können.

Deflation, das andere Extrem, ist das Gefühl vollkommener Unfähigkeit oder Niedergeschlagenheit; der oder die Betreffende sieht sich außerstande, ein befriedigendes Leben zu führen und versteht sich als Opfer vergangener Traumata oder allgemein negativer Lebensverhältnisse. Ein solcher Mensch fühlt sich ganz automatisch ausgeschlossen und niemals in der Lage, an das heranzureichen, was andere erreicht haben (oder erreicht zu haben scheinen). Ein im Sinne der Deflation neurotischer Mensch wird ständig darüber reden, warum er nicht das tun kann, was er tun sollte oder könnte. Wenn ihm von seinen Freunden oder der Familie Lösungen geboten werden, werden diese sofort als falsch verworfen, denn dieser Mensch hat »Gründe«, weshalb diese Lösungen nie funktionieren würden. Der tiefere Sinn dieses Verhaltens ist, daß der Betreffende nicht in sich die Verantwortung spürt, dem Leben dafür etwas zurückzugeben, daß er die Chance hat, am Leben zu sein.

Ein Mensch, der sich im Zustand des Leidens befindet, ist vom Kreis seiner Mitmenschen ausgeschlossen und fühlt sich entfremdet und »anders« – im positiven (inflationären) oder im negativen (deflationären) Sinne. Das ist die eine Art von seelischem Leid im menschlichen Leben. Die andere ist der notwenige Schmerz angesichts der Grenzen, denen wir alle unterworfen sind: Geburt, Krankheit, Verfall, Tod und sämtliche Verluste, die man in diesem Zusammenhang hinnehmen muß.

Kann es Freiheit von Schmerz und Leiden geben? Nicht wirklich, denn wir alle sind an dieselbe Beschaffenheit unseres Körpers, an unsere Abhängigkeit und unsere Beziehungen gebunden. Und doch existiert die Möglichkeit der Freiheit vom Leiden, obwohl die meisten Menschen diesen Zustand nicht erreichen. Wahrscheinlicher ist, daß wir eine geistige Verfassung erlangen, in der sich die Vorteile des Leidens günstig auswirken und in der wir allmählich verstehen, wie Leiden gelindert werden und wie

Schmerz in Mitgefühl und seelische Weiterentwicklung umgewandelt werden kann. Im Leiden liegt das Potential für Selbsterkenntnis und Mitgefühl.

Ein Gleichnis

Wir lernen von belastbaren, widerstandsfähigen Menschen, daß sie sich zu ihrem Leiden bekennen und Wissen, Weisheit und Toleranz erlangen, indem sie anderen helfen. In allen Lebensgeschichten, die in diesem Buch vorkommen, spielt das Helfen oder Helfenwollen eine zentrale Rolle – denn es ist auch ein Weg, sich selbst zu helfen. Mitgefühl zu haben heißt mitzuleiden. Dies ist nicht gleichzusetzen mit Zuneigung, Bedauern oder dem einfachen Verlangen, Gutes zu tun. Es ist eher das Bedürfnis, anderen zu helfen, um zu verstehen, wie und warum man selbst leidet. Und vielleicht geschieht das Ganze gar nicht in so geordneten, folgerichtigen Bahnen; es ist eher eine Kombination aus dem eigenen Leiden und der Wahrnehmung anderer Menschen in ähnlichen Situationen und ein Sich–Wiedererkennen in ihnen.

Die Lebensgeschichte des Psychologen und Talkmasters Dan Gottlieb ist ein Gleichnis von Leiden und Mitgefühl[5]. Dan führte ein ganz normales Leben, über das Schrecken, Verlust und Katastrophen hereinbrachen. Er ist keine Mutter Teresa und war es auch nie. Dan hätte wie wir alle sein können, die wir versuchen, ein geregeltes Leben zu führen und erfolgreich zu sein – doch dann führte ein Unfall dazu, daß er an allen vier Gliedern gelähmt war. Dan hätte sich für den Rest seines Lebens in Selbstmitleid ergehen und seine Existenz in Unzufriedenheit und Negativismus zubringen können, und keiner hätte ihm deswegen einen Vorwurf gemacht.

Dan, der heute achtundvierzig Jahre alt ist, strahlt ruhige Energie und Lebhaftigkeit aus und arbeitet etwa sechzig Stunden in der Woche als Psychotherapeut, Lehrer und Supervisor; zudem moderiert er eine landesweit ausgestrahlte Radiotalkshow und schreibt eine Zeitungskolumne. Obwohl er an den Rollstuhl gefesselt ist und rund um die Uhr von Pflegerinnen betreut wird, habe ich ihn nie als »behindert« betrachtet, da er ein aktives Leben führt und sich so tatkräftig für andere einsetzt.

Dan Gottlieb wuchs mit seinen Eltern und seiner fünf Jahre älteren Schwester in New Jersey auf. »Ich bekam ziemlich viel Aufmerksamkeit und fühlte mich geliebt, aber etwas vermißte ich in meiner Kindheit – Einfühlungsvermögen. Zum Beispiel als ich den Eintritt in eine höhere Baseball-Liga nicht schaffte. Ich kam weinend nach Hause, denn es war wirklich wichtig für mich. Meine Mutter sagte so etwas wie: ›Reg dich nicht auf. Es ist doch nur ein Spiel.‹ Und mein Vater reagierte genauso.«

Obwohl Dans Vater seiner Frau gegenüber häufig Liebe und Bewunderung zum Ausdruck brachte, bezeugte Dans Mutter ihrem Mann, zumindest nach außen hin, keine Zuneigung. Dan ist sich nicht sicher, ob seine Mutter wirklich Liebe für ihren Mann empfand, und heute, wo er an sie zurückdenkt, ist er der Meinung, daß beide depressive Menschen waren. Obwohl er sich geliebt fühlte, fühlte er sich außerstande, irgend jemanden in seiner Familie zu beeinflussen.

Die Leistungen von Dans älterer Schwester wurden stets höher bewertet als seine, und »sie war in der Tat in jeder Hinsicht fähiger als ich«. In seinen Jugendjahren fühlte sich Dan sowohl zu Hause als auch in der Schule fehl am Platze. Er war kleiner als der Durchschnitt, und seine geringe Größe machte ihn befangen. Seine ganze Jugend hindurch und bis ins frühe Erwachsenenalter hinein war Dan bemüht, nicht ausgeschlossen zu sein und sich dem anzupassen, was allgemein als erfolgreich galt. Als er Ende Zwanzig war, hatte er das Gefühl, »es« geschafft zu haben: Er war auf dem Gebiet der Familientherapie und der Drogen- und Alkoholrehabilitation als Fachmann anerkannt.

In seiner Kindheit, der Adoleszenz und noch einige Jahre danach fühlte sich Dan oft anders als die Menschen um ihn herum. Obwohl er sich diese Gefühle damit erklärte, daß er Probleme mit

seiner geringen Größe hatte, glaubt er heute, wenn er zurück-
sieht, daß die Gründe tiefer lagen. Er ist der Ansicht, daß er eine
tiefere Verbundenheit mit dem Leben hatte als die meisten Menschen zu haben scheinen. Zum ersten Mal registrierte er dies bei
sich selbst, als er sein erstes Jahr im College absolvierte. »Das war
1964; ich hatte mein erstes Semester nicht bestanden, wollte mich
trotzdem für das zweite Semester einschreiben und wurde nicht
zugelassen. Der Vietnamkrieg war voll im Gange, und ich hatte
fürchterliche Angst, man würde mich zum Wehrdienst einberu-
fen, wenn ich nicht wieder in die Schule ginge.

Da ich nicht wußte, was ich tun sollte, rief ich meine Mutter an,
und sie sagte: ›Ich kann in dieser Angelegenheit nichts für dich
tun. Tu selbst etwas. Geh zum Rektor der Universität.‹ Und das
tat ich. Ich ging in sein Büro und versuchte, mich an der Emp-
fangsdame vorbeizudrücken, die mich aufhielt. Sie fragte mich,
wohin ich wolle, und ich sagte, ich müsse sofort den Rektor sprechen. Sie meinte, dazu bräuchte ich erst einen Termin. Aber ich
ging einfach in sein Büro. Er war da. Ich erklärte ihm meine
Situation und bat ihn, mich ein weiteres Semester auf seinem College zu lassen. Er rief den Verwaltungsbeamten an und wies ihn
an, mir die Einschreibung zu gestatten.

Natürlich machte es in der Campusverwaltung bald die Runde,
daß ich so einfach mir nichts, dir nichts ins Büro des Rektors ge-
stiefelt war und die Erlaubnis erhalten hatte, die Vorschriften zu
umgehen. An jenem Tag fühlte ich mich sehr stark.«

Die erste Konfrontation mit der Möglichkeit des Todes (im
Vietnamkrieg) brachte Dan sowohl die Verantwortung für sein
eigenes Leben als auch dessen Verwundbarkeit zum Bewußtsein.
Es war Dans erste unvergeßliche, wichtige Leiderfahrung; zum
ersten Mal erfuhr er, was es heißt, sich sagen zu müssen: »Mein
Gott, das stößt mir wirklich zu, und ich will es nicht.« Er reagierte
darauf mit einem kleinen Schub von Selbstbewußtsein; er spürte
die Macht, die aus der Verantwortung für das eigene Leben
kommt, und die Angst, die mit der Macht einhergeht. Dan war
noch nicht wirklich bereit, sich verantwortlich zu fühlen, doch

bald stürzten Ereignisse auf ihn ein, die eine weitere Konfrontation mit dem Tod herbeiführten.

Als Dan sechsundzwanzig war, wurde bei seiner dreiundzwanzigjährigen Frau, mit der er seit drei Jahren verheiratet war, ein Melanom diagnostiziert. Sie hatten zwei kleine Kinder und Dan war in größter Angst und Sorge. »Zwischen dem Zeitpunkt der Operation und der Chemotherapie hatte ich ein Trauma, das fast acht Monate lang währte. Es war einer jener Schocks, die einen von Grund auf verändern. Es war eine Konfrontation mit der Einsamkeit, wie ich sie nie zuvor gekannt hatte. Ich fühlte mich mutterseelenallein und hatte das Empfinden, niemand könne meine panische Angst verstehen. Ich war ganz auf mich gestellt und mußte dem möglichen Tod meiner Lebensgefährtin und besten Freundin ins Auge sehen, die zudem die Mutter meiner damals noch sehr kleinen Kinder war.«

Dans Frau genas von ihrer Krebserkrankung, wofür sie und er sehr dankbar waren. Aber die Krankheit und ihrer beider Reaktionen darauf waren keineswegs positiv. Jeder tat Dinge, die den anderen verletzten; bei Dan hatte diese Erfahrung Ängste und Neurosen wachgerufen, die zu noch größerem Leiden führten.

Und dann änderte sich Dans Leben unwiderruflich: »Im Alter von dreiunddreißig, gerade als ich dachte, ich hätte mich beruflich nun endgültig durchgesetzt – ich leitete zwei Drogenkliniken, hatte die Supervision über dreißig Leute und unterrichtete außerdem an einem Institut –, hatte ich das Erlebnis, das mehr als alles zuvor mein Leben verwandelte. Ich beabsichtigte, einen Thunderbird zu kaufen, mit dem meine Frau und ich unseren zehnten Hochzeitstag feiern wollten.

Beide hatten wir immer eine große Schwäche für diesen Wagentyp gehabt, und ich fuhr auf einer Schnellstraße zu meinem Onkel Irv, der in der Nähe von Harrisburg einen Autohandel betrieb, um das Auto abzuholen. Es war der zwanzigste Dezember. Ich hörte Donna Summer und fühlte mich hervorragend; es war ein sonniger Tag. Alles, an was ich mich dann erinnere, ist ein schwarzes Ding, das durch die Luft flog. Ich sah es eine tausendstel Sekunde lang, ehe es mich traf. Das Rad (vom Anhänger eines entgegenkommenden Sattelschleppers) prallte auf das Dach meines Wagens und drückte ihn platt. Menschen sammelten sich um mich herum, und ich erinnere mich nur noch, daß ich zu ihnen sagte: ›Rufen Sie alle an, die ich kenne, und sagen Sie ihnen, sie sollen sofort hierherkommen.‹

Ich war von einer Sekunde auf die andere zum Gelähmten geworden, aber ich wußte es vierundzwanzig Stunden lang nicht, obwohl alle Leute es mir sagten. Ich registrierte es einfach nicht. Mein Körper war gelähmt und traumatisiert und mein Geist ebenso. Ich wurde in vieler Hinsicht wieder zu einem Kind, und es kostete mich acht Jahre, um wieder erwachsen zu werden.«

Dan wurde auf die Intensivstation eines örtlichen Krankenhauses in einer kleinen pennsylvanischen Stadt gebracht. Da seine Wirbelsäule angebrochen war, mußte man ihn an jeder Bewegung hindern, damit sein Rückenmark nicht noch mehr beschädigt wurde. Dan und seine Frau beschlossen, den erforderlichen neurochirurgischen Eingriff nicht in diesem Krankenhaus durchführen zu lassen, sondern wollten, daß man ihn ins Jefferson Hospital in der Innenstadt von Philadelphia überführte. Doch hielt man seinen Zustand für nicht stabil genug, um einem Transport zuzustimmen.

Seine Frau machte eine bestimmte medizinische Vorrichtung ausfindig, eine sogenannte Haloweste, von der man in diesem Ortskrankenhaus noch nie gehört hatte. Sie und Dan beschlossen, diese Weste zu benützen, um Dans Kopf ruhigzustellen, damit er mit dem Krankenwagen nach Philadelphia gefahren werden konnte:

»Die Weste bestand aus zwei Teilen. Sie hatte ein Kopfstück – ein Metallband, das etwa sechzig Millimeter dick ist und um den Kopf paßt. Es wird buchstäblich an vier Stellen des Kopfes festgeschraubt; davon führen Metallstäbe zu einer Plastikweste, in die der Brustkorb eingeschlossen wird. Normalerweise unternimmt man diese ganze Prozedur bei der Operation, wenn der Patient unter Vollnarkose ist, aber sie mußten sie mir anlegen, während ich bei vollem Bewußtsein war. Es waren einfach unbeschreibliche Schmerzen. Sie mußten einen Schraubenschlüssel benutzen, um die Schrauben festzuziehen. Doch ich war entschlossen, es auszuhalten, denn ich fühlte, daß diese Überführung ins Jefferson Hospital mein Leben retten würde. Es war einer jener Momente, wo etwas in mir sich für das Leben entschied, und ich war der festen Meinung, ich müsse in dieses Krankenhaus kommen, um weiterleben zu können.

Es dauerte ungefähr drei Stunden, bis wir mit dem Krankenwagen in Philadelphia ankamen, und als wir eintrafen, blickte ich zu den Leuten auf der Unfallstation hoch und sagte: ›Helfen Sie mir oder bringen Sie mich um. Ich bin mit beidem einverstanden.‹«

Dan versuchte, dem Pflegepersonal seinen Grad der Qual mitzuteilen, aber es zeigte nur wenig Verständnis und Einfühlungsvermögen. Anstatt Mitleid zu äußern, schickte man einen Psychiater zu ihm, der ihn wegen Depressionen behandeln sollte. Als der Arzt begann, Dan über seine Beziehungen in seiner frühen Kindheit zu befragen, forderte Dan den Mann auf, das Zimmer zu verlassen.

Die meisten Menschen schienen nicht in der Lage zu sein, mitanzusehen, wie Dan, eingeschraubt in die Haloweste, mit solch furchtbaren Schmerzen dalag – mit Ausnahme eines Assistenzarztes:

»Ich sprach ständig über meine Schmerzen und die psychischen Qualen, unter denen ich litt, aber niemand wollte mir zuhören. Nur ein junger Arzt kam einmal gegen Mitternacht in mein Zimmer, sah mich, ging hinaus und kam wieder zurück. Er blickte mich etwa eine Minute lang an und sagte: ›Ich habe keine Vorstellung davon, was Sie durchmachen, aber meine Frau hat vor kurzem eine Fehlgeburt erlebt, und wenn Ihr Schmerz ähnlich groß wie meiner ist, muß er einfach grauenhaft sein.‹ Ich habe ihn nie vergessen.«

Durch dieses kurze Gespräch erfuhr Dan, was für ein Geschenk das Mitgefühl eines Fremden sein kann. Dadurch daß der

Assistenzarzt vorbehaltlos Dans Schmerz anerkannte, hatte er Dan erreicht, und zum ersten Mal seit seinem Unfall öffnete Dan sich gegenüber einem anderen Menschen. Doch leider waren die meisten Menschen nicht imstande, auf Dans furchtbare Schmerzen einfühlend oder mitleidsvoll zu reagieren. Die meiste Zeit fühlte er sich isoliert.

Ein naher Freund von Dan rannte buchstäblich vor ihm davon. Er hatte Dan bis zu dem Tag im Krankenhaus besucht, an dem Dan zum ersten Mal in einem Rollstuhl saß (noch immer in der Haloweste). Von da an stellte der Freund die Besuche ein. Vieles von dem, was sie verbunden hatte (wie die Freude am Baseball und die Gespräche über Erfolge im Beruf), war nun hinfällig geworden, und sein Freund konnte nicht einfach dasein und abwarten, ob sich vielleicht etwas anderes entwickeln könnte. Er war außerstande, seinen Maulesel rückwärts zu reiten und seinen eigenen Reaktionen genügend Aufmerksamkeit zu schenken, um sie zu ändern.

Als ich Dan fragte, was ihm geholfen habe und was er bei den Bemühungen anderer Menschen nach seinem Unfall als schmerzlich empfunden habe, antwortete er, daß die meisten ihn verletzt hätten, wenn sie »etwas Hilfreiches zu sagen versuchten wie zum Beispiel: ›Ich bin froh, daß du deine Arme wenigstens teilweise bewegen kannst.‹ Oder: ›Ist es nicht wunderbar, daß du auch weiterhin in der Lage bist, deinen Beruf auszuüben?‹ Eine ganze Anzahl Leute sagten mir immer wieder, wie gut die Zukunft für mich aussähe und wieviel Glück ich gehabt hätte, daß ich noch am Leben sei. Ich aber wollte natürlich nichts anderes als sterben.

Ich wollte, daß die Menschen mir mit mehr Ehrlichkeit begegneten und etwas über meinen Schmerz sagten. Nachdem ich das Krankenhaus verlassen hatte, fuhr ich einmal mit meinen Töchtern, die damals fünf und sieben Jahre alt waren, zum Swimmingpool eines Freundes. Irgend etwas passierte auf der Fahrt dorthin – ich glaube, ich hatte ein Problem mit meiner Blase oder etwas in dieser Art – und meine ältere Tochter platzte mit dem Satz heraus: ›Ich hasse dich, weil du mein Leben ruinierst.‹ Danach fühlte ich mich erleichtert. Ich hatte ständig Schuldgefühle, da ich mir wie eine Last vorkam, und ich wußte, daß sie die Wahrheit sagte. Dadurch fühlte ich mich ihr näher. Es mag grausam klingen, aber letztendlich war es liebevoll, denn sie hatte es ehrlich gemeint, und ich wußte es.«

Leiden und Schmerz haben einen transformationellen Charakter, wenn man ihnen nicht ausweicht und sie in einer Weise zum Ausdruck bringt, die die Wahrheit offenbart. Dans Tochter stellte sich vorbehaltlos ihrem eigenen Leiden, sie verband es mit Dan und seinem Unfall und sagte aufrichtig, was sie dachte. Sie und Dan litten beide darunter, daß sie Dan haßte, daß sie wünschten, das Leben möge wieder wie früher sein, der Unfall wäre nie geschehen, und auch darunter, daß sie die Kontrolle besitzen wollten – obwohl genau das nicht möglich war. Für Dan war ihre Bemerkung von Nutzen, ebenso für ihrer beider Beziehung, die bis heute eng ist.

Es ist dieser Abstieg in die Hölle – die Hölle des *Dukkha*, der Phantasievorstellungen und Ängste –, die Mitgefühl entstehen läßt. Nie sind es Beschönigung, Beruhigung oder bloße Unterstützung, sondern die Tatsache, daß wirkliche, echte Qual mitfühlend geteilt und anerkannt wird. Viele Mythen und Geschichten zeigen dies auf symbolische Weise, wenn ein Gott oder eine Göttin, ein Prinz oder eine Prinzessin aus freien Stücken zugunsten von Schmerz und Leiden auf Reichtum und Behaglichkeit verzichten. Dieses Opfer geschieht nicht nur, um mehr über sich selbst zu lernen und in die Tiefen der Verzweiflung einzudringen, um zu sehen, was es damit auf sich hat. Nein, es ist grundlegend wichtig, wenn man die Grenzen des menschlichen Lebens mit seinen Mitmenschen teilen und die Verbindung zu anderen spüren möchte.

Die meisten Menschen waren unfähig, mit Dan zu leiden. Sie waren befangen, wurden sich vielleicht ihrer eigenen Scham und Verlegenheit bewußt, wenn sie ihn in seiner Weste festgeschraubt daliegen sahen. Sie versuchten ihm zu versichern, daß »alles bald wieder gut sein« würde und daß sie ihn immer noch liebten. Obwohl Dan ihre Liebe und ihre Befangenheit zu schätzen wußte, halfen sie ihm durch solche Beruhigungen nicht wirklich, und sie stellten auch keine wirkliche Beziehung zu ihm her.

An eine Begebenheit erinnert sich Dan jedoch, die sich nur etwa zwei Wochen nach seinem Unfall zutrug, und die ihm sehr half.

»Eine Krankenschwester teilte eines Abends die Arznei aus und fragte mich: ›Ich es eigentlich normal, daß man Selbstmordgedanken hat?‹ Ich vermute, sie stellte mir die Frage, weil sie wußte, daß ich Psychologe war – und ich antwortete: ›Nun, ich glaube, die meisten Menschen haben zu irgendeinem Zeitpunkt ihres Lebens solche Gedanken, aber wenn Sie weiter darüber sprechen wollen, schauen Sie doch nach Ihrer Schicht bei mir vorbei.‹ Also kam sie um elf Uhr in mein Zimmer, und wir unterhielten uns eine Stunde lang. Was sie mir erzählte, ist mir entfallen; ich weiß nur noch, daß ich sie an einen Therapeuten verwies. Dies war das erste Mal, daß ich wußte, ich würde als Tetraplegiker (an allen vier Gliedmaßen Gelähmter, Anm. d. Ü.) leben können.«

Noch ehe Dan eine Ahnung davon hatte, was es ihn kosten würde, wieder ins Leben zurückzukehren, begann er einzusehen, daß neben seinem Schmerz und seiner seelischen Not etwas Positives geschah:

»Ich entdeckte, daß eine gewisse Schranke zwischen mir und den anderen verschwunden war. Ich erinnere mich, daß ich mit Menschen in meinem Krankenzimmer sehr persönliche Gespräche führte. Ich konnte mich ohne weiteres in sie einfühlen und wußte, wie es um sie stand und was sie empfanden. Eine Menge Menschen kamen regelmäßig zu mir und sagten, sie wüßten eigentlich gar nicht, weswegen sie kämen. Nicht, daß sie Schuldgefühle gehabt oder unter Zwang gestanden hätten. Nein, etwas zog sie zu mir, und ich glaube, es war die Art, wie ich mich mit ihnen unterhielt und ihnen zuhörte.«

Letzten Endes waren Dan und seine Frau nicht in der Lage, die Verbindung zwischen ihnen lebendig zu halten. Dans Frau hatte sich unmittelbar nach seinem Unfall als seine wahrhaft beste

Freundin erwiesen; sie opferte sich in einer Art und Weise für sein Wohlergehen auf, daß es schon fast übermenschlich schien. Aber als Dan anfing, einige seiner Körperfunktionen wieder zu beherrschen, und erneut zu Kräften kam (etwas, was ihm ohne ihre Hilfe nicht gelungen wäre), fühlte er, wie sie sich nach und nach von ihm zurückzog. Während seines Aufenthaltes in einer Rehabilitationsklinik – ungefähr sechs Monate nach dem Unfall – wurde offensichtlich, daß sie ihm immer noch einige seiner Reaktionen auf ihre eigene Krankheit und deren Folgen übelnahm. Als Dan die erste Phase seiner Rehabilitation abgeschlossen hatte und allmählich wieder ins Berufsleben einstieg, lebten er und seine Frau sich noch weiter auseinander. Zehn Jahre nach Dans Unfall trennten sie sich und ließen sich schließlich scheiden.

Dan, der eine starke Bindung zu seinen Töchtern hatte, verbannte die »Alternative Selbstmord« – mit der er sich nach seinem Unfall herumgeschlagen hatte – aus seinem Denken und beschloß weiterzuleben, obwohl er oft von Scham, Groll und Selbstmitleid überwältigt wurde. »Ich sah mich immer noch als den alten Dan, der nicht in der Lage war, mit ganz einfachen Dingen fertig zu werden, beispielsweise einen Stift oder eine Gabel in der Hand zu halten oder ein Jackett anzuziehen. Jedesmal, wenn ich an einem Golf- oder Baseballplatz vorbeikam oder Leute tanzen sah, war es mir, als würde ich mit meinem Tod konfrontiert. Ich hörte dann immer eine Stimme, die sagte: ›All diese Dinge wirst du nie wieder tun können.‹

Ich war in einer erschreckenden Weise abhängig und schämte mich in den ersten zwei Jahren deswegen. Ich schämte mich, weil ich Hilfe beim Urinieren wie beim Fleischschneiden brauchte. Mein Schamgefühl war schier unerträglich, aber ich sah allmählich, daß ich selbst es erzeugte. Also drehte ich die Dinge um und fing an, über meine Abhängigkeit und meine Scham zu reden, andere Menschen ganz dezidiert darauf anzusprechen und ihnen zu sagen, wieviel Kraft es erfordert, die eigene Schwäche zuzugeben. Man muß eine Menge Mut und Vertrauen aufbieten. Der alte Dan in mir starb allmählich, als ich sah, daß ich anderen dabei helfen konnte, ihrer Scham und Abhängigkeit ins Auge zu sehen. Aber ich fühlte mich dabei nicht als Held, eher wie ein ängstlicher Feigling.«

Daß Dan offen und intensiv über seine Schwäche sprechen kann, ist eine starke Seite seines Mitgefühls, dank dessen er immer wieder seinen eigenen Schmerz und sein Leiden in Trost und Erkenntnis für andere, die ebenfalls leiden, verwandelt. Die Dinge umkehren bedeutet, daß man auf seine eigenen Reaktionen achtet und sieht, was für eine Art Wirklichkeit man schafft. Als Dan anfing, über seine Reaktionen zu sprechen – sein Schamgefühl über seine Abhängigkeit –, litt er mit den anderen, drückte seine Schwierigkeiten in Worten aus – nicht, um über sie zu klagen, sondern um sich mit anderen Menschen, die ähnliche Probleme hatten, zu solidarisieren und ihnen zu sagen, daß sie nicht allein waren.

Als ich Dan fragte, ob er glaube, sein Leiden würde auch über den Tod hinaus währen, antwortete er: »Ich will nicht, daß das Leiden auch nur noch eine Minute weitergeht. Mein Leiden hat mir viel gegeben, aber es ist auch entsetzlich qualvoll, und in der jetzigen Phase meines Lebens würde ich es vorziehen, tanzen zu können, anstatt weiser geworden zu sein.«

Keine Minute lang gibt er vor, sein Leben sei einfach. Dadurch daß Dan so ehrlich sagt, wie außergewöhnlich groß sein Schmerz und sein Leiden gewesen sind, erkennen wir, daß auch wir wählen können, wie wir auf die Vorkommnisse unseres Lebens reagieren, daß wir Opfer sein können, aber auch bereit, uns innerhalb unserer Grenzen zu engagieren.

Dan erwähnt oft, wie sehr er sich von den meisten Menschen, die er kennt, unterscheidet. Er hat das Leben immer wieder neu angenommen – als er darum kämpfte, nicht nach Vietnam geschickt zu werden (was in seiner Vorstellung den Tod bedeutet hatte), und heute, wo er als verantwortungsbewußter Vater seiner Töchter auftritt und außerdem seine Ex-Frau finanziell unterstützt oder indem er als Tetraplegiker ein aktives Leben führt.

Dan sagt von sich, daß er persönlich keine Angst vor dem Tod hat, aber ihm ist bewußt, wie sehr die meisten Menschen sich davor fürchten, unheilbar krank zu werden. Er hat unheilbar kranke Menschen in Therapie gehabt. Er selbst, der dem Tod schon mehrere Male ins Auge blickte und das auf sehr unterschiedliche Weise, sagt:

»Ich glaube, ich habe mehr Angst davor, daß mein Rollstuhl kaputtgehen könnte, als vor dem Sterben. Wenn ich über Leben und Sterben nachdenke, kommt alles in die richtige Ordnung. Es ist so, als gehöre dies einfach zu mir. In meinem Leben - und vielleicht in dem der meisten Menschen – muß der Tod immer präsent sein. Mir ist ständig bewußt, daß mein Leben gefährdet ist. Dies kann mein letzter Winter, mein letzter Frühling sein. Ich habe einen solchen Drang, aus dem Vollen zu leben, da ich weiß, bald könnte das Ende kommen. Wenn in diesem Winter einmal ein sonniger Tag ist, möchte ich die Sonne genießen, denn vielleicht werde ich nie mehr einen weiteren Sonnentag im Winter erleben dürfen. Ja es ist sogar möglich, daß dies überhaupt mein letzter Tag ist.«

Ich nenne Dans Lebensgeschichte ein »Gleichnis«, da sie uns etwas ganz Bestimmtes über das Leiden und Mitgefühl lehrt: nämlich daß Unzufriedenheit und Entfremdung entstehen, wenn man die Dinge anders haben möchte, als sie sind. Dan war gezwungen, ungeheuere Schmerzen, Verluste und Widrigkeiten aller Art hinzunehmen und zu ertragen, aber er verwandelte das Leiden, das mit seinem Schmerz einherging, in sein Lebensziel. Dan teilt seine eigenen Reaktionen auf seinen Schmerz unzähligen Menschen mit, und zwar in seiner landesweit ausgestrahlten Radioshow in Philadelphia; er hilft ihnen, zu sehen, daß sie nicht allein sind mit ihren Gefühlen von Scham, Abhängigkeit, Furcht und Zorn. Sie beginnen wieder zu hoffen, daß ihr Leben und ihre Beziehungen gelingen können. »Mein Leiden und meine Verletzungen haben etwas hervorgebracht, das für andere Leute von Wert ist. Und wahrhaftig spüre ich, daß dies der Zweck meines Lebens ist. Ich bringe andere dazu, weniger Angst zu haben – vor mir und vor sich selbst. Da ich in einem langwierigen Prozeß lernen mußte, weniger Angst vor mir selbst, vor meiner eigenen Abhängigkeit und Verwundbarkeit, vor meinem eigenen Tod und meiner Wehrlosigkeit zu haben, kann ich anderen zeigen, wie man etwas von seiner Furcht verlieren kann.«

Ich fragte Dan ohne Umschweife, was seiner Ansicht nach der Hauptgrund seiner Belastbarkeit ist. »Wir können über meine eigene Geschichte und meine Gene sprechen – sie haben sicherlich auch eine gewisse Rolle gespielt, aber das Wichtigste ist, ein Ziel zu haben. Meine Rundfunkkarriere hat mir da sehr geholfen; im wesentlichen hat sie mein Leben gerettet. Die Show wurde an mich herangetragen, noch ehe ich ein sogenanntes geistiges Erwachen hatte, aber als man sie mir anbot, hatte ich das Gefühl, Gott würde zu mir sagen: ›Gut, ich brach dir den Hals, aber jetzt bekommst du im Gegenzug das hier.‹« Die Show hat dazu geführt, daß Dan mit vielen tausend Menschen in Verbindung treten konnte, »die keinen Körper haben – so wie ich« und die eine treue Hörerschaft bilden. Der Glaube an ein Ziel reicht weiter als jeder Schmerz. Dan ist ganz fest der Überzeugung, daß er nie ein Ziel im Leben gefunden haben würde, wenn er sich nicht den Hals gebrochen hätte.

Aber Dan ist auch ein praktisch denkender Mensch: »Zu meiner Belastbarkeit haben auch die wirtschaftlichen Gegebenheiten beigetragen. Mit meiner Versicherungspolice – einer Kraftfahrzeugversicherung mit garantierter Auszahlung einer Entschädigungssumme – kaufte ich meinen Rollstuhl, baute mein Haus um und bezahlte den Rollstuhltransporter. Bisher kostete das Ganze etwa vier Millionen Dollar. Das klingt jetzt vielleicht alles sehr nüchtern für Sie, aber wenn ich die Versicherung nicht gehabt hätte, wäre ich heute auf Sozialhilfe angewiesen oder obdachlos oder sonst etwas, und ich glaube nicht, daß ich dann sehr belastbar wäre.«

Die Lebensumstände eines Menschen haben natürlich großen Einfluß darauf, als wie schmerzlich ein Trauma oder ein Unfall empfunden wird. Aber trotzdem wird das Maß des Leidens – das

Maß der Unzufriedenheit oder der Unausgeglichenheit – in erster Linie immer von der Bedeutung beeinflußt, die wir den Ereignissen zumessen, und davon, wie wir darauf reagieren.

Mitgefühl – das Wissen, das aus dem Leiden mit anderen kommt – ist eine ungeheuer wertvolle Gabe. Es entsteht daraus, daß wir unser eigenes Leiden und unseren Schmerz wahrhaft erkennen und schätzen.

Sich der Herausforderung zu stellen, sein eigenes Leiden anzunehmen und dazu zu stehen, ist keineswegs eine geringe Leistung. Aber es bedeutet, zur Selbsterkenntnis zu kommen – dem Verständnis dafür, wer wir sind; das kann auf keine andere Weise erworben werden.

Unsere persönlichen Komplexe

Leiden hat einen großen Wert, da es ein Zeichen dafür ist, daß wir unseren Reaktionen, also den Einstellungen, die in unserem Leben zum Tragen kommen, Aufmerksamkeit schenken sollten. Es ist zwecklos und schädlich – wenn auch verständlich –, das Leiden zu leugnen, zu verheimlichen und davor wegzulaufen. Wenn Menschen eine Psychotherapie beginnen oder wenn sie Hilfe bei der Familie und bei Freunden – oder auch in Büchern wie diesem hier – suchen, leiden sie oftmals ebenso oder sogar noch mehr, als wenn sie körperliche Schmerzen hätten. Das Leiden zu erkennen und bereit zu sein, dieser Erkenntnis Ausdruck zu verleihen, ist der erste Schritt in Richtung einer Wandlung.

Was wir bei belastbaren Menschen mit starker Persönlichkeit beobachten, ist immer ihre unbedingte Bereitschaft, den Schmerz anzuerkennen und ihm Ausdruck zu verleihen – so wie Dan, der immer wieder über seinen Schmerz, der ihm das Tragen der Haloweste bereitete, sprach.

Ehe wir das Leiden mit Medikamenten unterdrücken, täten wir gut daran, uns auf sein Terrain zu begeben und uns dort ein wenig umzusehen. Wenn wir es als »Funktionsstörung« abtun – so als ob dieser Begriff uns auf wundersame Weise von unserer Mitschuld an bestehenden Schwierigkeiten freispräche –, dann sind wir nicht daran interessiert, etwas daraus zu lernen.

Wenn unsere innere Haltung von Verantwortungsgefühl und Interesse geprägt ist und wir den Wunsch in uns bezwingen können, uns eines Schmerzes allzu rasch wieder zu entledigen, können wir damit beginnen, herauszuarbeiten, was unseren Reaktionen zugrunde liegt: Was sind das für Ideale, Wünsche, Ängste und Anforderungen, die wir uns selbst auferlegen? Woher kommen sie? Mit welcher Person aus unserer Vergangenheit hängen sie zusammen? Warum halten wir daran fest?

Haben wir erst einmal begonnen, die Wünsche, Ängste oder Obsessionen offenzulegen, die unserem Leiden ein eigenes Gepräge und eine Bedeutung geben, sind wir vielleicht besser gerüstet für den nächsten Schritt, der darin besteht, anderen Menschen zu helfen, die ebenfalls leiden – und leiden tut ausnahmslos ein jeder von uns.

Sind wir bereit, zu helfen und Mitgefühl zu entfalten, wird uns dies von der Befangenheit und der negativen Haltung des *Dukkha* befreien, das uns an Scham, Neid, Schuld oder Verlegenheit bindet. Wie wir an späterer Stelle sehen werden, nähren diese Emotionen unser Empfinden, wir seien kleine, voneinander getrennte Ichs in voneinander getrennten Körpern, die einzigartig seien und sich ganz und gar unterschieden. Diese Isoliertheit wird noch durch die Überzeugung verstärkt, daß wir uns selbst schützen müßten und daß alles, was wir anderen »geben«, unserem Ich »genommen« würde.

Viele Menschen sind fest im Gefühl defensiver Isoliertheit – letztlich einer Art eingebildeter »Unabhängigkeit« – gefangen, die zum Leiden führt. Ob es sich bei dem Ich um eine Nation, Rasse, Geschlecht, Gruppe oder einen Körper handelt – wenn man sein Ich in erster Linie als isoliert und unabhängig begreift, kann das Leben nur von Leiden und Zerstörung geprägt, die Existenz nur von einem Gefühl der Entfremdung durchdrungen sein.

Oft ist das Erlebnis, anderen zu helfen, der erste Schritt, um aus Selbstschutz und Destruktivität herauszufinden (wie es bei Dan der Fall war). Doch viele können nicht helfen, weil sie zu sehr in Befangenheit und Ängsten stecken. Bestenfalls besteht ihre Hilfe in einer freundlichen »Aufmunterung«, die oft mehr kränkt als hilft. Diese Menschen müssen zuerst einmal auf ihr eigenes Leiden eingehen und die eigenen psychologischen Komplexe kennenlernen (und begreifen, wie sie schwierige Situationen immer wieder selbst erzeugen), ehe sie wirkliches Mitgefühl aufbringen können.

Häufig ist es schwierig, sich zum Leiden zu bekennen, und noch schwieriger, ihm direkt zu begegnen, denn oft ist uns überhaupt nicht bewußt, warum es sich einstellt. Wenn Menschen in unbewußten Motivationen gefangen sind, haben sie bezeichnenderweise den Eindruck, ihre Gefühle seien echt – auch wenn diese in Wirklichkeit übersteigert sind –, und sie könnten sich kaum anders verhalten.

Ich weiß nicht, welche Voraussetzungen zu den Schwierigkeiten führten, die Dans Ehe – eine Beziehung und Freundschaft, die nach seinem Unfall zunächst noch stärker zu werden schien – letztlich zum Scheitern brachten. Aber in solchen Situationen sind häufig beide Partner in »psychologischen Komplexen«[6] gefangen. Jung verwendete diesen Begriff (der ursprünglich von einem seiner Lehrer, Pierre Janet, stammte), um ein Phänomen zu bezeichnen, das er und andere viele Male bei Patienten und anderen Leuten beobachtet hatten. Ein Komplex ist ein unbewußt aufgeführtes Drama – gewöhnlich mit Rollen für einen selbst und für die anderen –, das von seinem Urheber mit großem Talent und in vollkommener Überzeugung von seinem Wahrheitsgehalt und seiner Berechtigung gespielt wird, obwohl es anderen vollkommen irrational vorkommen mag.

Jeder Komplex enthält unbewußte Verhaltensmuster und Überzeugungen. Wenn Menschen an jemand anderem beobachten, daß er oder sie »einen Komplex hat«, sehen sie, wie jemand mit starken Emotionen reagiert, der scheinbar vollkommen von der Richtigkeit seines Handelns überzeugt ist und fast unaufhörlich und impulsiv seine Ansichten ändert.

Jeder Komplex wurzelt in einer bestimmten Sammlung von Bildern und Bedeutungen, die von Emotionen gekennzeichnet sind. Beispielsweise haben die meisten Menschen eine Art Große-Mutter-Komplex[7], der in bezug auf intensive Betreuung (dem Wunsch, sie zu geben oder zu empfangen) und tröstende Gefühle und Bilder ausagiert und gesucht wird. Er entsteht durch unsere frühkindlichen Beziehungen, durch die Art und Weise, in der unsere Spannungen abgebaut wurden und in der man auf unsere Bedürfnisse einging. In unserer frühesten Kindheit kannten wir die Kategorie »Frau« noch nicht, doch als wir sie dann verstanden, haben wir möglicherweise bereits unsere Erwartungen von Liebe und Umsorgtwerden auf eine Frau übertragen – gewöhnlich die, welche wir Mutter nennen. Später kann dieser Große-Mutter-Komplex in einer Liebesbeziehung zum Tragen kommen, von der wir liebevolle Pflege, Aufmerksamkeit und Idealisierung erwarten – die Dinge, die wir von unserer Mutter erhielten.

Wenn unsere Erfahrungen bezüglich liebevoller Betreuung negativ – oder auch gemischt und ambivalent – waren, dann haben wir zusätzlich einen Schreckliche-Mutter-Komplex[8]. Dieser Komplex schließt Bilder, Geschmäcke, Klänge, Gerüche und Berührungen ein, die schmerzhaft, störend, unharmonisch und wenig einfühlsam waren. Wenn wir sowohl einen positiven als auch einen negativen Mutterkomplex entwickelt haben (was auf die meisten Menschen zutrifft), dann sahen wir die Mutter manchmal als Göttin und manchmal als Hexe. Diese Bilder gruben sich tiefer in unser Empfinden ein als sonst irgend etwas, was unsere Mutter gesagt oder getan haben mag. Sie hat zwar durch etwas eine Reaktion in uns ausgelöst, aber dieser Akt war möglicherweise unbedeutend, wohingegen die Reaktion weitreichend war.

Eine große Anzahl früher Erfahrungen, die von einem emotionalen Kern, einem psychologischen Komplex, zusammengehalten werden, führen ein Eigenleben, das sich unseren bewußten Absichten entzieht und unseren persönlichen Lebensstil und unser Verhalten stark beeinflussen kann. Wenn diese Erfahrungen wieder wach werden, versetzen sie uns in eine »Stimmung«, aus der wir nicht wieder herauszufinden scheinen. Menschen, die einen Komplex haben, fühlen oder sagen dann: »Heute stehe ich wirklich neben mir«, und die anderen werden ihnen zustimmen.

Wenn ein Komplex – ganz gleich, ob er idealistisch oder negativ ist – wiederbelebt wird, können wir uns mit ihm identifizieren oder ihn auf einen anderen Menschen projizieren. Mit Projektion meine ich, daß wir ihn bei jemand anderem »sehen« oder erleben; häufig ist das der Partner, ein Kind oder ein Elternteil. Es ist gut möglich, daß wir Identifizierung und Projektion miteinander verflechten. Dan fühlte sich vielleicht als das »Opferkind« eines negativen Elternkomplexes, als seine Frau Dinge tat, die ihn kränkten. Vielleicht hatte er den Eindruck, alles sei »ihre Schuld« und sie »erzeuge« die Situationen, die zu ihrem Handeln führten. Aber möglicherweise reagierte Dan auch als negativer Elternteil, indem er sich zurückzog und Kritik übte, jedoch keinen wirklichen Kontakt aufrechterhielt. Obwohl er sich als Opfer fühlte, kann er wie ein Angreifer aufgetreten sein.

Ferner können wir sagen, daß Dan gegenüber seiner Schwester und seiner Mutter wahrscheinlich einen Minderwertigkeitskomplex entwickelte. Er fühlte sich außerstande, mit den Fähigkeiten und Begabungen seiner Schwester zu konkurrieren, und er meinte, daß seine Mutter ihn selten für irgend etwas Geleistetes lobte (dagegen die Stärken seiner Schwester vorzog). Dan war deswegen beschämt, fühlte sich abgelehnt und war neidisch. Als er älter wurde und mehr in der Welt herumkam (das war noch vor seinem Unfall), hatte er das Gefühl, er bekäme den »Beweis« dafür, daß seine Mutter recht damit getan hatte, ihn minderwertiger zu finden, denn er hielt sich für »zu klein«, um mit den anderen mithalten zu können, und fand sich nicht »intelligent genug«. Dieser Komplex wurde möglicherweise im Zusammensein mit seiner Frau oder mit anderen Frauen wiederbelebt – mit denen er vielleicht konkurrierte, denen er sich aber unterlegen fühlte (wie seiner Schwester) oder die er glaubte, immer zu enttäuschen und nie zufriedenstellen zu können.

Menschen, die einen Komplex haben, scheinen sich gleichsam in einem hypnotischen Trancezustand zu befinden. Sie haben das Gefühl, sie würden von ihren Emotionen und Reaktionen überwältigt; oft behaupten die Betreffenden dann, sie reagierten »aus dem Bauch heraus«, und neigen zu der Annahme, dies seien ihre wahrhaft tiefsten Gefühle. Selbst wenn jemand abwechselnd wie ein Opferkind und wie ein zorniger Elternteil agiert, werden er oder sie wahrscheinlich nicht die Widersprüche sehen, auf die ein anderer sie vielleicht hinweist. Für einen Menschen, der einen Komplex ausagiert, scheint alles richtig und notwendig zu sein.

Kein Mensch entgeht der Prägung durch Komplexe, denn sie sind Strukturen der menschlichen Persönlichkeit[9]. Bis wir das Erwachsenenalter erreichen, werden wir von einigen wirkungsvollen Komplexen angetrieben, die in den Erfahrungen mit unseren ersten Beziehungen ihren Ursprung haben – mit dem Ich, mit Mutter, Vater, Schwester, Bruder – und die ganz automatisch in die rationalen Erklärungen einfließen, die wir für unsere Existenz geben. Selbst die Menschen, die emotional am stärksten getrieben sind und als »psychotisch« bezeichnet werden, haben »rationale« Erklärungen für die verzerrten Bilder, die sie als richtig verteidigen. Wir alle versuchen, unsere emotionalen Wirklichkeiten dem anzupassen, was wir von der Welt um uns herum wahrnehmen, und Erklärungen zu finden, von denen wir glauben, die anderen würden sie akzeptieren.

Im Kern jeden Komplexes steht ein Archetypus[10] – die universale Tendenz, in einem hochemotionalen Zustand ein kohärentes Bild zu formen. Wir alle haben Bilder von »Schrecklichen Müttern« (Hexen, Nörglerinnen, häßliche alte Frauen, Stiefmütter) und von »Großen Müttern« (Göttinnen, Nahrungsspenderinnen, Trösterinnen), von »Schrecklichen Vätern« (Dämonen und Teufel), »Großen Vätern« (Götter und Könige), »Göttlichen Kindern« und »Zauberern«. Um diese Archetypen der menschlichen psychologischen Erfahrungen herum formieren sich negative und positive Komplexe, die auf unsere Erwartungen und Ansichten über die Welt und die Wirklichkeit übertragen werden.

Wir könnten – wie Jung – sagen, daß unsere psychologischen Komplexe zu dem Karma[11] werden, das wir aus den ersten Tagen unseres Leben mitbringen. *Karma* – ein buddhistischer Begriff, der wie andere aus dem Sanskrit stammt – bedeutet »Handlung« und bezieht sich auf die Tatsache, daß wir ganz direkt von den Folgen unserer eigenen Einstellungen und Handlungen betroffen sind. Sie tragen viel zu dem bei, was uns nur »zuzustoßen« scheint. Entgegen dem, was viele glauben, entspricht die buddhistische Vorstellung vom Karma also nicht einer Vorherbestimmung, sondern einer fließenden Entwicklung von Augenblick zu Augenblick, die sich aus bestimmten Folgen unser eigenen Einstellungen und Handlungen ergibt.

Jeder Mensch wird zu einem bestimmten Zeitpunkt in eine bestimmte Familienkonstellation hineingeboren. In dieser Familie ist bereits ein großes Drama im Gange, etwas, das starke emotionale Zugkräfte hat, die großenteils aus den Rollen der Eltern (und deren Eltern und Vorfahren) und, in geringerem Maße, der Geschwister hervorgehen. Dan wurde zwei Jahre nach dem ersten Kind, seiner Schwester, geboren, die immer wegen ihrer Intelligenz und ihren sprachlichen Begabungen gelobt wurde. Dans eigenes Temperament und seine gefühlsmäßigen Einstellungen waren ganz wesentlich an der Herausbildung seines Minderwertigkeitskomplexes beteiligt, aber einige Elemente waren bereits vorhanden.

Psychologische Komplexe sind nicht dasselbe wie eine »Familiengeschichte« oder ein »Familiensystem«. Jedes Familienmitglied hat unterschiedliche Mutter-, Vater-, Schwester- und Bruderkomplexe, denn jedes Mitglied wurde auf eine ihm eigene Weise in die Verhältnisse und Situationen der Ursprungsfamilie »hineingezogen« und reagierte mit seinen emotionalen Möglichkeiten darauf.

Aber die Familiengeschichte (oder das Familiensystem als Ganzes) hat ihre eigenen speziellen Beziehungsmuster und Einstellungen, die bereits in den früheren Generationen bestanden, wobei stets bestimmte Entwicklungsmöglichkeiten und bestimmte Grenzen wiederholt werden. Auch diese Beweggründe und Meinungen, Pläne und Ideale, in die ein neugeborenes Kind eingebunden wird, gehören zum Familienkarma. Vom Augenblick der Empfängnis an ist das Kind Gegenstand der Phantasie und Spekulationen und nimmt – bewußt oder unbewußt – in der Vorstellungswelt seiner Eltern einen Platz ein. Keineswegs ist das Kind ein »unbeschriebenes Blatt«, das darauf wartet, durch das Leben beschrieben zu werden.

Wir werden im Laufe dieses Buches noch mehr über das Karma erfahren und sehen, wie subtil seine Auswirkungen sind. Wir lernen vom Buddhismus, daß wir viele Umstände unseres Lebens sowohl durch unsere Anschauungen, Erwartungen und Impulse als auch durch unsere direkten Handlungen erzeugen. Diese Umstände veranlassen andere Menschen, in bestimmten Weisen auf uns zu reagieren, die lästig oder hilfreich sein und die uns Schmerz oder Befriedigung verschaffen können. Jungs Theorie von den psychologischen Komplexen nähert sich sehr deutlich an die buddhistische Theorie des Karma an, zumindest da, wo sie uns zeigt, daß wir gefühlsmäßig stark dazu neigen, die Themen und Bilder immer wieder neu zu schaffen, in die wir hineingeboren sind.

Da, wo in der Kindheit ausgeprägte emotionale Muster vorhanden waren, werden starke Tendenzen bestehen, dieselben Muster auch im Erwachsenenalter zu erzeugen. Häufig sind die eher schmerzlichen und quälenden Themen vorherrschend, da Menschen unbewußt immer versuchen, diejenigen Familienmitglieder (so wie wir sie noch in unserer Vorstellung haben) glücklich zu machen oder zu heilen, die am kränksten, ängstlichsten oder schwächsten zu sein schienen.

Allgemein gesprochen können sich Menschen von gefühlsmäßigen Mängeln und Wunden aus der Vergangenheit erst dann lösen, wenn sie sich darüber im klaren sind, worin diese bestehen und was sie bedeuten. Ob man als Kind von Eltern geboren wurde, die ängstlich, depressiv und lebensverleugnend waren, oder von Eltern, die selbstsicher, vertrauensvoll und lebensbejahend waren – man wird dazu neigen, die großen emotionalen Themen der Kindheit in den späteren Beziehungen zu wiederholen, bis man sich bewußt wird, was man eigentlich tut, und genügend objektives Verständnis hat, um seinen Standpunkt zu ändern.

Natürlich wiederholt man diese Muster nicht von einem realistischen oder objektiven Standpunkt aus; man erzeugt sie, wie man sie erlebte – mit allen Vorurteilen und Phantasievorstellungen, die man selbst entwickelt hat. Das Karma ist das »Gesetz« der menschlichen Natur, das besagt, daß unsere eigenen Einstellungen und Handlungen Folgen haben, die die Wirklichkeit unseres Lebens prägen. Unsere Komplexe veranschaulichen, wie unsere Einstellungen und Handlungen bestimmte Wirklichkeiten immer wieder neu schaffen.

Es gibt eine Übereinstimmung zwischen unseren Erwartungen und Handlungen und dem Karma (Komplex), das sie formt: »Ein Karma erfüllt sich immer in einer Weise, die dem ursprünglichen Akt ähnelt...«[12]

Mit anderen Worten, einige unserer seelischen Nöte – nämlich die, die mit unserem persönlichen Leiden verbunden sind – hängen in besonderem Maße mit uns selbst zusammen. Sie sind die Folgen unserer eigenen Wünsche, Handlungen, Absichten und Methoden, mittels derer wir sie unbewußt inszeniert oder abgelehnt haben. Wenn wir in einer Art Tanz der Zerstörung gefangen zu sein scheinen, so ist das eben ein Tanz, den wir da aufführen, eine Vorstellung, die wir geben.

Dan verstand allmählich, daß sein Schamgefühl (wegen seiner Verluste und Abhängigkeit) in den kindlichen Mustern seiner Scham wurzelte und daß er die Gefühle, nicht dazuzugehören, nicht weiterhin ständig selbst zu erzeugen brauchte. Natürlich begriff er das in seiner ganzen Tragweite erst, *nachdem* er diesen

Unfall hatte und nachdem sein Körper sich so grundlegend von dem unterschied, wie er ihn haben wollte und dem der anderen in jeder Hinsicht so unähnlich war, daß er am liebsten vor Scham in den Erdboden versunken wäre. Statt dessen wurde Dans Leiden für ihn zu einer Chance, sich zu entwickeln; den ersten Schritt in diese Richtung machte er dank des – wenn auch spärlich – erfahrenen Mitgefühls: Da war der Assistenzarzt, der seinen eigenen Schmerz mit Dans Schmerz verband; die Krankenschwester, die ihn wegen ihrer Selbstmordgedanken um Hilfe bat; Dans Tochter, die in ihrem Gefühl von Liebe und Not aus tiefster Seele: »Ich hasse dich« erklärte. All das gehörte zu den Momenten, die ihn durch lange Perioden der Entfremdung, Scham und Angst hindurch aufrechthielten – acht lange Jahre, die es dauerte, bis er wieder voll am Leben teilhaben konnte.

Doch manchmal kann das Erleben eines echten Schmerzes einen Menschen auch spontan dazu bringen, seine alten neurotischen Gewohnheiten gänzlich abzustreifen, wie ich bei einigen beobachtete, die ganz unerwartet mit schweren Krankheiten, Treuebruch eines Partners oder Verlust konfrontiert wurden. Sie waren plötzlich imstande, über ihre neurotischen Eigenarten hinauszugehen und Mitgefühl zu entwickeln.

Mitgefühl lindert Leiden und macht Schmerz erträglich. Im folgenden zitiere ich den Bericht einer mutigen, jungen Frau, die vier Jahre lang gegen ihren Brustkrebs kämpfte und schließlich starb, jedoch durch ihre Erfahrungen, die sie auf diesem Weg machte, seelisch von Grund auf geheilt war. Treya Wilber, die Frau und Mitarbeiterin des Philosophen Ken Wilber, schrieb über ihre Unsicherheit angesichts der Chemotherapie, die sie im letzten Stadium ihres fortgeschrittenen Krebses erhielt, auf:

»Ich fühlte mich unbeschreiblich schwach, weinte viel, war sehr aufgewühlt, nahe daran zusammenzubrechen, war von Ängsten vor Schmerzen und Todesgedanken gepeinigt ... Und dann kamen mir immer alle Menschen in den Sinn, die in demselben Augenblick auf diesem Planeten litten, und auch all jene, die in der Vergangenheit gelitten hatten, und ich fühlte sogleich, daß eine Welle von Frieden und Ruhe mich durchströmte. Ich fühlte mich nicht länger allein, nicht herausgehoben aus der Masse der anderen; statt dessen spürte ich eine unglaubliche Verbundenheit mit all diesen Leuten, so, als gehörten wir derselben großen Familie an.«[13]

Vor ihrem geistigen Auge sah sie Kinder, die an Krebs starben, Menschen, die durch einen Unfall umkamen, Eltern, die den Tod eines Kindes erlebten, Tausende von Menschen, die im Krieg und an Unterernährung starben. Sie war nicht länger allein, nicht länger isoliert und fühlte sich nicht mehr als Opfer. Wahrhaftiges Mitgefühl ist ein wirkames Mittel gegen unser eigenes Leiden, denn es wirkt dem Gefühl der Entfremdung entgegen.

Indem der belastbare, widerstandsfähige Mensch die Freiheit und Weisheit des Mitleidens entdeckt, erkennt er einen neuen, größeren Zusammenhang, in dem sein Leben einen Sinn ergibt. Dieser Zusammenhang steht immer in Verbindung mit den großen Fragen über unsere Existenz, über Leben und Tod, und bringt unmittelbar zum Bewußtsein, auf welche Weise alle lebenden Wesen durch ihre wechselseitige Abhängigkeit miteinander verflochten sind. Daraus entsteht tiefe und wahre Kreativität – jenseits von Befangenheit und Negativismus – innerhalb einer gezielten Hinwendung zu Liebe und Verbundenheit.

Möchten wir relativ frei von Leiden leben, müssen wir uns unserer Neigungen, es selbst zu erzeugen, sehr bewußt sein. Sie verschwinden wohl nie ganz, werden aber schwächer. An diesem Bewußtsein scheint man am ehesten festzuhalten, wenn man eine Angewohnheit oder Überzeugung hat, durch die man immer wieder zum Mitgefühl und zur Verbindung mit anderen Menschen zurückkehrt. Das fördert eine veränderte Einstellung zu Schmerz und Verlust, ja selbst zum Tod. Es ist die tiefe Überzeugung, daß die Erfahrungen des Lebens einen nicht überwältigen, besiegen oder zerbrechen können, da sie, wenn sie in einem angemessenen Rahmen gehalten werden, alle zur Eingliederung in ein größeres Ganzes führen.

Im dritten Kapitel werde ich nun Menschen vorstellen, die schon in ihrer Kindheit das Wissen um das Mitgefühl entdeckten und für die die Gaben, die im Leiden steckten, ein erster Schritt zu Ziel und Sinn ihres Lebens waren.

Drittes Kapitel

Einige Vorzüge einer schwierigen Kindheit

Anfängliche Schwierigkeiten führen zum Erfolg,
fördernd ist Beharrlichkeit.
›I Ging‹ oder ›Das Buch der Veränderungen‹[1]

Einige von uns, die in ihrer Kindheit mit großen Härten konfrontiert wurden, haben dies als Antrieb für kreative Einsichten und als Daseinsziel wahrgenommen und führen ein erfülltes Leben, ohne allzuviel Neid und Groll. Andere wurden zu sprichwörtlichen Magneten, die ständig weitere Schmerzen anzogen, immer bereit, wieder neu zu erzeugen, was sie verletzte. Der Unterschied zwischen beiden Menschengruppen scheint in der Einstellung zu liegen, die sie zu Leiden und Schmerz haben. Manche Menschen lernen sehr früh in ihrem Leben, den Maulesel rückwärts zu reiten und in ihren Verlusten und Schwierigkeiten etwas Positives zu sehen, das sie an ein Lebensziel bindet.

In diesem Kapitel geht es um die Merkmale der Belastbarkeit, die aus den in der Kindheit erfahrenen Widrigkeiten – Traumata, Verluste und Konflikte – erwachsen. Sie als Leser können davon direkt oder indirekt betroffen sein. Wenn Sie eine schwere Kindheit hatten, aber dazu neigen, Ihre Stärken oder Fähigkeiten (zumindest teilweise) abzutun, da Sie ihren Wert anzweifeln, werden Sie auf den folgenden Seiten Ihre Stärken in einem neuen Licht dargestellt sehen. Sie werden den Gewinn, der mit Problemen in der Kindheit einhergehen kann, besser zu würdigen lernen.

Bestimmte populäre Strömungen in der Psychologie, insbesondere jene, die Familien als »dysfunktional« abstempeln, können Menschen zu der Annahme verleiten, eine schwierige Kindheit sei nichts als eine Belastung, die man durch eine therapeutische Behandlung (oder auch durch ihr bloßes Eingeständnis) überwindet. Damit degradieren sie in allzu vereinfachten Schuldzuweisungen (ganz gleich, ob sie andere Menschen oder den Patienten selbst betreffen) die komplexen Probleme zu einer Formsache – Probleme, die sich ergeben, wenn man einen Elternteil auf ambivalente Weise liebt oder auf die ungerechtfertigten Bedürfnisse eines Elternteils zweckmäßig reagiert. Bei diesem Ansatz ist kein Platz für die Überzeugung oder das Verständnis von der verwandelnden Kraft, die dem Schmerz innewohnt, und von dem Nutzen, der aus einer frühen Erkenntnis, daß man anderen gefühlsmäßig zu helfen vermag, die verwundbarer sind als man selbst – auch wenn es sich dabei um die Eltern handeln sollte –, erwachsen kann.

Diejenigen unter den Lesern, die keine schwierige Kindheit hatten, werden hier eine eher indirekte Botschaft finden: Es gibt einen »natürlichen« Weg, der von erlebter Not zu einem höheren Sinn führt, und den können sogar Kinder beschreiben. Dieser Weg ist – wie der in den Märchen, der schutzlose Kinder sicher nach Hause bringt, nachdem sie Hexen oder Teufeln begegnet sind – archetypisch. Im Buddhismus wird er in den Großen Wahrheiten aufgezeigt, die beschreiben, wie wir unser oder anderer Menschen Leiden lindern können. Wir sehen diese Wahrheiten in der Geschichte von dem Zen-Meister und dem Samurai (der wissen wollte, was Himmel und was Hölle ist) veranschaulicht, die ich an früherer Stelle erzählte. Wenn wir angesichts der Probleme des Lebens ruhig und nachdenklich bleiben und imstande sind, unsere Lage in einem größeren Zusammenhang zu sehen, dann können wir den Himmel finden - selbst mitten im größten Chaos. Aber wenn wir auf Angst mit Aggression oder auf Gefahr mit einem Zusammenbruch reagieren, dann öffen wir die Pforten zur Hölle.

Menschen, die durch negative Erfahrungen in ihrer Kindheit innerlich stark wurden, zeigen auf vorbildliche Weise, wie man trotz erschütternder Erlebnisse im Leben Erfolg haben kann. Sie sind nicht einfach nur Überlebende[2]. Sie erreichen Wohlstand, ein stabiles häusliches Leben und erfüllte Beziehungen und besitzen einen ausgeprägten Sinn für ein Lebensziel. Als ich zum ersten Mal Studien über belastbare Menschen las, war ich einerseits schockiert über die Widerwärtigkeiten und das Leid, das ihnen zugefügt worden war, und andererseits beeindruckt von ihrer Widerstandskraft und starken Persönlichkeit.

Ihre Belastbarkeit bewies, daß Schwierigkeiten in der Kindheit Vorteile bringen können, und es gibt spezielle Studien, die zeigen, wie das geschieht. Dieses Wissen behielt ich in meiner Arbeit als Therapeutin immer im Hinterkopf. Nicht nur half ich nun Menschen, ihre eigenen Komplexe zu erkennen und die Verantwortung für das Leiden zu übernehmen, das sie selbst erzeugten, sondern ich begann nach dem zu suchen, was für belastbare Menschen so natürlich zu sein schien: nach dem Prozeß, durch den wir alle unsere Schwierigkeiten in Erkenntnis und seelische Entwicklung verwandeln und unsere eigenen Nöte dazu nutzen können, einen Sinn im Leben zu finden.

Vor fünfundzwanzig Jahren hätten die meisten Psychologen – insbesondere die Entwicklungspsychologen – die Annahme für vollkommen abwegig gehalten, ein Erwachsener könne trotz einer traumatischen Kindheit ein erfülltes und glückliches Leben führen. Es herrschte die Überzeugung vor, daß ein solcher Mensch, selbst wenn er, oberflächlich betrachtet, gut dastand und in seinen Geschäften oder mit einer kreativen Tätigkeit Erfolg hatte, in seinem Inneren unglücklich sein müsse und wahrscheinlich auch andere unglücklich machen würde. Man war der Meinung, die Verluste der Kindheit seien nicht wieder gutzumachen, und obwohl sie kompensiert werden könnten, sei es nie wirklich möglich, daß daraus psychische Gesundheit oder Anregungen für das Leben entstünden. Und es wurde angenommen, daß gestörte Kindheitsbeziehungen für alle Zeiten Narben hinterließen, die später zwangsläufig zu einer eingeschränkten Beziehungsfähigkeit führen müßten.

Heute wissen wir, daß dies nicht der Fall ist. Manche Kinder haben den Schmerz über ihre schwierige Kindheit in positive Eigenschaften umgewandelt, die sie ihr Leben lang beibehielten. Der frühe Tod eines Elternteils, der zu Verlassenheitsängsten und Depressionen führt, kann die Fähigkeit fördern, dem Thema Verlust in Gedichten, Romanen oder Bildern Ausdruck zu verleihen. Hat ein Mensch narzißtische Wunden, die von einer Erziehung herrühren, in der es an Einfühlungsvermögen und Wärme mangelte, kann er sie in Hilfe für Kinder umwandeln, die durch Gewalttätigkeit und Vernachlässigung verletzt wurden. Oder es kann, wie in meinem Fall, das frühe Erleben von familiären Streitigkeiten zur ausgeprägten Fähigkeit führen, zu analysieren und zu verstehen, was Menschen veranlaßt, sich gegenseitig zu verletzen – was mich veranlaßte, den Beruf der Psychoanalytikerin zu ergreifen.

Wir wissen aus Langzeitstudien, daß etwa ein Zehntel der Menschen, die in schwierigen Verhältnisse aufwuchsen – unter der Belastung durch Armut, ständige familiäre Streitigkeiten, Verlust oder Geisteskrankheit der Eltern –, als Erwachsene hervorragend mit dem Leben zurechtkommen. Manchmal erklärte man diese außergewöhnlichen Personen für unverwundbar oder unbesiegbar[3], aber heute begreifen wir, daß diese Bezeichnung irreführend ist. Niemand ist unverwundbar. Es ist die Art und Weise, wie man dieser Verwundbarkeit begegnet, sie prüft und mit ihr umgeht, die zur Belastbarkeit führt.

Obwohl die meisten Kinder, die seelische und körperliche Miseren erlitten, nicht die Möglichkeiten dieser zehn Prozent besitzen, zeigen Untersuchungen, daß dennoch viele von ihnen später ein erfolgreiches Leben führen. Was also schützt manche Menschen, die mißbraucht oder traumatisiert wurden, vor späterer Verwirrungen, während andere ihr Leiden aus der Kindheit auch im Erwachsenenalter immer wieder neu erzeugen? Die gemeinsamen Elemente im Kampf gegen Verlust, Schmerz und Grausamkeit sind Hilfe, Hoffnung und Sinngebung.

Wissenschaftler, die sich mit dem Phänomen der Belastbarkeit beschäftigen, sind dabei, ein gedankliches Modell zu erstellen, mit dessen Hilfe wir alle die Belastbarkeit in uns fördern können. Ihre Forschungen besagen, daß ein Lebensbeginn, der für die spätere Herausbildung einer starken Persönlichkeit förderlich ist, nicht unbedingt ein Leben ohne alle Widrigkeiten ist, sondern vielmehr ein Leben mit sich allmählich steigernden Herausforderungen, die die Herausbildung von flexiblen Taktiken, Problembewältigungsstrategien und auf Anpassung ausgerichtete Persönlichkeitsmerkmale begünstigen. Dieser Gedanke kann uns alle dazu anregen, Widrigkeiten in jeder Phase unseres Lebens im Hinblick auf das, was sie uns lehren, zu begegnen. Es ist nie zu spät, von belastbaren Menschen zu lernen.

Faktoren der Belastbarkeit

Obwohl einige innerlich starke Menschen in der Lage zu sein scheinen, enorme Widrigkeiten in – sich allmählich steigernde – Herausforderungen zu verwandeln, würden die meisten von uns es als zu schwer erachten, während des Heranwachsens schwerwiegende Kindheitsleiden zu integrieren. Aber selbst wenn wir nicht imstande sind, dieselbe Stärke wie diese Belastbaren aufzubringen, können wir aus ihrer Erfahrung lernen, daß Verantwortungsgefühl und ein Bedeutungskontext (der beispielsweise über Selbstmitleid hinausgeht) zu mehr Selbstbestimmung, ja sogar zu mehr Selbstvertrauen führen.

Joanna Macy steht positiv zu den Widrigkeiten und zu dem Schmerz, den sie in ihrer Kindheit erfuhr, und beklagt sich nicht darüber, daß sie nicht sorglos und glücklich war. Von ihr stammt der Satz: »Nur wir Menschen können so leiden, wie wir es tun, und nur wir Menschen können unser Karma ändern.« Sie will damit sagen, daß die schwierigen Lebensumstände, die man als einen Teil der Kindheit ertragen mußte – Umstände, in die wir hineingeboren wurden –, dank unseres eigenen Bewußtseins und unserer inneren Entwicklung später korrigiert und geändert werden können. Jeder Mensch, der über das Leiden einer schwierigen Kindheit hinausgeht und mithilft, die Welt zu verbessern, hat ein grundlegendes Element der Not ins Gegenteil verkehrt, hat seinem Leben eine andere Richtung gegeben und kann uns alle viel lehren.

Der Psychiater Michael Rutter, ein bekannter Forscher, der sich mit dem Phänomen der Belastbarkeit beschäftigt, ist fest davon überzeugt, daß die Stärken widerstandsfähiger Menschen mehr als nur anlagebedingte Faktoren sind (wie günstige genetische Dispositionen oder ein ausgeglichenes Temperament)[4]. Er betont ihr aktives Engagement und ihre Reaktionen auf ihre spezielle Lebenssituation. »Wir müssen fragen, warum und wie manche Menschen es fertigbringen, sich eine hohe Selbstachtung und ein Wissen um die eigene Kraft zu erhalten, obwohl sie mit genau denselben Widrigkeiten konfrontiert werden, die andere Menschen veranlassen, aufzugeben und die Hoffnung zu verlieren.«

Rutters wegweisende Studien veranlaßten Psychologen, das Thema Kindheitsprobleme neu zu überdenken. Er entwickelte ein Liste von sechs wichtigen Faktoren für Kindheitstraumata, von denen man annimmt, daß sie später mit hoher Wahrscheinlichkeit zu emotionalen Störungen führen. Diese Faktoren stammten nicht aus der psychotherapeutischen Praxiserfahrung, sondern ergaben sich aus einer Langzeitstudie über Menschen, die auf der Isle of Wight in England wohnten.[5]

Anhand der Studie, in der Menschen von ihrer Kindheit an bis ins mittlere Erwachsenenalter hinein beobachtet wurden, stellte man die Risikofaktoren fest, die später gewöhnlich zu psychologischen Schwierigkeiten führen. Es sind:
- ernsthafte Eheprobleme,
- niedriger sozialer Familienstatus,
- sehr kinderreiche Familie,
- Kriminalität des Vaters,
- psychische Gestörtheit der Mutter,
- Aufnahme des Kindes in eine staatliche Pflegestelle.

Jeder dieser Faktoren kann in Kombination mit anderen auftreten und schließt häufig weitere Symptome eines ungeordneten

Familienlebens mit ein (wie körperliche Gewalt und sexuellen Mißbrauch).

Innerlich starke Menschen reagieren auf Kindheitsbelastungen – selbst wenn diese schwerwiegend sind – anders als weniger widerstandsfähige Menschen. Diese, die manchmal »die Verletzbaren« genannt werden, liefern uns den Beweis dafür, daß Menschen, die ständigen Belastungen ausgesetzt sind, anfällig für eine gewisse Verrohung sein können.

Diese Anfälligkeit hat ihren Ursprung häufig in einer negativen Einschätzung, die der oder die Betreffende von sich oder von den eigenen Lebensumständen hat. Wenn äußerer Druck und Bedrängnis zunehmen, sind wir geneigt, aufgrund der damit verbundenen Belastungen ein langwährendes Leiden zu entwickeln: eine Krankheit, eine Neurose, eine Sucht, ein destruktives Beziehungsmuster.

Doch auch widerstandsfähige Menschen sind immer anfällig für neue Belastungen. Als ich Joanna Macy fragte, ob sie glaube, ihre Kindheitsnöte hätten sie in ihrer Entwicklung behindert, sagte sie: »Mein ganzes Leben lang war ich krankheitsanfällig. Es würde mich sehr wundern, wenn das nicht damit zu tun hat, daß ich über einen langen Zeitraum hinweg so große Ängste ausstand. Auch hatte ich zuweilen Wutanfälle – meine Gefühle waren zu stark, wie bei meinem Vater. Es fiel mir nicht leicht, mich zu entspannen, aber jetzt, wo ich die sechzig überschritten habe, fällt es mir leichter. Ich wurde immer wieder von dem quälenden Gefühl verfolgt, eine Falltür könne sich im nächsten Augenblick schließen und irgend etwas würde mich gleich töten.«

Joanna beschreibt hier die Wurzeln ihrer eigenen psychologischen Komplexe. An dem einen Ende der Skala steht der Schreckliche-Vater-Komplex – maßlose Wut und der Wunsch, Dinge zu kontrollieren. Am anderen ist das Gefühl, ein Opfer zufälliger Lebensumstände zu sein (das Gefühl von Machtlosigkeit, das das Zeichen von Kindheitskomplexen ist); es ist dasselbe Gefühl, das sie angesichts der unvorhersehbaren Wutausbrüche ihres Vaters überkam.

Wie hoch ist im allgemeinen die Gefahr im Erwachsenenalter, schwerwiegenden psychologischen Komplexen, langwährenden Leiden und Verletzbarkeit ausgesetzt zu sein? Wahrscheinlich kennen Sie die erschreckenden Statistiken über die Fälle von sexueller oder körperlicher Gewalt an Kindern[6]. Und möglicherweise wissen Sie, daß bei Ehen die Scheidungsrate 50 Prozent beträgt. Daraus könnte man schließen, daß sehr viele Menschen Gefahr laufen, später unter ihrer schwierigen Kindheit zu leiden. Doch vielleicht sind Sie überrascht – so wie ich es war – zu erfahren, daß bei weitem die Mehrheit aller Menschen in unserer Gesellschaft schwerwiegende Traumata oder Gewalt in ihrer Kindheit erlebten.

In zwei großen Erhebungen unter Collegestudenten wurden Fragen über sehr belastende Kindheitserlebnisse – wie Scheidung, gravierende Ehekonflikte der Eltern und schwere Krankheit des Befragten oder eines seiner Familienmitglieder – gestellt. Beide Erhebungen ergaben, daß die Mehrheit der Studenten bis zum Alter von achtzehn Jahren solche Dinge erlebt hatte. In einer Erhebung (von Lauterbach und Vrana durchgeführt) gaben nur siebzehn Prozent an, sie hätten noch nie ein sehr belastendes Erlebnis gehabt. Ausgehend von dieser Information über Collegestudenten können wir mit Gewißheit annehmen, daß bei den Menschen, die kein College besucht haben, eine vergleichbare oder sogar schlechtere Situation besteht. Wenn wir also ganz allgemein darüber nachdenken, bei wem das Risiko besteht, später an Kindheitstraumata zu leiden, müssen wir die meisten Menschen ins Auge fassen, nicht etwa eine kleine Gruppe.

Die Sozialforscherin Leavelle Cox hat einige Persönlichkeitszüge zusammengefaßt, die für belastbare Menschen charakteristisch zu sein scheinen (sie stützt sich hierbei insbesondere auf die psychoanalytische Theorie von Heinz Kohut). Ihre Liste stimmt mit meinen Vermutungen überein, und sie ist sich sicher, daß die folgenden Merkmale[7] zu den wichtigsten gehören, die die Belastbarkeit bedingen:

- die Fähigkeit und der Wunsch, die Bedürfnisse anderer zu verstehen;
- die Fähigkeit, Kompromisse zu schließen und die eigenen Wünsche zurückzustellen, um die Bedürfnisse anderer zu befriedigen;
- die Anlage zu einer kreativen Entwicklung;
- Humor – die Fähigkeit, über frühere Fehler oder Engstirnigkeiten herzlich zu lachen;
- Klugheit – die Fähigkeit, sich mit dem Sinn des eigenen Lebens und seinen Grenzen auseinanderzusetzen.

Diese Züge der Persönlichkeit sagen Belastbarkeit voraus – ganz gleich, ob sie als Reaktion auf eine plötzliche aufgetretene Krankheit oder einen Verlust, als Reaktion auf eine Kindheit in Armut oder als Reaktion auf eine gesellschaftliche oder Umweltkatastrophe in Erscheinung tritt. Meine vier Freunde, deren Lebensgeschichten in diesem Buch erzählt werden, besitzen diese Fähigkeiten: Einfühlungsvermögen, geistige Beweglichkeit, Kreativität, Humor und Klugheit.

Hilfe

Belastbare Menschen lernen, anderen zu helfen. Das Wissen darum, daß man anderen helfen kann, scheint das sich entwickelnde Ich eher zu stärken, als zu schwächen. Menschen, die ihr Leiden später kreativ umsetzen können, berichten häufig, daß mehr die Liebe, die sie gaben, sie vor der Verzweiflung bewahrte, als die Liebe, die sie bekamen.

Joanna Macy ist sich nicht sicher, ob sie in ihrem Leben einmal vollkommen begreifen wird, was das Aufwachsen mit ihrem Vater wirklich für sie bedeutete. Vom Beginn seiner Ehe an beschuldigte er seine Frau, zuviel Geld auszugeben, zuviel für die Miete und andere – unumgängliche – Bedürfnisse zu benötigen. Gelegentlich wurde er gewalttätig, doch vor allem waren »seine verbalen Attacken außerordentlich verletzend. Er konnte ungemein gut reden und setzte dieses Talent gegen meine Mutter und mich ein. Es war dann immer, als bekäme ich einen Elektroschock verpaßt, der mein Gehirn in Brei verwandelte.«

Als Kind unterstützte Joanna ihre Mutter:

»Ich versuchte, sie vor ihm zu schützen. Wenn ich meine Meinung sagte, war niemand da, der mir beistand. Ich bekam Prügel. Meine Mutter – die ich ständig davon abzuhalten versuchte, sich umzubringen – tat nie etwas zu meiner Verteidigung. Ich war ungefähr neun Jahre alt, als es wirklich unerträglich wurde. Sie verließ meinen Vater jedoch erst, als ich neunzehn war, und während dieser zehn Jahre war es einfach furchtbar. Mit neun Jahren faßte ich ganz bewußt den Entschluß, ihr Leben zu retten.«

Obwohl die Mutter ihrer Tochter viel zu viel anvertraute, fühlte Joanna doch auch, daß sie liebevoll war und ihr Geborgenheit gab, was Joanna veranlaßte, bei den ehelichen Streitigkeiten vehement für die Mutter Partei zu ergreifen. Zehn Jahre lang – bis ihre Eltern sich trennten – war Joanna die einzige Person, die ihrem Vater trotzte. Sie bekämpfte ihn mit Worten – indem sie ihm die Stirn bot und freche Antworten gab – und ließ sich nicht den Mund verbieten.

Obwohl Joanna zugibt, daß ihre Mutter sich zu sehr auf sie gestützt hat, sieht sie doch auch die Tatsache, daß sie ihre Mutter so früh schützte, im Zusammenhang mit den Zielen und selbstgestellten Aufgaben ihres späteren Lebens:

»Das Problem, Ungerechtigkeit und furchtbare Angst – die furchtbare Angst meiner Mutter – erleben zu müssen, wurde zum entscheidenden Thema meines Lebens. In meinen Zwanzigern war es die Bürgerrechtsbewegung. Was ich meinen Vater tun sah, war unerträglich, und was ich den Ku-Klux-Klan tun sah, war ebenso unerträglich. Und jetzt, im letzten Jahrzehnt dieses Jahrhunderts setzte ich mich mit Problemen der Verleugnung und Verweigerung auseinander, mit der Verleugnung von Unterdrückung, der Verleugnung von Bedürfnissen, die andere Menschen haben, und den Atom- und Umweltgefahren, die wir selbst verursacht haben.«

Joanna ist Autorin mehrerer Bücher, die in der breiten Öffentlichkeit auf großes Interesse stießen, weil sie darin die Lehren des Buddhismus in ihre gesellschaftliche Verantwortung und ihren politischen Aktivismus miteinbezieht. Sie hat eine ausgeprägte Begabung, Dinge zu sehen, die verborgen sind und ihre Bedeutung anhand ihrer Erkenntnisse zu offenbaren. In Workshops und Tagungen, die sie in vielen Ländern der Erde abhält, hat sie anderen Menschen geholfen, sich zu ihrer Verzweiflung zu bekennen und zu ihren Zukunftsängsten zu stehen. Wenn Joanna heute, wo sie in ihren Sechzigern ist, zurückschaut, ist ihr klar, daß sie schon in ihrer Kindheit zu ihrer starken Ausdrucksfähigkeit fand. Sie glaubt, daß sie bereits als kleines Mädchen mit ihrer Ausdrucksfähigkeit und der Energie ausgestattet wurde, damit sie sich der Arbeit widmen konnte, die sie heute tut.

In einer Gruppenübung, die Joanna bei ihren landesweit abgehaltenen Workshops über »Verzweiflung – wie man sie überwindet« durchführt, bittet sie die Teilnehmer, sich vorzustellen, sie selbst hätten beschlossen, zu diesem speziellen Zeitpunkt der Geschichte, an dem die Menschen die Atommacht entdeckten, geboren zu werden:

»Wir müssen uns endlich mit unserer eigenen Destruktivität abfinden. Du beschließt, zur gegenwärtigen Zeit geboren zu werden, weil wir alle geistigen Fähigkeiten, allen Verstand, jegliches Mitgefühl und die ganze Klugheit brauchen, die wir überhaupt aufbieten können. Also suchst du dir deine Eltern aus. Wen würdest du wählen in dem Wissen, daß dich diese zwei Menschen – ganz gleich, wen du dir aussuchst – auf die Mischung aus Glück und Zerstörung vorbereiten müssen, aus der das Leben nun einmal besteht?«

Der Glaube, daß wir unsere Eltern selbst auswählen, stammt aus dem Buddhismus und hängt mit der Vorstellung zusammen, daß wir aufgrund spezieller Bedürfnisse und Wünsche, die aus einem unserer früheren Leben stammen, in dieses Leben hineingeboren werden. Und daher werden wir von ganz bestimmten Menschen – die als unsere Eltern fungieren – angezogen.

Ganz gleich, ob einem diese Auffassung zusagt – Joanna hat herausgefunden, daß dieser Gedanke sie dazu gebracht hat, ihre eigenen Eltern besser zu akzeptieren. Sie sagt: »Ich glaube, ich würde mir noch einmal diese Eltern auswählen, weil ich heute sehen kann, auf welche Weise sie meinen Charakter und meine Lebenseinstellungen prägten und mich damit für die Arbeit befähigten, für die ich mich berufen fühle.« Obwohl ihr Vater jedes Familienmitglied zu Hause in Angst und Schrecken versetzte und tyrannisierte und ihre Mutter nur wenig Verantwortung für die ganze Situation übernahm, statteten Joannas Eltern sie mit ihren wichtigen Gaben aus: mit ihrer leidenschaftlichen Entschlossenheit, hinter das zu kommen, was sich in einer angstmachenden oder gefährlichen Situation wirklich abspielt, und ihrem starken Wunsch, anderen zu helfen.

Die Psychologin Gina O'Connell Higgins[8] (selbst eine starke Persönlichkeit) führte eingehende Gespräche mit vierzig Erwachsenen mittleren Alters, die grauenhafte Kindheitserfahrungen gemacht haben und sich heute als sehr erfolgreich in ihrer Arbeit und ihren Liebesbeziehungen bezeichnen (und auch von den anderen so gesehen werden).

Die meisten Teilnehmer der Studie waren imstande, ihre positiven Eigenschaften im Erwachsenenalter zum Tragen zu bringen und in liebevollen familiären Bindungen zu leben, obwohl ihnen als Kinder Gewalt angetan worden war. Eine Frau namens Shibvon, eine vierzigjährige Kinderkrankenschwester, war seit mehr als zwanzig Jahren mit demselben Mann verheiratet und führte mit ihm eine warmherzige, innige Partnerbeziehung. Sie hatten zusammen drei Söhne.

Shibvons Arbeitsschwerpunkt ist die Pflege von Säuglingen auf der Intensivstation eines städtischen Krankenhauses. Sie ist bekannt für ihr Einfühlungsvermögen, insbesondere in Krisensituationen. Ihrer Aussage nach begann ihre Berufslaufbahn bereits im Alter von sieben Jahren, als sie versuchte, sich inmitten von unerträglicher Brutalität und ständigen Aggressionen liebevoll um ihre jüngeren Geschwister zu kümmern. Sie erinnert sich an einen grauenhaften Tag, an dem sie und ihr fünf Jahre jüngerer Bruder während eines Familienausflugs ganz plötzlich von der Polizei in Schutzhaft genommen wurden.

Da es sich um einen Notfall handelte, mußten die beiden Kinder die Nacht auf einer Polizeiwache verbringen, wo sie die Erwachsenen um sie herum sagen hören konnten: »Na, was machen wir jetzt mit denen?« Shibvon erinnert sich daran, wie wichtig es für sie, die Siebenjährige, war, sich gelassen und überlegt zu verhalten und nicht zu weinen, damit ihr kleiner Bruder keine Angst bekam.

Man könnte meinen, es habe Shibvon geschadet, daß sie in einer solch angsteinflößenden und verwirrenden Lage ihre Tränen zurückhielt, doch entscheidend war hier die Bedeutung, die sie ihrem Handeln gab, und nicht die Handlung selbst. Sie erinnerte sich im Zusammenhang mit diesem Ereignis vor allem daran, daß sie jemandem geholfen hatte, der verletztlicher war als sie selbst. Sie sah das Ganze nicht als eine Situation, bei der ihr die eigene Ausdrucksmöglichkeit (das Recht, »Kind zu sein«) versagt worden war, sondern sah darin vielmehr ihre erste »Berufung« zur Fürsorge (die hier im Schutz ihres kleinen Bruders vor allzu großen Angstgefühlen bestand).

Das Leben wurde für die junge Shibvon noch schwieriger, nachdem sie und ihr Bruder nach ungefähr einem Jahr Waisenhausaufenthalt nach Hause zurückkehrten. Der Freund ihrer Mutter mißbrauchte sie mehrmals sexuell, mit offensichtlicher Zustimmung der Mutter. Voll Scham und mit andauernden Schmerzen wegen der analen Verletzungen mußte Shibvon während des Schulunterrichts immer wieder das Klassenzimmer verlassen und zur Toilette gehen. Sie tröstete sich selbst »mit der festen Überzeugung, daß ihre unentrinnbare Tortur, die sie erlitt, ihre jüngeren Geschwister vor ähnlichen Verletzungen« bewahrte.

Obwohl Shibvon in ihrer Qual allein war, verband sie ihr Trauma mit dem Gedanken, anderen zu helfen, und entdeckte, daß sie es dadurch ertragen konnte. Sie erinnert sich, wie froh sie war, daß ihre jüngeren Geschwister unbehelligt – ohne die Zumutungen des sexuellen Mißbrauchs – aufwuchsen. Shibvons innere Stärke entstand nicht aufgrund der furchtbaren Übergriffe – die sie noch heute mit Ekel erfüllen – sondern aus der Bedeutung heraus, die sie ihnen zu geben vermochte. Die Absicht, ihren Geschwistern zu helfen, ermöglichte es ihr, selbst im Augenblick des Mißbrauchs noch an die Kraft der Liebe zu glauben.

In einer Studie über Kinder, die von seelisch gestörten Eltern in armen Verhältnissen aufgezogen wurden, machten Forscher fünfundzwanzig Kinder aus, die widerstandsfähig zu sein schienen[9]. Sie waren intelligenter, folgsamer und wißbegieriger als ihre weniger belastbaren Altersgenossen; aber noch erstaunlicher war, daß jedes Kind ein Bedürfnis von einem (oder beiden) seelisch gestörten Elternteil(en) zu befriedigen schien. Es gab eine Übereinstimmung zwischen den Fähigkeiten des Kindes und dem offensichtlichen Bedürfnis des einen Elternteils. Die Erfahrung, hilfreich zu sein, schlug sich bei dem Kind in einem positiven Selbstbild und einem beträchtlichen Maß an Selbstvertrauen nieder.

Die Vorstellung von Kindern, die sich um ihre seelisch gestörten Eltern kümmern, von der jungen Shibvon, die ihre eigenen Ängste unterdrückt, um ihren Geschwistern zu helfen, oder von der neunjährigen Joanna Macy, die riesige Anstrengungen unternimmt, um ihre Mutter zu retten, scheint der allgemeinen therapeutischen Überzeugung zu widersprechen, wonach frühe, übermäßige Anforderungen an das in der Entwicklung befindliche Ich des Kindes dauerhafte Schäden hinterlassen. Im großen und ganzen ist diese Annahme richtig. Aber es gibt Ausnahmen, wie wir aus Studien über Belastbarkeit wissen. Wenn mißhandelte Kinder davon überzeugt waren, daß ihr Schmerz einen Zweck hatte – insbesondere den, anderen zu helfen –, dann bestand die Wahrscheinlichkeit, daß sie Widerstandskraft entwickelten.

Der Psychologe Manfred Bleuler[10] führte wissenschaftliche Untersuchungen über Kinder durch, die mit schizophrenen Eltern aufwuchsen. Er entdeckte, daß es möglich – ja sogar vorteilhaft – sein kann, mit einem seelisch gestörten Elternteil zu leben, wenn die Kinder in der Lage sind, Fähigkeiten herauszubilden, mit deren Hilfe sie sich um ihre Eltern kümmern, und wenn sie sich selbst davor schützen können, von der elterlichen Krankheit verwirrt oder irregeführt zu werden. Da, wo Kinder lernten, Verrücktes vom Nicht-Verrückten zu unterscheiden und ihren Eltern zu helfen, emotional ruhig zu bleiben, wirkte sich die Situation für die Kinder förderlich aus. Bleuler sagt, daß die belastbaren Kinder in seiner Studie aus der »Therapie, die darin bestand, anderen zu helfen«, einen großen Gewinn hatten. Weiß ein Kind, daß es einem kranken Elternteil oder einem Geschwister hilft, so bedeutet dies – Bleuler zufolge – für das Kind, daß es »eine große Aufgabe erfüllen« kann.

Joanna Macy fühlte, daß sie sich inmitten ihrer furchterregenden Situation zu wandeln begann. »Ich versuchte einfach immer wieder, damit zurechtzukommen. Ich wollte mich nicht hinlegen und sterben. Ich wußte, ich würde einmal ein eigenes Leben haben, in dem es mir gelingen würde, anderen zu helfen.«

Fünfzehn widerstandsfähige afroamerikanische Frauen und Männer, mit denen die Sozialforscherin Leavelle Cox sprach, waren in einer Familienatmosphäre aufgewachsen, die von Gewalt geprägt gewesen war – dazu gehörten körperliche Auseinandersetzungen, bei denen Blut floß, ebenso wie Waffen, mit denen die Eltern sich gegenseitig bedrohten. Aber keiner von ihnen war als Erwachsener gewalttätig geworden. Sie erzählten, daß sie schon früh in ihrem Leben – bereits mit vier oder fünf Jahren – Verantwortung übernommen und hart gearbeitet hätten, um ihre Familie zu unterstützen. Beispielsweise kümmerten sie sich um den Haushalt, paßten auf jüngere Geschwister auf, waren für die Verwaltung und Einteilung des Geldes zuständig oder verrichteten Landarbeit. Im Nachhinein empfanden sie diese Art der Verantwortung selten als Bürde. Tatsächlich waren die meisten der Ansicht, daß ihr Verantwortungsgefühl ihnen ermöglicht hatte, in ihrem späteren Leben selbstbestimmt zu leben und daß die Hilfe, die sie anderen schenken konnten, ihnen schon früh ein hohes Maß an Selbstvertrauen gab.

Der Zen-Meister und Lehrer Philip Kapleau schildert etwas Ähnliches: »Seit ich fünfzehn war, nahm ich mit immer größerem Interesse zur Kenntnis, daß meine Mutter einen starken Groll gegen meinen jüngeren Bruder hegte. Sie war siebenundvierzig Jahre alt, als sie ihn zur Welt brachte, und sie haßte meinen Vater.« Da die Familie arm war und oft von Sozialhilfe lebte, arbeitete Kapleau schon von früher Jugend an. Er schaut zurück auf seine frühe Verantwortung, seinen Kummer über die Demütigungen, denen der Bruder ausgesetzt war, und seine ersten Schritte in Richtung Buddhismus. Er empfand damals Mitgefühl für den Bruder. Später hatte er auch Verständnis für die mißliche Lage, in der sich die Mutter befand. Dadurch daß Kapleau für sich selbst Verantwortung übernahm, entwickelte er schon früh Selbständigkeit.

Da Joanna Macy kaum verstand, was hinter dem gewalttätigen Wesen ihres Vaters steckte, wollte ich gerne von ihr wissen, ob es schwer für sie gewesen sei, Mitgefühl für ihn aufzubringen. Sie antwortete, daß die Erfahrungen, die sie in der Arbeit mit anderen seelisch verwundeten Eltern und Kindern machte, ihr ganz wesentlich geholfen habe, ihrem Vater zu vergeben. »Ich habe in meinem Leben einen weiten Weg zurückgelegt, und obwohl ich nicht genau verstehe, was in der Kindheit meines Vaters schieflief, habe ich eine fast diagnostische Intuition dafür, wie er sich als Erwachsener gefühlt haben muß, und es erfüllt mich mit Trauer. Schon als Kind konnte ich spüren, daß etwas mit ihm nicht in Ordnung war, daß er nicht normal war.«

Und was ist mit der Hilfe, die belastbare Kinder bekommen? Wirkt sie sich im Sinne einer Wandlung auf ihr späteres Leben aus, oder steht sie in dessen Mittelpunkt? Was in ihren Geschichten erstaunt, ist, wie wenig Hilfe die meisten Kinder erhielten. Bei einigen, wie Joanna Macy, gab es entweder einen fürsorgenden Elternteil oder Großeltern oder ältere Geschwister im unmittelbaren Umfeld. Aber viele andere – wie Shibvon, die sich nur an einen jungen Lehrer erinnert, der ihr für kurze Zeit mitfühlende

Besorgnis entgegenbrachte – hatten nur flüchtige Begegnungen mit Menschen, die zu erkennen schienen, welcher Gefahr und welchen Zumutungen das Kind in seinem Leben ausgesetzt war.

Bei vielen belastbaren Kindern gehören die Helfer nicht zum nahen Umkreis der gestörten Familien. Es sind Lehrer oder Pfarrer, die oft nur vorübergehend und manchmal nur ein einziges Mal etwas sagen oder tun, was die Hoffnung und das Selbstvertrauen des gequälten Kindes stärkt. Die Psychologin Gina Higgins sagt: »Die Ersatzeltern der belastbaren Kinder standen im allgemeinen nur kurze Zeit zur Verfügung; einige verschwanden, nachdem eine gewisse Entwicklungsgefährdung nicht mehr bestand. Doch hielt ihr positiver Einfluß das ganze Leben lang an.«

Häufig sind diese »Ersatzpersonen«, an die sich die Kinder später erinnern, in der Schule zu finden. Belastbare Kinder strengen sich in der Schule an und das gewöhnlich mit Erfolg. Die meisten der Afroamerikaner, die Leavelle Cox beobachtete, berichteten, sie hätten sich vor dem häuslichen Chaos dadurch geschützt, daß sie viel lasen. Sie lasen während Familienkrisen, in Zeiten innerer und äußerer Aufregungen. Die bedruckten Buchseiten hatten etwas Beruhigendes für sie.

Für belastbare Menschen scheint es von größter Wichtigkeit zu sein, daß sie eine innere Ordnung erreichen. Es hat eine therapeutische Wirkung auf naturgegebenes Chaos und die ständige Negativität unserer Gedanken, welche das gewöhnliche *Dukkha* eines jeden Lebens ausmachen. Jeder Mensch muß darum ringen, seine negativen geistigen Grundströmungen und sein inneres Chaos zu überwinden – den Zustand, der in unserem Geist vorherrscht, wenn er in keine bestimmte Richtung gelenkt wird.

Menschen, die aufgrund von Kindheitstraumata stark und widerstandsfähig geworden sind, müssen Fähigkeiten zur Verringerung dieser Negativität entwickelt haben, da sie – mehr als andere – ein Schicksal haben, das unermeßliches Leid erzeugen könnte. Manche dieser Fähigkeiten kommen zur Entfaltung, indem sie ihr Streben darauf ausrichten, anderen zu helfen, und sehen, daß es in ihrem Leben viele auszuschöpfende Möglichkeiten und einen Sinn gibt, der weit über die eigenen unmittelbaren Bedürfnisse hinausgeht. Und manche Fähigkeiten kommen dadurch zur Geltung, daß sie ihre Aufmerksamkeit auf die konzentrierte Beschäftigung mit Aufgaben lenken, die vor ihnen sind: auf Verantwortungen und Pflichten – kurz, auf Arbeit, die getan werden muß.

Wenn ich mit Menschen psychotherapeutisch arbeite, die jahrelang unter schweren Kindheitsproblemen litten, erinnere ich sie immer daran, daß sie Erleichterung erfahren können, wenn sie imstande sind, anderen zu helfen, die ähnliche Miseren durchgemacht haben, und ermuntere sie, irgendein Studium aufzunehmen. Meine Klienten reagieren oft ablehnend, wenn ich ihnen sage, es täte ihnen sicher gut, wenn sie ihren Geist durch zusätzliche Studien und Lektüre disziplinierten. Ermutige ich Menschen, ihre Ausbildung zu beenden oder fortzusetzen, so habe ich dabei immer meine eigene Geschichte und die anderer widerstandsfähiger Menschen im Hinterkopf – insbesondere die Tatsache, daß Studium und die intensive Beschäftigung mit Büchern das Gefühl der Unordnung, die negative Lebenseinstellung und die Angst lindern. Menschen, die aufgrund einer schwierigen Kindheit zu einer starken Persönlichkeit gefunden haben, haben davon profitiert, daß sie schon früh im Leben Selbstbestimmung, Verantwortung und Hilfsbereitschaft entwickelten.

Hoffnung

Als ich Joanna Macy fragte, was ihr den Mut gegeben habe, ihrem Vater – und später der Gesellschaft – zu trotzen, sagte sie: »Ich muß die kleine Joanna loben, die imstande war zu überleben; ich schulde ihr meine Anerkennung. Sie hatte keine weiblichen Vorbilder – nicht ein einziges. Ihre Mutter benahm sich wie ein verängstigtes Häschen, aber Joanna war in der Lage, sie zu verteidigen, weil Joanna den Respekt vor sich selbst nicht verlor.«

Sie betonte, daß an ihr schon als Kind irgend etwas anders war, was sie von den anderen Mitgliedern ihrer Familie unterschied und sie den Entschluß fassen ließ, die Wahrheit zu sagen und ein Leben zu finden, das besser war als das gegenwärtige: »Ich hatte einen großen Hunger nach Glück, aber ich mußte immer wieder neue Entscheidungen treffen. Und nie wäre es für mich in Frage gekommen, mich hinzulegen und zu sterben. Ich wollte versuchen, es zu schaffen und ein eigenes Leben haben.«

Dieses Gefühl, anders als die eigene Familie zu sein, und zwar in einer Weise, die einem niemand gezeigt oder beigebracht hatte, wurden in allen vier Gesprächen, die ich für dieses Buch geführt habe, erwähnt und wird auch in Gina Higgins Forschungsberichten zitiert. Ich verknüpfe dieses Gefühl, anders zu sein, mit dem Begriff *Hoffnung*: der Überzeugung und Erwartung, daß man ein anderes Leben führen kann als die Menschen um einen herum, vor allem dann, wenn diese anderen in ihrem eigenen Elend gefangen zu sein schienen. Obwohl meine vier Freunde sich nicht als hoffnungsvoller als andere Mitglieder ihrer Familie bezeichneten, sahen sie sich selbst als anders, abweichend und dadurch imstande, sich in einer unterschiedlichen Weise zu entwickeln.

Dan Gottlieb drückte es am überzeugendsten aus. Er hatte allmählich gelernt, daß sein grundlegendes Gefühl, anders zu sein, in seiner Fähigkeit bestand, immer wieder das Leben anstelle des Todes zu wählen. Dan führt seine erste Erkenntnis, daß er anders war, auf eine kurze Begebenheit in seiner frühen Kindheit zurück, die sich zutrug, als er mit seiner Familie auswärts zu Abend aß. »Wir saßen in einem Restaurant – meine Schwester, meine Eltern, beide Großmütter und ich. Meine Eltern stritten sich mit ihren Müttern darum, was zu bestellen sei: Dieser Fisch hat doch Gräten, der andere aber nicht und so weiter. Ich schaute sie alle nur an und sagte mir im Geiste mit den Worten des Siebenjährigen, der ich damals war: Diese Leute sind bekloppt. Ich begriff, daß ich anders als sie alle war. Ich fühlte mich einsam, angsterfüllt und traurig dabei. Die Erkenntnis hatte nichts Erheiterndes; ich glaube vielmehr, ich war den größten Teil meiner Kindheit deswegen ein wenig deprimiert.«

Dans erste Erkenntnis von seinem Andersseins war ganz und gar nicht mit Empfindungen wie Hoffnung und Glück verbunden; da war nur das Gefühl, daß er sich von den anderen Mitgliedern seiner Familie unterschied. Als er später diese Grundstimmung des Andersseins über die Jahre zurückverfolgte, begriff er, daß sie in seiner Kindheit mit dem Gefühl, »zu klein« zu sein identisch gewesen war, und noch später – als das Leben ihn mit tragischen Ereignissen konfronierte – mit dem Gefühl, von allem entfremdet zu sein. Schließlich verband er dieses Gefühl mit seinem festen Entschluß zu leben. Daß Dan sich immer wieder neu mit dem Leben verbunden hat, bedeutet letztlich, daß er fühlt, kein Hindernis könne ihn je ganz besiegen. »Leben oder sterben – du mußt wählen, und die meisten Menschen, die mit einem Trauma oder Leiden leben, treffen diese Wahl nie. Sie landen irgendwo dazwischen.« Sie leben ein von *Dukkha*, von negativen Werturteilen und Unzufriedenheit, bestimmtes Leben.

Als man fünfundzwanzig Menschen, die als Kinder den Holocaust überlebt hatten[11] und als belastbar eingestuft wurden, fragte, wie sie es geschafft hätten weiterzuleben, nachdem sie so viel verloren hatten, antworteten sie, sie seien imstande gewesen, das zu tun, was die meisten von uns für unmöglich halten würden: Sie hätten mit einer nicht aufgearbeiteten Trauer gelebt. Sie führten ein aktives und kreatives Leben, weil sie es – trotz der ständigen Erinnerung an ihre Verluste – so gewollt hatten. Sie waren selbst der Ansicht, sie würden sich von anderen Menschen unterscheiden, und meinten, sie verstünden es wohl besser, ihre Kräfte auf ihr eigenes Wohl und das anderer Menschen zu konzentrieren und ihre Zeit nicht damit zu verschwenden, sich und andere herabzusetzen. Sie erklärten, sie hätten als Kinder gelernt, sich von furchteinflößenden Situationen abzulenken, indem sie ihre Gedanken auf eine Hoffung für die Zukunft richteten.

Obwohl ich dieses Gefühl des Andersseins nicht auf *ein* Merkmal oder *eine* Fähigkeit reduzieren möchte, zeigen einige Ergebnisse doch, daß Optimismus einen besonderen Schutz gegen akute und chronische Belastungen darstellt. Mit Optimismus meine ich nicht Verleugnung. Optimismus ist bei belastbaren Menschen die Einstellung, daß Schwierigkeiten überwunden werden, ja sogar nutzbringend sein können. Es bedeutet, die Fähigkeit zu erwerben, an der eigenen Lebenseinstellung und den eigenen Verantwortlichkeiten zu arbeiten und dabei Strategien zu entwickeln, wie man mit allen möglichen Anforderungen umgehen kann.

Ist ein Mensch optimistisch, ergeht er sich nicht in Phantasievorstellungen darüber, wie die Dinge sein sollten – wie der Mann, der krank wurde, weil er eine Schlange in seiner Teetasse »sah«, die in Wirklichkeit nur die Spiegelung eines Seils über seinem Kopfe war. Statt dessen konzentriert er sich auf seine eigene Einstellung und sein Wissen und erkennt, wie Leiden durch eine falsche Haltung entstehen und durch eine richtige Einstellung gelindert werden kann.

Als der Zen-Meister Philip Kapleau sich zu Beginn des Gespräches, das ich mit ihm führte, an seine Kindheit erinnerte, sagte er: »Es gab keine wirkliche Liebe. Ich hatte schon sehr früh das Gefühl, ich sei anders als der Rest der Familie.« Die Art und Weise, wie seine Mutter seinen Vater haßte und ihm grollte und wie sie seinen jüngeren Bruder demütigte und schlecht behandelte, stellte für Kapleau eine Lebensweise dar, mit der er nichts zu tun haben wollte. Obwohl er dies damals nur als »Anderssein« empfunden haben mag, begriff er später, daß etwas in ihm spürte, daß es noch andere Lebensweisen gab, und daß es möglich war, frei von menschlicher Grausamkeit und von Groll zu existieren. Es sollte Jahre dauern, bis dieses »Etwas« zum Vorschein kam, doch der Prozeß begann, als er sich für eine Lebensweise öffnete, die sich von der seiner Kindheit unterschied.

Shibvon, die Kinderkrankenschwester in Higgins Studie, war selbst in ihren schlimmsten Stunden (als sie in der fünften Klasse war und vom Freund ihrer Mutter sexuell mißbraucht wurde) imstande, sich innerlich von ihrer grauenhaften Lage abzugrenzen:

»Ich wollte mehr sein als das, was ich jetzt war, und ich glaube, als das (der sexuelle Mißbrauch) begann – ich weiß, das klingt merkwürdig – aber ich glaube, ab der fünften Klasse fing ich an, Pläne für mein Leben zu machen. *Ich wußte, ich würde da herauskommen ..., eines Tages würde es mir besser gehen.*«

Was den widerstandsfähigen Menschen die Hoffnung ermöglicht, daß ihr Leben sich anders entwickelt und sie einen ihnen bislang nicht bekannten Weg einschlagen werden, ist noch nicht ganz erforscht, aber es scheint eine Kombination aus mehreren Faktoren zu sein. Möglicherweise rührt es von einer im ersten Lebensjahr erhaltenen gesunden psychischen Basis – gepaart mit Intelligenz und einem religiösen oder sprituellen Kontext – her, die eine weitreichendere Vorstellung von dem vermittelt, was das Leben sein kann. Irgendeine Einsicht oder Intuition oder ein bestimmtes Wissen erlaubt es belastbaren Menschen, innerlich frei genug zu sein, um sich ein anderes Leben vorstellen zu können, eines, das einen Sinn, ein Ziel wie die Fürsorge für andere zum Inhalt hat. Die Tatsache, daß sie sich anders als die anderen fühlen, gibt belastbaren Kindern die Hoffnung und das Vorstellungsvermögen, später einmal mitfühlender, kreativer und ganzheitlicher zu leben als ihre Eltern.

Sinngebung

Leid innerhalb der Familie ist nicht nur eine Wunde, die ertragen, analysiert und behandelt werden muß. Es kann nämlich auch ein Same sein, der unseren geistigen Heilungs- und Erwachensprozeß einleitet.[12]
Wayne Muller, 1992

Findet man Sinn in einem qualvollen Zustand, so verknüpft man die beiden großen Themen Hilfe und Hoffnung miteinander. Viele belastbare Menschen berichten, daß ihre Spiritualität oder ihre Religion ihnen sehr dabei geholfen habe, einen Sinn in ihrem Leiden und Schmerz zu sehen, oder auch umgekehrt, daß sie durch ihren Prozeß des Schmerzes Spiritualität entdeckten.

Joanna Macy sagte, sie habe nie den Glauben an einen größeren Zusammenhang, einen weitreichenderen Lebensrahmen, verloren, der über ihre eigene Existenz hinausging. »Zu Anfang hatte mein Leben durch das christliche Denken eine Bedeutung. Ich stamme aus einer langen Ahnenreihe von Pfarrern. Mein Vater wurde als erster in seiner Familie nicht Geistlicher.« In der Kirche fand Joanna zum ersten Mal Trost und Gemeinschaft dank der Aufmerksamkeit eines Geistlichen, dem ihre Intelligenz auffiel und der ihr dies immer wieder sagte. Ihre Teilnahme am Kirchengeschehen verliehen ihrem Leben eine gewisse Ordnung und Klarheit. Wenn Joanna sich erinnert, wie ihr Glaube in der Kindheit wuchs, so ist ihr ein Ereignis als besonders signifikant im Gedächtnis:

»Ich glaube, ich war damals neun, und es war mein erstes Jahr, in dem ich den ganzen Sommer lang auf der Farm meines Großvaters zubrachte. Mein Großvater war Pfarrer und betrieb seine Farm nebenher. Ich ging zu ihm und setzte mich auf seinen Schoß, und er zitierte einen Abschnitt aus der Bibel – aus dem Matthäusevangelium, glaube ich. ›Kommt alle zu mir, die ihr mühselig und beladen seid, ich will euch erquicken. Nimm mein Joch auf dich, denn mein Joch ist leicht und die Bürde ist nicht schwer‹ – so ähnlich klang es. Ich war wie vom Donner gerührt. Ich bat ihn, es noch einmal zu sagen. Ich konnte nicht glauben, daß Gott, der sich im Zentrum des Universums befand, Kenntnis von der Wirklichkeit des Schmerzes hatte. Und mein Großvater, ein sehr frommer Mensch, sagte, daß Gott über den Schmerz in der ganzen Welt Bescheid wisse. Und da dachte ich: Gut, dann soll er etwas von meinem Schmerz auf sich nehmen, und das werden wir zusammen durchstehen.«

Das Gefühl, daß Gott mit ihr die Überzeugung teile, Ungerechtigkeit sei etwas Schlechtes, und daß er verstehen könne, warum sie ihren Vater so oft kritisiert, half Joanna sehr. Obwohl sie buchstäblich ganz allein war, wenn sie sich gegen ihren Vater stellte, fühlte sie sich vom Universum und von Gott unterstützt, der alles über ihren Schmerz wußte. In Gina Higgins Studie berichten viele belastbare Erwachsene, daß sie dieselbe Art der Hilfe aus einem geistigen – doch nicht unbedingt religiösen – Zusammenhang erfuhren, der es ihnen ermöglichte, an etwas zu glauben, das über die Nöte ihres Familienlebens hinausging.

Einige berichten von mystischen Erlebnissen, und andere bekennen sich einfach zu einer konventionellen – oder unkonventionellen – Überzeugung, die es ihnen erlaubte, Sinn und Ziel (über ihren persönlichen Schmerz hinaus) zu erkennen.

Der Psychologe Aaron Antonovsky – der über die Umwandlung von Leiden und Schmerz Untersuchungen anstellte – spricht davon, wie ungemein wichtig ein gewisser »Sinn für Kohärenz« für die seelische Erneuerung und innere Widerstandskraft ist. Diese Kohärenz erwächst aus einem Kontext oder einer Beziehung, die es einem in einer Krise oder einem Schmerzzustand befindlichen Menschen ermöglichen, einen Sinn in dem zu sehen, was geschieht, zu glauben, daß man dem Geschehen gewachsen ist, und zu glauben, daß alles, was einem im Leben zustößt, im Grunde eine Bedeutung hat.[13]

Durch Gespräche, die Antonovsky mit Menschen führte, die trotz ungeheurer Widrigkeiten weiterhin aktiv am Leben teilnahmen, fand er heraus, daß ihr starker Sinn für Kohärenz dazu beitrug, ihren Enthusiasmus aufrechtzuhalten. Die sprachliche Wurzel des *Enthusiasmus* ist das griechische *en-theos*: »in Gott«.

Zuweilen machen uns die gewöhnlichen Ereignisse des Lebens die tieferen Zusammenhänge unserer Existenz bewußt. Mit der folgenden Geschichte möchte ich dem Leser helfen, Verständnis für die Bedeutung des Geistigen im alltäglichen Leben zu entwickeln:

Es war einmal ein Kaiser, der zu der Überzeugung gelangt war, daß er, falls er die Antwort auf drei ganz bestimmte Fragen kennen würde, immer wissen werde, wie er zu handeln habe, ganz gleich, um was es ging. Die Fragen lauteten:

– Wann ist die beste Zeit, Dinge zu tun?

– Wer sind die wichtigsten Menschen?

– Was ist das Wichtigste?

Der Kaiser setzte eine hohe Belohnung für die richtigen Antworten auf diese Fragen aus; er erhielt viele Antworten, aber keine befriedigte ihn.

Schließlich beschloß er, sich zum Gipfel eines Berges aufzumachen, um einen alten Eremiten aufzusuchen, von dem er hoffte, die richtigen Antworten zu erhalten. Als der Kaiser bei dem Eremiten ankam, stellte er ihm die drei Fragen. Der Eremit, der gerade seinen Garten umgrub, hörte aufmerksam zu, gab aber keine Antwort und machte sich wieder an seine Gartenarbeit. Während der Kaiser ihn beobachtete, fiel ihm auf, wie müde der alte Mann wirkte.

»Gib mir den Spaten«, sagte er, »ich werde weitergraben, und du ruhst dich solange aus.« Also ruhte sich der Eremit aus, und der Kaiser grub.

Nach einigen Stunden war der Kaiser sehr erschöpft. Er legte den Spaten nieder und sagte: »Wenn du mir meine Fragen nicht beantworten kannst, so macht das nichts. Sag einfach, was du dazu meinst, dann werde ich wieder gehen.«

»Hörst du auch, daß da jemand rennt?« fragte der Eremit plötzlich und deutete auf den Waldrand.

Und tatsächlich stolperte ein Mann aus dem Wald, der sich mit beiden Händen den Bauch hielt. Er brach in dem Augenblick zusammen, als der Eremit und der Kaiser bei ihm angekommen waren.

Als sie dem Mann das Hemd öffneten, sahen sie, daß er eine tiefe Schnittverletzung hatte. Der Kaiser reinigte die Wunde und benutzte sein eigenes Hemd, um sie zu verbinden. Als der Mann wieder zu Bewußtsein gekommen war, bat er um Wasser. Der Kaiser lief rasch zu einem nahegelegenen Bach und schöpfte welches. Der Mann trank es dankbar und schlief danach ein.

Der Eremit und der Kaiser trugen den Mann in die Hütte des Eremiten und legten ihn auf dessen Bett.

Mittlerweile war auch der Kaiser erschöpft und fiel in den Schlaf.

Als der Kaiser am nächsten Morgen erwachte, sah er, wie der verwundete Mann auf ihn herabblickte.

»Vergebt mir«, flüsterte der Mann.

»Dir vergeben?« fragte der Kaiser und setzte sich – nun hellwach – auf. »Was hast du getan, was meine Vergebung erfordern würde?«

»Ihr kennt mich nicht, Eure Majestät, aber ich betrachtete euch als meinen Todfeind. Während des letzten Krieges habt ihr meinen Bruder getötet und mir mein Land genommen.«

Dann berichtete der Mann, er habe in einem Hinterhalt gelegen und eben darauf gewartet, daß der Kaiser den Berg wieder hinabstiege, als ein Diener des Kaisers ihn als Feind erkannte und ihm die schmerzhafte Wunde zufügte.

»Ich konnte zwar fliehen, aber wenn ihr mir nicht geholfen hättet, wäre ich sicherlich gestorben. Ich hatte beabsichtigt, euch zu töten. Statt dessen habt ihr mir das Leben gerettet! Ich schäme mich und bin sehr dankbar dafür.«

Den Kaiser erfüllte diese Geschichte mit Freude, und er gab dem Mann sein Land zurück.

Nachdem der Mann gegangen war, schaute der Kaiser den Eremiten an und sagte zu ihm: »Ich muß jetzt gehen. Ich will durch die Welt reisen, um Antworten auf meine Fragen zu erhalten.«

Daraufhin erklärte der Eremit dem Kaiser, daß er, wenn er ihm nicht geholfen hätte, den Garten umzugraben, sondern auf der Suche nach seinen Antworten sofort wieder weitergeeilt wäre, auf seinem Rückweg zum Fuße des Berges von dem Mann getötet worden wäre.

»Die wichtigste Zeit für dich war die Zeit, als du in meinem Garten arbeitetest. Der wichtigste Mensch war ich selbst, der Mensch, mit dem du zusammen warst, und die wichtigste Sache war ganz einfach, daß du mir halfst,« fügte der Eremit hinzu.

»Und später, als wir auf den verwundeten Mann trafen, der den Berg hinaufgelaufen kam, war die wichtigste Zeit die, in der du seine Wunde versorgt hast, denn ansonsten wäre er gestorben – und ihr wärt nicht Freunde geworden. Und er war in diesem Augenblick der wichtigste Mensch auf der ganzen Welt, und die wichtigste Beschäftigung war das Versorgen seiner Wunde.

Der gegenwärtige Augenblick ist der einzige Augenblick, der zählt«, fuhr der Eremit fort. »Der wichtigste Mensch ist immer der, mit dem du zusammen bist. Und die wichtigste Beschäftigung besteht darin, den Menschen an deiner Seite glücklich zu machen. Was könnte einfacher und wichtiger sein?«

Um die Fähigkeit zu erlangen, sich voll auf den gegenwärtigen Augenblick konzentrieren und anderen wirksame Hilfe bieten zu können, benötigen die meisten Menschen irgendein Glaubenssystem, das sie über sich selbst hinaus sehen läßt.

Joanna Macy hat heute das Gefühl, sie habe immer in einem spirituellen Zusammenhang gelebt; sie sagt, das habe mit ihren Wurzeln im christlichen Glauben begonnen und schließlich zu ihrer intensiven Beschäftigung mit dem Buddhismus geführt. Als ich sie fragte, welchen Sinn sie im Leiden sehe, antwortete sie:

»Ich verstehe Leiden als eine Brücke zur Interaktion mit der Welt und anderen Menschen. Es läßt ein sehr starkes Zusammengehörigkeitsgefühl entstehen. Uns allen ist das Leiden gemeinsam. Wenn man meint, das eigene Leiden sei privater Natur, ist es an der Zeit, sich geistig zu öffnen und zu fühlen, worunter die Mitmenschen leiden. Durch unser Leiden können wir eine umfassendere Vorstellung darüber bekommen, wer wir eigentlich sind.«

C. G. Jung glaubte, daß irgendeine dauerhafte geistige Anschauung für die psychische Gesundheit unerläßlich sei[14]. Wie ich bereits an früherer Stelle ausführte, schenkte Jung dem Prozeß der Wandlung besondere Beachtung: Das Schwierigste daran trägt am meisten zum inneren Wachstum bei; das, was wir als Schmerz und Not empfinden, ist oft die Herausforderung, die uns ein Ziel gibt. Schon ehe Jung Zugang zu empirischen Ergebnissen über die Belastbarkeit von Menschen hatte, war er überzeugt, daß eine schwere Kindheit häufig das Erwachsenwerden beschleunigt. Anstatt die damit verbundenen Probleme generell für negativ oder für die Ursache späterer Neurosen zu halten, war er der Meinung, daß die *bewußte Haltung* (insbesondere die Haltung des Erwachsenen, der auf seine Kindheit zurückschaut) der Schlüssel für die »Individuation« (Entwicklung eines Selbst) ist.

Anders als Freud glaubte Jung, daß eine Psychotherapie die gegenwärtige bewußte Haltung so verwandelt, daß die Vergangenheit anders gesehen und das Leben in einem größeren Zusammenhang betrachtet werden kann.

Damit ein Mensch sich durch Not und Leiden weiterzuentwickeln vermag (das kann, muß aber nicht in einer Psychotherapie geschehen), sollte, nach Jungs Ansicht, ein geistiger Kontext vorhanden sein, der es dem Betreffenden ermöglicht, Hoffnung und das Gefühl für innere Kohärenz in der Zeit des größten Schmerzes – und auch später, wenn das Leiden einmal wiederkehren sollte, was wahrscheinlich ist – nicht zu verlieren. Der Kaiser in unserer Geschichte sucht den Eremiten auf, da dieser als ein Mensch gilt, der die Antworten auf schwierige Fragen und die Geheimnisse von Weisheit und Transzendenz kennt. Jung meinte, es sei unmöglich, Leiden wirklich in ein kreatives Ziel zu verwandeln, wenn man das augenblickliche Ereignis nicht einem weitreichenderen Rahmen zuordnen könne. Spiritualität und Religion zeigen, wie man einen Sinn von einer persönlichen Ebene auf eine generelle oder transzendente Ebene überträgt.

Joanna Macy drückt diesen Vorgang so aus: »Anhand meiner eigenen Erfahrung mit dem Buddhismus und seiner Lehre von der wechselseitigen Abhängigkeit und Zusammengehörigkeit aller Menschen möchte ich es so ausdrücken: Wir sind eins wie die Juwelen im Netz der Indra – das ist ein mythisches Bild, das Juwelen, die in ein Netz geknüpft sind, zeigt, in dem jeder Juwel sich im anderen und zugleich in allen spiegelt: In einem einzigen Juwel sieht man alle. Wenn man seine Fähigkeit, Leiden zu erleben und zu ertragen, kultiviert, kann man das Leben in seiner Gesamtheit erfassen. Dann kann man sich von einengenden Selbstdefinitionen und alten Interpretationen der Wirklichkeit lösen. Ohne Schmerz kann Bewußtsein weder entstehen noch wachsen.«

Belastbare Menschen geben häufig an, daß sie dank geistiger oder religiöser Überzeugungen Haß, Bitternis und Neid überwanden. Nicht jeder, der belastbar ist, hat eine direkte geistige Erfahrung gemacht, aber die meisten Menschen berichten von einem bedeutenden, ihre Wandlung begünstigenden Ereignis, das mit einem Schmerz oder einer Gewalterfahrung einherging. Irgendein schützender Glaube gewährt innere Festigkeit und eine würdige Haltung in belastenden Situationen, die von Unordnung und Zusammenbruch geprägt sind.

Herausforderungen annehmen

In diesem Teil des Buches habe ich die geistigen Chancen dargelegt, die in Kindheitsproblemen liegen können. Obwohl kein Mensch sich eine schwierige Kindheit wünscht, können wir viel aus der Beobachtung lernen, daß diese nicht selten die Stärken und Anlagen mit sich bringt, die uns an belastbaren Menschen so sehr auffallen.

Ehe wir zum nächsten Kapitel kommen, möchte ich einen Faktor ansprechen, der in Untersuchungen zur Belastbarkeit zu einigen überraschenden Ergebnissen geführt hat: den geschlechtsspezifischen Unterschied.

Wir wissen aus einer ganzen Reihe von Studien, daß Mädchen in ihrer Kindheit und Adoleszenz dazu neigen, ihre Leistungen zu unterschätzen und zu glauben, ihre Erfolge verdankten sie harter Arbeit und Glück und keineswegs ihren Fähigkeiten. Jungen dagegen haben die Tendenz, ihre Leistungen überzubewerten (das reicht vom Sport bis zu schulischen Ergebnissen) und zu glauben, ihr Erfolg rühre von ihren Fähigkeiten und ihrer Intelligenz her. Obwohl dies Verallgemeinerungen aus großangelegten

Studien sind, sagen sie etwas über das Gesamtbild der Vor- und Nachteile aus, die die Geschlechter betreffen.

Aus diesen und aus anderen Studien wissen wir ebenfalls, daß Jungen und Mädchen im Unterricht verschieden behandelt werden – von der Grundschule bis zum College. Jungen erhalten insgesamt mehr Kritik und Lob als Mädchen, man stellt ihnen häufiger schwierige Fragen und gibt ihnen mehr Anleitung. Auf diese Weise lehrt man sie, ihre Gedanken zu präzisieren und ihnen Ausdruck zu verleihen, ja man spornt sie sogar zu mehr Leistung an. Mädchen lernen, ruhig und höflich zu sein und sich Autoritäten – und den Ansichten der Jungen – zu beugen sowie ihre Ambitionen aufzugeben und statt dessen die »Macht« ihres Äußeren einzusetzen. Man hat viel darüber geschrieben, daß Mädchen auf der Schwelle von der Kindheit zur Adoleszenz ihr Selbstvertrauen, ihren Leistungswillen und ihre Motivation verlieren, und auch über ihre Schwierigkeiten, diese Qualitäten im Erwachsenenalter wiederzuerlangen.

Doch scheint dies in vielen Fällen überhaupt nicht mehr möglich zu sein, denn die Zahl der Frauen, die Hilfe wegen Depressionen suchen, ist bedeutend höher als die der Männer; sie leiden im allgemeinen häufiger unter Niedergeschlagenheit und Hoffnungslosigkeit. Auch besteht bei ihnen häufiger die Wahrscheinlichkeit als bei den Männern, daß sie irgendwann in ihrem Leben sexuellem Mißbrauch ausgesetzt waren. Dieser oft nicht erkannte Tatbestand kann zur Entfremdung führen, die durch soziale Situationen verstärkt wird, in denen ihre Auswirkungen und Implikationen möglicherweise trivialisiert oder mißachtet werden.

Die Psychologin und Jungianische Analytikerin June Singer litt in ihrer ersten Ehe fünfzehn Jahre lang unter dem Gefühl der Entfremdung. Seit ihrer Adoleszenz hatte sie wiederholt Phasen großer Schwäche und Müdigkeit gehabt. Man konnte dafür keine Ursache finden, und die Symptome wurden als neurotische Ausflüchte abgetan, die die Patientin angeblich benutzte, um sich vor unliebsamen Tätigkeiten zu drücken. June, die mit einem Mann verheiratet war, der über ein hohes Maß an Energie, Vitalität und Eloquenz verfügte, wurde sehr still und zog sich immer mehr zurück. »Ich hatte das Gefühl, ich könnte nicht mit ihm mithalten. Wenn ich mich in einer Gruppe befand, meldete ich mich selten zu Wort. Ich hatte das Gefühl, ich könnte mein wahres Selbst nicht wirklich zum Ausdruck bringen. Schaue ich heute auf diese Zeit zurück, so erkenne ich, daß ich depressiv gewesen sein muß – vielleicht sogar im klinischen Sinne.«

Obwohl das weibliche Geschlecht ganz eindeutig Nachteile bezüglich unserer Vorstellungen von Leistung und Selbstvertrauen zu haben scheint, werden Mädchen in Untersuchungen über Kindheitstraumata im allgemeinen als belastbarer eingestuft als Jungen.[15] Hier ändert sich unser grundlegendes Verständnis von einem »Nachteil«: Denn wo es um den Umgang mit den Folgen einer schwierigen Kindheit geht, haben Mädchen einen *Vorteil*.

Wenn Jungen Belastungen ausgesetzt sind, weisen sie mehr Symptome für Aggression auf; sie sind unkooperativer und impulsiver. Mädchen dagegen sind ängstlicher und neigen eher zur Depression; sie verinnerlichen den Druck, der von einem chaotischen Umfeld ausgeht, mehr, anstatt ihn offen zum Ausdruck zu bringen. Die Lehren, die wir daraus ziehen können, scheinen nahezulegen, daß Mädchen in solchen Situationen die »besseren Karten« haben. Ironischerweise scheinen die Zwänge, denen Mädchen ausgesetzt sind, Probleme zur Folge zu haben, die sich eher innerlich als äußerlich manifestieren und die sie mit größerer Wahrscheinlichkeit in die Praxis eines Therapeuten als in ein Gefängnis führen; vermutlich geraten sie dadurch nicht in den Kreislauf aus Straftat und Bestrafung, der mit dem Straßenleben der Jungen oft einhergeht.

Die Vorteile, die Jungen haben, können sie anfälliger für grandiose, unerreichbare Erwartungen machen und ihre Fähigkeiten einschränken, mit den gewöhnlichen Grenzen und Verlusten des Lebens fertigzuwerden[16].

Wir wissen noch nicht genug darüber, was die Belastbarkeit erhöht, um mit Sicherheit sagen zu können, was für das jeweilige Geschlecht hilfreich ist und was nicht. Wir wissen nicht, ob die männliche Sozialisation, die auf Wettbewerb und Kontrolle abzielt, angesichts von Widrigkeiten besser abschneidet, oder weibliche Sozialisation, bei der Zurückhaltung und Selbstbeschränkung gefördert werden.

Hingegen wissen wir mit Bestimmtheit, daß das Zusammenspiel von emotional stabilen Bezugspersonen, die warmherzige und verantwortungsbewußte familiäre Interaktionen gewährleisten, und charakterlichen Anlagen wie Intelligenz und ein ungezwungenes Naturell eine wichtige Rolle spielt bei der Herausbildung von Stärke und Geborgenheitsgefühlen, die auch angesichts von Widrigkeiten nicht verlorengehen. Ferner wissen wir, daß sich ein geringes Selbstwertgefühl, fehlende Selbstbestimmung und das Gefühl von Hoffnungslosigkeit negativ auf die Belastbarkeit auswirken.

Wird Mädchen und Frauen durch offene und versteckte Botschaften suggeriert, ihr Wert bestimme sich über ihr Äußeres, es käme vor allem auf ihre Beliebtheit an, und ihre Intelligenz und ihr Wille würden nicht zählen, muß dies die Belastbarkeit zwangsläufig untergraben und den Verbund von Stärken und inneren Anlagen lockern, die jeder Mensch angesichts von Verlust und Schmerz benötigt.

Herausforderungen annehmen zu können und die Erfahrung zu machen, daß die eigenen Anstrengungen zu etwas führen, ist vielleicht eines der wichtigsten Merkmale der Belastbarkeit. Sowohl belastbare Personen selbst als auch Wissenschaftler sagen, daß es die Fähigkeit ist, Sinn und Ziel angesichts von Widrigkeiten zu finden, die uns auf eine Weiterentwicklung vorbereitet. Die Basis für diese seelische Verfassung ist eine Mischung aus Hilfe, Hoffnung und Sinngebung, doch muß sie nicht unbedingt so aussehen, wie viele Leute sie sich vorstellen.

Die ideale Kindheit für ein späteres zielgerichtetes Erwachsenenleben, das Belastungen standhält, ist nicht immer ausgesprochen glücklich und Geborgenheit spendend und setzt auch keine privilegierten Verhältnisse voraus; zu ihr gehören nicht notgedrungen zwei ideale Eltern, die hervorragendsten Ausbildungsmöglichkeiten und die bestmögliche Vorbereitung auf eine stark wettbewerbsorientierte Welt. Aber ein gewisses Maß an Freundlichkeit muß dazu gehören, selbst wenn diese nur passiver Natur ist. Es muß in ausreichender Weise Essen, Wohnung und Kleidung vorhanden sein, damit »Leib und Seele zusammengehalten« werden können. Auch muß sie einem Kind die Chance bieten, Liebe zu erfahren – Liebe, die gegeben oder Liebe, die empfangen wird.

Die Kindheit muß viele Gelegenheiten zum selbstbestimmten Handeln und ein gewisses Maß an Selbstachtung ermöglichen sowie ausreichende Gegenleistungen für den Versuch, anderen zu helfen, damit das Kind imstande ist, auch weiterhin etwas »zu geben«. Sie muß einem Kind ermöglichen, eine vorhandene Begabung in ihrer ganzen Fülle auszuleben – ganz gleich, ob es sich dabei um ein Talent handelt oder es darum geht, sich beispielsweise mit großer Eloquenz zu wehren, oder um Kreativität oder praktische Fähigkeiten.

Doch am meisten scheint für die Belastbarkeit ausschlaggebend zu sein, daß ein Kind die Möglichkeit hat, Schmerz in einem Bedeutungskontext zu sehen und zu entdecken, daß Mitgefühl (Mitleiden) Kraft gibt. Dies trägt zu der grundlegenden Überzeugung bei, daß die Welt gut und in Ordnung ist.

Von Menschen, die aufgrund einer schweren Kindheit innerlich stark geworden sind, lernen wir, daß Hilfe oft ebenso wertvoll für den Gebenden wie für den Nehmenden ist. Wir lernen, daß man, wenn man in seiner Kindheit Hilfe leistet – und sei es auch einem Elternteil, dem man ambivalente Gefühle entgegenbringt – möglicherweise damit den ersten Schritt in Richtung eines Lebensziels macht. Ferner lernen wir, daß das allgegenwärtige Gefühl, anders zu sein und sich als Außenseiter oder Abweichler in einer Familie zu empfinden, die feindselig oder gewalttätig oder sogar mitleidlos ist, den Keim für Hoffnung bergen kann. Wir gelangen zu der Überzeugung, daß wir – trotz aller gegenwärtigen Widrigkeiten – einmal ein besseres Leben führen werden.

VIERTES KAPITEL

Die Befreiung vom Ich

Die Frage ist nicht, wer besser oder rechtschaffener ist,
sondern wer sich besser von allen Ängsten zu befreien vermag
und wer den Frieden und die Freude erlangt,
von denen die Meister gesprochen haben.[1]
George Fowler, 1995

Wenn Menschen an Unzufriedenheit und Ziellosigkeit leiden, suchen sie häufig nach etwas Einmaligem und Dauerhaftem in ihrer Identität – einem wahren Selbst[2]. Vielleicht haben sie einmal gehört oder gelesen, daß manche Menschen Probleme mit einem »falschen Selbst« hätten, und sie möchten gerne sagen können: »So bin ich wirklich.« Es gibt viele kulturbedingte Anschauungen von der Einzigartigkeit und Individualität in unserer Gesellschaft, und viele Erwachsene nehmen psychotherapeutische Hilfe in Anspruch, weil sie ihr wahres Selbst entdecken wollen.

Aber – so paradox es scheint – gerade bei dieser Art von Selbst-Suche sollte man keineswegs nur sein Ich im Auge haben – im Gegenteil: Um sich mit dem eigenen Leiden zu identifizieren, dafür Verantwortung zu übernehmen und es in ein Ziel verwandeln zu können, wird man sich von seinem Ich – und der Vorstellung des einen wirklichen Ichs – lösen müssen. An seine Stelle wird der Zustand der *Nichtbeständigkeit* als Basis für das Ich treten.

Die grundlegende Tendenz des Menschen, »Dinge« aufgrund vorübergehender Stimmungen oder Vorgänge zu tun – insbesondere, sich sein »Ich« aus veränderlichen subjektiven Umständen und Rollen heraus zu schaffen und damit sein wahres Selbst –, gilt im Buddhismus als »Unwissenheit«. Es ist die Unwissenheit von der fortwährend sich ändernden, interdependenten Lebenswirklichkeit.

Ein besonders schmerzlicher Aspekt unserer Unwissenheit ist unsere Überzeugung, wir seien imstande, ein wahres Selbst zu besitzen oder zu finden, das dauerhaft und unvergänglich ist.

Lassen wir die Unbeständigkeit aller Dinge jedoch außer acht, halten wir an den Dingen, wie sie sich im gegenwärtigen Augenblick darstellen, fest, und versuchen wir, sie so zu gestalten, wie wir sie gerne hätten, so erzeugen wir noch mehr Leiden. Ein Grund dafür, daß viele von uns Angst vor dem Tod haben, ist, daß wir vergessen, in welch hohem Maße wir selbst, die anderen und alles um uns herum unbeständig sind. Ein tibetanischer Buddhismuslehrer drückt es so aus: »Das Verstehen, daß die Dinge keinen Bestand haben, ist paradoxerweise das einzige, an dem wir festhalten können – vielleicht unser einziger dauerhafter Besitz.«[3] Besonders wir Bewohner der westlichen Welt tun uns oft schwer damit, die Unbeständigkeit des Ich zu akzeptieren und zu begreifen, daß das Ich eine Funktion und kein Ding ist.

Um die Änderung von der Vorstellung des Ich als etwas, das irgendwo existiert, zu der Vorstellung des Ich als (wechselseitige, von anderen abhängige) Funktion[4] zu vollziehen, müssen wir zuerst die Idee des wahren Ich oder Selbst aufgeben.

In der populärwissenschaftlich ausgerichteten Psychologenszene identifizieren sich manche mit ein oder zwei psychologischen Komplexen – wie dem des Opferkomplexes oder des Heldenkomplexes. Sie meinen, daß die damit verbundenen starken Emotionen ihren wahrhaftigen Zustand, ihr wahres Selbst ausdrücken. Doch der einzige Weg, um zu sich zu finden, um sich von Ängsten zu lösen, die Schmerz und Leiden verstärken, besteht darin, die Aufmerksamkeit von sich weg auf das zu richten, was vor einem liegt, und auf die Menschen, die um einen herum sind, ohne ein Werturteil darüber zu fällen, was »das Wichtigste« sei – wie der Eremit in der Geschichte sagt.

Alltägliche Widrigkeiten können der erste Schritt auf einem Weg sein, der uns die Möglichkeit öffnet, uns selbst zu sehen und auf eine neue Weise ausgeglichen und innerlich gefestigt zu werden.

Es ist keine leichte Aufgabe, mit der Unbeständigkeit unseres Ich zu leben. Die meisten Menschen wehren sich gegen Veränderungen, selbst wenn dieser Widerstand zu einer Katastrophe oder zu einem reduzierten Leben voll Neid und Selbstmitleid führt. Doch gibt es Zeiten, wo wir uns von einer alten Identität lossagen müssen, wenn wir als ganzheitliche Menschen überleben wollen. Wenn wir in unserer Kindheit mit großen Schwierigkeiten konfrontiert sind, müssen wir möglicherweise den Wunsch nach Vertrauen und Unbeschwertheit aufgeben und schon früh ein kritisches Urteilsvermögen und Hilfsbereitschaft entwickeln. Wenn wir als Erwachsene von einer Katastrophe heimgesucht werden – seien es ein plötzlicher Verlust oder eine schwere körperliche Verletzung –, müssen wir unsere alten Erwartungen aufgeben; ansonsten sind wir dazu verurteilt, die Existenz eines »Überlebenden« zu führen, der nie Erfolg hat. Die wenigsten dieser Wendepunkte sind willkommen: Gewöhnlich wird die Notwendigkeit zur Veränderung als etwas Störendes empfunden.

June Singer[5] beschreibt die Rolle der Verzweiflung im Prozeß der menschlichen Entwicklung folgendermaßen:

»Ich glaube, daß Leiden ein wichtiges Mittel zur Veränderung ist. Zumindest bei mir war das so. Andere Faktoren mögen die Veränderung ebenso begünstigen, aber ich bin mir vollkommen sicher, daß immer dann, wenn eine Situation tatsächlich als unerträglich empfunden wird, ein Teil unseres Wesens nachgeben muß.

Wenn die Dinge unerträglich werden, können wir die Fassade, hinter der wir uns befinden, nicht länger aufrechthalten. Zuerst erkennen wir, wie verworren wir sind. Wir sind gezwungen, auf die eine oder andere Weise zu einer neuen inneren Ordnung zu finden, um zu überleben. Wir können zukunftsorientiert vorgehen, wenn wir einsehen, daß die Vergangenheit hinter uns liegt, und versuchen, zu einem neuen Sinn für das Ich zu kommen. Oder wir treten auf der Stelle, grübeln über vergangene Ereignisse nach und wollen ein Ich heraufbeschwören, das sich eigentlich überlebt hat.

Man kann sich entweder grundlegend wandeln oder in dem verhaftet bleiben, was Jung eine ›negative Wiederherstellung der Persona‹ nannte – ein Versuch, den alten äußeren Schein wiederaufleben zu lassen. Man setzt sich eine Maske auf und tut so, als sei nichts geschehen. Will man jedoch ein neues Ich annehmen, muß man sich so mit dem Leben auseinandersetzen, wie es in dem Augenblick eben ist, wo Schmerz oder Leiden einem unerträglich vorkommen. Versucht man hingegen den alten äußeren Schein aufrechtzuhalten, leistet man einem Gefühl von Leere und Depression Vorschub.«

Als June eine junge Frau und Mutter (in ihren Zwanzigern und Dreißigern) war, konnte sie keinem Menschen den sowohl körperlichen wie seelischen Schmerz mitteilen, unter dem sie litt. Dieses stille Leiden wurde zu einer Mauer zwischen ihr und anderen. Heute weiß sie wohl, wie wichtig es ist, sich dem Schmerz zu stellen und ihn als eine Lebensrealität zu akzeptieren, die nicht geleugnet werden kann, ohne daß dies schwerwiegende Konsequenzen hätte.

Als ich mit June in ihrem Büro in Palo Alto, Kalifornien, sprach, widerstrebte es ihr, über einige dieser Dinge zu reden. Sie hatte sich noch nie öffentlich über ihre einundzwanzig Jahre während Ehe mit dem Rabbi und Psychologen Richard Singer geäußert. Bei seinem Tod (fünfunddreißig Jahre zuvor) war June mit angestautem Groll und Frustrationen erfüllt gewesen, doch im Laufe der Jahre begriff sie, daß der Mann, den sie für ihr Unglücklichsein verantwortlich gemacht hatte, genauso gelitten hatte wie sie:

»In seiner Stellung als Geistlicher und Seelsorger hatte er Zugang zu den seelischen und sexuellen Sehnsüchten vieler Frauen; und hin und wieder ging er eine heimliche Beziehung mit einer von ihnen ein. Es muß ihm schwergefallen sein, diesen Frauen zu widerstehen, für die er großenteils das verkörperte, was sie wahrscheinlich in ihren eigenen Existenzen und Ehen vermißten. Ich hatte natürlich den Verdacht, daß er mich betrog. Manchmal meinte ich, Gewißheit zu haben. Wenn ich ihm gegenüber dann meine Vermutung andeutete, stritt er immer alles ab. Aber ich verstand nicht, was für schwere Konflikte er deswegen durchmachte. So war nun einmal sein Charakter, und meiner trieb ihn dazu, immer alle möglichen Unschuldsbeteuerungen vorzubringen. Allmählich begann ich das Gefühl zu haben, ich wäre verrückt und würde mir das, was ich sah, in Wirklichkeit nur einbilden.«

Warum trennte sie sich nicht von ihrem Mann?

»Ich fürchtete, er würde mich ohne finanzielle Mittel zurücklassen. Ich war ziemlich isoliert, und meine Tochter, die damals im Teenageralter war, hatte ihre eigenen Probleme. Ich war mir nicht sicher, daß ich es schaffen würde.«

June war damals noch nicht in der Lage, Auseinandersetzungen zu führen und sich zu wehren – etwas, was Joanna Macy schon von frühester Kindheit an tat. Wie so viele andere Frauen ihrer Generation – June ist heute in den Siebzigern – hatte sie das Empfinden, man habe sie zum Schweigen verurteilt.

Unzählige Male werden wir in unserem Leben dazu herausgefordert, unser altes Ich loszulassen. Zuerst tun wir es fast ganz instinktiv, da biologische Prozesse die Neugestaltung unserer Persönlichkeit und unserer Wahrnehmungen erfordern. Aus dem frühkindlichen, noch brachliegenden Ich[6] entsteht das lebhafte Ich des Kleinkindes. Aus dem impulsiven Kleinkind wird dann ein umsichtigeres Kind. Das angepaßte Kind wird schließlich zu einem selbstbewußten, unangepaßten Jugendlichen. Bei jedem dieser Schritte wird ein altes Ich aufgegeben und ein neues geboren.

Manchmal trauern wir dem alten Ich betrübt nach – zum Beispiel wenn wir den Verlust des »magischen Denkens«[7] bedauern, an dessen Stelle nützliche, vernunftgemäße und praktische (aber weit weniger romantische) Weltbilder treten. Dann wieder sind wir glücklich, das alte Ich dahinschwinden zu sehen, beispielsweise wenn wir die körperlichen Anzeichen der Pubertät wahrnehmen und begreifen, daß wir ebenso wie unsere Altersgenossen allmählich »erwachsener« wirken.

Zuerst scheinen Veränderungen im Leben etwas ganz Natürliches zu sein. Später jedoch, wenn das biologische Wachstum sich verlangsamt, scheint die Notwendigkeit für Veränderungen geringer zu werden, und die meisten Menschen gewöhnen sich an gewisse Erwartungen, die sie von sich selbst und von der Welt haben. Nun sind es nicht mehr die sichtbaren körperlichen Anzeichen, die auf eine neue Phase hinweisen.

Statt dessen vollziehen sich die Veränderungen nun aufgrund von getroffenen Entscheidungen; es sind psychologische und soziale Veränderungen, wie das Verlassen des Elternhauses wegen einer Partnerschaft, das Hereinwachsen in die Arbeitswelt, vielleicht auch eigene Kinder. Schließlich werden wir mit Tod und Verlust konfrontiert, wenn unsere Eltern sterben und unsere Kinder ausziehen.

Es mag leicht scheinen, die subtileren Veränderungen und all ihre Zwischenstadien zu mißachten oder sich ihnen zu widersetzen. Manche Menschen klammern sich mit Hilfe mannigfaltiger Korrekturen ihres Körpers und ihres Gesichts an ihr jugendliches Äußeres. Manche Menschen behalten das leicht ungeordnete Leben ihrer Adoleszenz bei, anstatt es für ein planvolles aufzugeben, das den Verantwortlichkeiten eines Erwachsenen entspricht. Manche Menschen häufen eine Menge materieller Güter an und tun sich mit immer jüngeren Partnern zusammen, weil sie hoffen, damit ihre Ängste vor Krankheit und Tod zu bekämpfen. Manche Menschen halten an ihren Kindheitserwartungen von einer perfekten Partnerschaft fest. Doch zu jedem Zeitpunkt im Leben können wir aufgrund unverhoffter Nöte und Unfälle urplötzlich mit der Notwendigkeit einer Veränderung konfrontiert werden.

Dan Gottlieb erinnert sich, daß er noch zwei Jahre nach seinem Unfall an Depression, Wut und Scham festhielt. Er konnte sein altes Ich – den gesunden Dan – nicht aufgeben.

Während seines ersten Aufenthaltes im Krankenhaus, wo er

sich einer Operation unterziehen mußte, erhielt Dan eine vorbereitende Physiotherapie, die darauf abzielte, den teilweisen Gebrauch seiner Schulter- und Armmuskeln bei seitwärtigen und horizontalen Armbewegungen wieder zu ermöglichen. Da Dan sechs Wochen unbeweglich in verschiedenen Gipsverbänden und Vorrichtungen gelegen hatte, hatten sich seine wenigen noch funktionsfähigen Muskeln zurückgebildet. Also mußte er das Umdrehen von Buchseiten üben, während seine Arme wie Marionetten von Stützgeräten herabhingen, die an der Decke angebracht waren. Dan erzählt dazu folgendes:

»Da ich so hart arbeitete, war ich nach einer Woche in der Lage, die Buchseiten ohne diese Geräte umzudrehen – so sehr hatten sich meine Muskeln wieder aufgebaut. Die Physiotherapeutin legte ihren Arm um mich und sagte: ›Sind Sie nicht stolz auf sich, daß Sie das können?‹ und ich weinte. Ich sagte: ›Vor ein paar Jahren habe ich meine Doktorarbeit geschrieben. Und da wollen Sie, daß ich stolz bin, weil ich eine Buchseite umdrehen kann?‹

Zwei Jahre nach diesem Vorfall saß ich in meinem Büro und las einen Artikel, der aus einer Zeitschrift herauskopiert war, die in der oberen linken Ecke meines Aktenschranks auf einem Stapel lag. Ich versuchte, den Stapel von meinem Aktenschrank zu meinen Schreibtisch zu befördern, und dabei kam er ins Rutschen. Ich ließ ihn langsam an der Seite des Aktenschranks herabgleiten; dann lavierte ich so lange herum, bis ich meinen Daumen darunterschieben konnte, wodurch ich imstande war, den Stapel auf meinen Schreibtisch zu heben. Das Ganze dauerte ungefähr zwanzig Minuten. Ich war ungeheuer stolz, daß es mir gelungen war, und dann dachte ich: Was ist der Unterschied zwischen diesem Akt hier und dem Umdrehen von Seiten? Der Unterschied besteht darin, daß ich heute Tetraplegiker bin; *damals* hingegen war ich – in der Vorstellung, die ich von mir selber hatte – immer noch ein gesunder Mann, der nicht einmal eine Buchseite umdrehen konnte.«

Es ist mehr als Schmerz oder ein Trauma erforderlich, um ein altes Ich auszulöschen; es bedarf einer Änderung der Einstellung.

Solange Dan an seinem alten, gesunden Ich festhielt, war er mit negativen Emotionen – insbesondere mit Scham – erfüllt. Oft haderte er mit sich, weil er überhaupt noch am Leben war. Aber als er sein tetraplegisches Ich ohne Vorbehalte annahm, wurde er so klarsichtig und zielstrebig wie nie zuvor in seinem Leben. Sein mitfühlendes Wesen, das er vorher häufig hinter Narzißmus und Ersatzhandlungen verborgen hatte, konnte sich nun frei entfalten.

In einer großangelegten Studie über Menschen, die nach großen Schwierigkeiten innere Stärke zeigten, finden wir Spuren dieser Wandlung des Ich. Sieht man seiner schwierigen Lage vorbehaltlos ins Auge, so wird sie zu einem Teil des Ich, zu einer neuen Identität. Krebspatienten, die ihre schwere Krankheit als Kinder überlebt hatten, akzeptierten den Krebs als Teil ihrer selbst, als Teil ihres Lebens und ihrer Gesundheit, und betrachteten ihn nicht als etwas von ihnen Abgetrenntes oder Bedrohliches. Menschen, die sich nach einer Kindheit mit einem geisteskranken Elternteil gut entwickelten, sahen die Krankheit ihres Angehörigen als einen Teil von dem, was sie (die Kinder) geworden waren. Was sie so früh erlebt hatten, vermittelte ihnen lebenslange Einsichten in die eigene Persönlichkeit und die anderer. In allen diesen Gruppen half eine bedeutende Veränderung des Ich, mit deren Hilfe die Krankheit oder der Schmerz akzeptiert wurden, den Menschen, weiterhin vollständig und ohne Groll am Leben teilzunehmen.

Der Zenmeister Kapleau – dessen Name Roschi »ehrwürdiger Lehrer« bedeutet – sagt, daß ihm in dem Moment, wo er seine erste Auseinandersetzung mit seiner Parkinsonkrankheit beschrieb, plötzlich bewußt wurde, daß er und seine Krankheit eins waren. Sie beide würden für den Rest seines Lebens zusammengehören: »Mir kam die Erkenntnis: Die Krankheit ist nun ein Teil von dir, sie ist nicht mehr von dir zu trennen. Die einzige Möglichkeit, mit der chronischen Krankheit zurechtzukommen, scheint mir zu sein, sie als ein Bestandteil meines Ich, als ein Teil des Lebens hinzunehmen und nicht als etwas Isoliertes zu sehen, mit dem man eine nur unbedeutende Beziehung hat.« Diese Erkenntnis weckte seine Neugier und sein Interesse daran, etwas über die Krankheit herauszufinden.

Die meisten Menschen versäumen es, ihre Schwierigkeiten anzunehmen und nach Schmerz- und Leiderfahrungen wieder voll am Leben teilzunehmen. Wie Dan Gottlieb sagte, neigen sie dazu, eine Art Halbleben zu führen, klammern sich an ihr altes Ich, das nicht mehr funktioniert und lassen sich nicht wirklich auf das neue Ich ein.

Man hat als Erwachsener unzählige Möglichkeiten, einer Veränderung auszuweichen, und in meiner psychotherapeutischen Praxis bin ich vielen begegnet. Nimmt man einmal die pathologischen Auswirkungen, die Traumata und Gewalterfahrungen aus, so hat der Widerstand zumeist mit den Vorstellungen davon zu tun, wie die Welt und die anderen uns behandeln sollten. Er hat seinen Grund in bestimmten Idealen – von Vollkommenheit, Schönheit, Liebe und Geborgenheit –, die sich in *Dukkha*, in Leiden und eine negative Einstellung, verwandeln, wenn man zu sehr an ihnen festhält oder wenn sie zu übertrieben und hochfliegend sind. Große Erwartungen – wie großartige Visionen für eine humane Zukunft – können uns aus dem Gleichgewicht bringen und ein Hindernis für die Entwicklung werden, wenn wir sie für wichtiger erachten als das, was unmittelbar vor uns liegt.

Wenn wir uns nicht von unseren Phantasievorstellungen lösen können, werden wir von innerer Erregung, von Groll und Selbstmitleid erfaßt. Wir sehen uns durch die Brille unserer Kindheitskomplexe und blockieren uns dadurch selbst; wir fühlen uns wie das archetypische Opfer oder sind auf Vergeltung aus wie der archetypische Schreckliche Vater (oder die Schreckliche Mutter). Das ist dann eine Neurose: das nutzlose Leiden, das eine notwendige Veränderung verhindert.

Eine Frau, Mitte vierzig, deren Mutter kurz nach ihrer Geburt gestorben war, kam zu mir in Therapie, da sie ein besseres als ihr gegenwärtiges Leben führen wollte – wie sie mit zornigen Forderungen bekundete. Sie war sich schon vage bewußt, daß sie immer wieder Umstände erzeugte, in denen Menschen, die sie wirklich liebten, nicht in der Lage waren, es ihr gegenüber direkt zum Ausdruck zu bringen. Ungewollt »zwang« sie Menschen immer wieder, sie zu verlassen, da sie sie auf Distanz hielt und sie mit Tadel, Schuldzuweisungen und Forderungen abschreckte.

Zweieinhalb Jahre später hatte die Frau es gelernt, andere Menschen nicht mehr so aggressiv zu behandeln. Sie hatte angefangen zu sehen, daß sie einige der Probleme, die sie gequält hatten, selbst erzeugte. Nun sprach sie offen über ihre Bedürfnisse und Anliegen, ohne andere dafür verantwortlich zu machen. Sie hatte begonnen, sich zu ändern, aber sie hatte ihr altes Ich noch nicht geändert. Doch schon bald darauf kam sie nicht mehr umhin, genau dies zu tun.

Sie und ich hatten einen Punkt erreicht, an dem sie ihre Abhängigkeit von *mir* spürte. Das rief die Angst in ihr wach, ich könne möglicherweise nicht fähig sein, ihr dabei zu helfen, ihre Therapie erfolgreich zu beenden, was ihr die Unabhängigkeit von mir erlauben würde. Anstatt mir von dieser Angst zu erzählen (die sie tatsächlich nicht artikulieren konnte), kritisierte sie scharf unsere Therapie, weil sie ihr nicht hülfe – weil »sie nicht wirklich etwas ändert«. Als ich versuchte, ihr zu erklären, daß die Therapie ihr bereits geholfen habe und daß sie nun *mich* durch ihre Kritik auf Distanz hielt, fühlte sie sich bezichtigt.

Voll Mitgefühl konnte ich sehen, wie schwer es für diese Frau war, ihr altes Ich loszulassen. Ihr altes Ich steckte im Gewande eines Opferkomplexes: Niemand, den sie persönlich kannte, hatte einen ähnlichen Schmerz ertragen müssen wie sie, und so konnte auch niemand wirklich verstehen, was es bedeutet hatte, ihre Mutter bei der Geburt verloren zu haben. Nun hatte sie den Verdacht, ich könne sein wie die anderen, unfähig sie wahrhaft zu verstehen, da ich selbst meine Mutter nicht bei der Geburt verloren hatte.

Sie hatte sich oft in ihrem Leben entfremdet und zornig gefühlt, und sie hatte nun begriffen, daß viele ihrer Angriffe auf andere mit ihrer eigenen Opferhaltung zusammenhingen. Wenn sie dieses

Ich aufgäbe – wie würde sie dann ihre Handlungen rechtfertigen können, mit denen sie ihre anderen Beziehungen zerstört hatte? Doch auch das Festhalten an dem alten Opfer-Ich würde großen Schmerz verursachen, da sie sich dann einem weiteren Mißerfolg (mit mir) gegenübersehen würde, zudem auch noch mit jemandem, den sie als einen »vertrauenswürdigen Experten« angesehen hatte. Sie steckte also in einem tiefen Dilemma, das der Loslösung von einem alten Ich häufig vorausgeht.

Nachdem meine Patientin monatelang an ihrem alten Ich festgehalten hatte, erkannte sie unter Tränen, wie sehr sie ihr ganzes Leben hindurch immer wieder Schmerzen und Schwierigkeiten erzeugt hatte. Sie sah jetzt, daß sie ein Drama über Verzicht und Verlust aufgeführt hatte (in dem sie selbst maßgebend mitspielte); unbewußt hatte sie andere dazu gebracht, die Rollen der sie im Stich lassenden Mutter oder des gefühllosen Vaters zu spielen.

Nachdem sie ihre Identifikation mit dem alten Opfer-Ich aufgelöst hatte, entdeckte sie, daß sie anderen mit ihrem neugefundenen Verständnis helfen konnte. Wenn andere Leute um sie herum neidisch waren oder sich in Vorwürfen gegen sie ergingen, legte sie eine neue Geduld an den Tag und hörte ihnen zu, ohne ihre Schuldzuweisungen wörtlich zu nehmen. Sie setzte ihre neuen Fähigkeiten bei ihrer Arbeit – und mit der Zeit auch zu Hause – ein und begann, sich von den Menschen um sie herum geliebt und geschätzt zu fühlen. Da sie sah, daß ihre Abhängigkeit von mir mit dem von ihr selbst geschaffenen Drama zusammenhing und daß es zu einem Test geworden war, durch den sie herausfinden konnte, ob ich sie wirklich verstand oder nicht, war sie in der Lage, die Therapie mit einem Gefühl der Zufriedenheit abzuschließen.

Sie hatte erkannt, wie lange sie an der Vorstellung festgehalten hatte, das Wichtigste an ihrer Person sei die Tatsache, daß sie keine Mutter gehabt hatte. Während sie das Wissen um ihre Stärken unterdrückte, hatte sie viele Menschen auf Distanz gehalten und sie immer wieder daraufhin geprüft, ob sie ihren Schmerz verstehen konnten. Indem sie ein neues Ich entwickelte, eines, das darauf beruhte, daß sie selbst liebenswert und auch zu anderen liebevoll war, konnte sie die Zuneigung, die sie erhielt, wirklich schätzen.

Starre Ich-Bilder

Ein Grund, weshalb es so schwer ist, sich von seinem alten Ich zu lösen, ist der, daß wir in unseren westlichen Gesellschaften der festen Meinung sind, wir wären unveränderliche, voneinander getrennte Ichs – Wesen, von denen jedes in seinem eigenen kleinen Körper steckt. Wir haben eine feste Meinung darüber, wie wir im wesentlichen geartet sind. Viele von uns ordnen sich selbst einer psychologischen Kategorie zu; sie sagen: »Ich bin ein depressiver Typ« oder »ich bin gefühlsbetont« oder »ich bin das Kind eines Alkoholikers«. Auf diese Weise verleihen sie ihren vorübergehenden Gefühlszuständen oder Komplexen eine Art Endgültigkeit. Menschen sagen häufig: »So bin ich nun einmal, so war ich immer, und ich werde mich nie ändern«, und sie sind stolz auf diese Behauptung.

Wenn wir in westlichen Gesellschaften aufwachsen, haben wir Worte und kulturbedingte Verhaltensweisen gelernt, die den Wert und das Ideal eines individuellen, beständigen Ichs bekräftigen. Häufig verwenden wir die Pronomen *ich, mich, meines, du, eures, uns* und *sie*. Wir sprechen (und erzählen unsere Lebensgeschichten), als wären wir vollkommen unabhängig von anderen, und es fällt uns schwer zu sehen, daß das Ich eine Funktion und kein Ding ist. Nicht alle Kulturen[8] und Menschen jedoch definieren das Ich als etwas so Individuelles, das ausschließlich von einem Kopf und einem Körper abhängt.

In ihrem Buch über Buddhismus und soziales Handeln sagt Joanna Macy:

»Die Art und Weise, in der wir das Ich definieren, ist willkürlich. Wir können es zwischen unseren Ohren haben und es aus unseren Augen schauen lassen; wir können ihm aber auch mehr Raum geben, so daß es die Luft einschließt, die wir atmen, oder wir können seine Grenzen so verrücken, daß es die Sauerstoff spendenden Bäume und das Plankton – unsere äußeren Lungen – mit einschließt und darüber hinaus das Geflecht des Lebens selbst, dessen Teil sie sind.«[9]

Wenn wir das Ich als Funktion erfahren, fangen wir an, unsere wechselseitige Abhängigkeit von allem zu fühlen und zu sehen, wie wir mit allem, was uns umgibt, verschmelzen. Das ähnelt dem, was der Buddhismus über das »Nicht-Ich« lehrt und was Jung meinte, wenn er das Ich als ein leeres Zentrum betrachtete. Wollen wir anfangen, das Nicht-Ich wertzuschätzen, müssen wir viele unserer alltäglichen Überzeugungen über die Einzigartigkeit und die Grenzen des Ich aufgeben.

Dieser Prozeß beginnt damit, daß wir sehen, wie wir uns selbst davon überzeugen, unser Ich sei unentbehrlich. Alle Menschen haben die ausgeprägte Neigung, diese Überzeugung zu entwickeln, doch manche Gesellschaften und Kulturen wirken ihr entgegen oder lösen sie sogar auf. Die Überzeugung, man habe ein unentbehrliches Ich, beginnt mit dem Selbstbewußtsein – dem Empfinden, man besitze ein einzelnes, sich selbst kontrollierendes Ich, welches im zweiten Lebensjahr entsteht.

Obwohl jeder von uns als Kleinkind ein Zentrum organisierter Handlung und Wahrnehmung[10] ist, sind wir uns in der frühen Kindheit nicht über die Grenzen unseres Körpers oder den Einfluß unserer Emotionen und Wünsche im klaren. Die Dinge passieren uns eben. Emotionen kommen und gehen, Bilder kommen und gehen, und wir haben noch keinen speziellen Platz, sind noch nicht völlig in uns selbst zu Hause.

Im Kleinkindalter macht man nach und nach die psychologische Erfahrung, daß man ein getrenntes Ich ist – ein einzelnes Wesen, das denkt und handelt. Am ausgeprägtesten manifestiert sie sich irgendwann zwischen dem achtzehnten und dem vierundzwanzigsten Lebensmonat. Kleinkinder sagen deshalb gerne: »Meins!« und »Nein!« und »*Ich* mach das!« Sie empfinden mit einem Mal die Macht, die vom individuellen Willen ausgeht, und machen die Erfahrung zielgerichteten Handelns.

Etwa zu dieser Zeit erfolgt die Herausbildung der Emotionen des Selbstbewußtseins – Stolz, Scham, Schuld, Verlegenheit, Eifersucht, Neid. Die Emotionen, die bereits von Geburt an da sind, werden oft die »Primäremotionen« und die selbstbewußten Emotionen »Sekundäremotionen« genannt. Obwohl viele Tiere diese Erfahrung bestimmter Primäremotionen (wie Freude, Trauer, Neugier, Ekel, Angst und Aggression) mit uns Menschen teilen, ist fraglich, ob Tiere sich in derselben Weise bewußt empfinden wie wir Menschen es tun. Häufig bewundern wir an Tieren, daß sie, ohne sich dessen bewußt zu sein, so eindeutig mit ihren Primäremotionen verschmelzen. Wenn bewußte Emotionen geweckt werden, rufen sie Ichbezogenheit und Selbstschutz auf den Plan – nach dem Motto: Ich bin wichtiger als du. Wenn Erwachsene defensive oder auf Selbstschutz abzielende Gefühle hegen, sind sie meistens von solchen Emotionen in Anspruch genommen. Sie fühlen sich beschämt, schuldig oder stolz.

Anscheinend entspricht es der Natur des Menschen, ein von den anderen abgegrenztes Ich zu erzeugen[11]. Aus Studien über verschiedene Kulturen schließt der Psychologe Rom Harré, daß alle Völker auf irgendeine Weise »individuelle Subjektivität« erfahren. Das bedeutet, daß Menschen überall in der Welt das Gefühl haben, Urheber ihrer eigenen Handlungen zu sein und sich in ihrem eigenen Körper zu Hause fühlen – sich also als etwas Beständiges über die Zeit hinweg erfahren – und sich als Sitz von Emotionen fühlen. Zu diesen Voraussetzungen für einen persönlichen Willen, für Kohärenz und Kontinuität gehört auch das, was ich die »Funktion« des Ich oder die individuelle Subjektivität nennen möchte.

Ein Ich zu haben bedeutet, daß man fähig ist, sich als Subjekt seiner eigenen Wünsche und Handlungen zu erleben. Wir entwickeln die Ichfunktion[12] durch unsere Beziehungen zu anderen Menschen – zuerst unsere Familie, später unsere weitere Umgebung. Doch die meisten Menschen halten das Ich eher für ein

Ding als eine Funktion und glauben, daß es irgendwo existiert – an einer Stelle zwischen unseren Augen vielleicht oder sonstwo im Körper.

Diese Neigung – wie die, uns mit einem psychologischen Terminus zu klassifizieren – ist eine Art, uns selbst zu definieren. Wir deklarieren gewisse Stimmungen oder Fähigkeiten zu Identitäten, zu wesentlichen Bestandteilen unserer Persönlichkeit (und sagen zum Beispiel: »Ich bin ein passiver Mensch«, »Ich bin ein vernunftbestimmter Typ«). Es ist nicht dasselbe, wenn wir von den Rollen sprechen, die wir ausfüllen (zum Beispiel »Ich bin Mutter« oder »Ich bin Vater«). Es bedeutet vielmehr, daß wir krampfhaft an einer bestimmten, nur vorübergehenden Eigenschaft festhalten und sie zum Kern unseres Wesens, unseres Selbst, machen. (Wir können dies auch mit unseren Rollen tun, aber häufig ist ganz offensichtlich, daß keine Rolle unser Wesen vollständig erfaßt.) Wir erlauben uns kein unbeständiges, komplexes Ich; wir wollen eine Definition von einem Ich, das definitiv ist und Bestand hat.

In einem hohen Maße wird diese Neigung von unserer Gesellschaft akzeptiert, ja gefördert, denn wir meinen, daß wir damit Verantwortung für uns selbst übernehmen. Wir wollen erklären, wer wir sind und unser Ich charakterisieren, damit wir persönlich Verantwortung für unsere Stimmungen, Werturteile oder Handlungen übernehmen können – was an und für sich positiv wäre, wenn es nicht zu der Überzeugung führte, wir seien *nur* so und nicht anders. Viele Menschen glauben unbewußt oder bewußt, sie müßten sich verteidigen, indem sie ihre Werte, Vorlieben und Schwächen als unveränderliche persönliche Merkmale bezeichnen. Sie zwingen sich damit selbst in eine bestimmte Persönlichkeitsstruktur hinein. Die Folge davon ist, daß sie dann nie »eine eigenständige Person« werden müssen, die ihre Gewohnheiten und Vorstellungen zuweilen auch einmal zu ändern hat und ein neues Ich entwickeln muß.

Zuweilen assoziieren Bewohner der westlichen Welt die Idee von einem unbeständigen Ich – wie es insbesondere im Buddhismus diskutiert wird – mit einer negativen Bewertung der Ich-funktionen, jenen Talenten und Fähigkeiten, die wir alle benötigen, um uns in der Welt zu bewegen. Häufig geschieht das, weil einige buddhistische Texte den Gedanken von dem einen »einzelnen Ich« mit dem Terminus »Ego« übersetzen. Dadurch haben sich bestimmte Vorurteile bei uns herausgebildet, die auf der Annahme beruhen, der Buddhismus scheue oder verunglimpfe die Ichfunktionen. Doch das ist eine Fehldeutung. Vielmehr ist die Vorstellung von einem isolierten unveränderlichen Ich, von einem Verhalten, das auf Distanz bedacht ist, das Problem, welches der Buddhismus in unser Blickfeld rückt.

Das Maß an Zurückgezogenheit, Isoliertheit und Individualität, das für das Ich als heilsam erachtet wird, ist von Kultur zu Kultur verschieden. In manchen Gesellschaften wird das Ich mehr als Teil einer Gruppe oder der Familie erlebt. Es gibt mehrere Schilderungen über Stammes- und Würdenträgergesellschaften, in denen weniger Wert auf den persönlichen Anspruch von Einmaligkeit und Individualität gelegt wird als in unserer Gesellschaft. In der Sprache einer solchen Kultur gibt es überhaupt keine Personalpronomen – nur Verbformen, die bezeichnen, daß »die Handlung von hier kommt« oder »die Handlung von dort kommt«. Aber selbst in Gesellschaften, in denen die Identität auf Gemeinschaftlichkeit beruht (wie in manchen buddhistischen Kulturen), erleben sich die Menschen als in ihren Körpern zu Hause, als dauerhaft in einzelnen Körpern lebend und als Urheber ihres Handelns. Alle Menschen haben die Neigung, das Bild eines unbedingten Ichs zu schaffen und dieses Bild – auch zu ihrem eigenen Schaden – zu verteidigen und schützen.

Mit Jungs Terminologie können wir das Ich als Archetyp bezeichnen: Ausnahmslos alle Menschen erfahren eine eigenständige Identität (und halten daran fest), um die herum sich ein einmaliges, kohärentes Bild vom Ich entwickelt. Das garantiert, daß sie sich als beständige, zweckbestimmte und emotionale Wesen entwickeln. Doch das Maß, in dem das individuelle Ich als abgegrenzt oder aber als gemeinschaftlich betrachtet wird, hängt von der jeweiligen Gesellschaft und Kultur ab – und darin bestehen große Unterschiede zwischen den Völkern.

Westliche Gesellschaften[13] haben die starke Neigung, das Ich als dauerhaft, isoliert, unabhängig und privat zu sehen. Wir leben in einer Gesellschaft des Individualismus, die das Ich kaum als veränderlich und gemeinschaftlich ansieht. Unsere Kultur legt besonderen Wert auf persönliche Rechte und auf Privatsphäre. Da wir uns als »Kapitän« unseres »Körperschiffchens« betrachten, glauben wir, wir sollten bei unseren Entscheidungen und Entschlüssen in erster Linie unser eigenes Wohl im Auge haben. Das ist eine Art Philosophie des Eigennutzes, so, als ginge dem eigenen Ich etwas verloren, wenn man sich um jemand anderen sorgt.

Diese Illusion von der vollständigen Kontrolle über das Ich verschleiert gerne die Tatsache, daß wir alle – bewußt und unbewußt – von vielen verschiedenen Impulsen und Vorstellungen motiviert werden. Niemand könnte es ertragen, die Komplexität all seiner widersprüchlichen Motivationen auszuhalten; ohne unbewußte »Filter« würden wir davon überwältigt. Ich habe einmal von einem Experiment gelesen, das das alltägliche Erfinden des »einheitlichen Ich« veranschaulicht:

Eine Gruppe von Menschen wurde von einem Forscher in eine leichte hypnotische Trance versetzt; er gab ihnen die posthypnotische Suggestion, sie sollten nach Beendigung der Trance auf dem Fußboden herumkriechen. Als er sie dann aus der Trance weckte, begann ein Teilnehmer nach dem anderen auf dem Boden herumzukriechen. Als der Forscher sie fragte, warum sie das täten, brachte jeder eine andere Erklärung vor, zum Beispiel »Ich habe etwas fallen gelassen und suche es« oder »Ich dachte, auf dem Boden sei ein interessanter Fleck« und so weiter. Sie konnten sich nicht an die posthypnotische Suggestion erinnern, da sie nur in ihrem Unterbewußtsein existierte; aber jeder erfand einen Grund für sein Handeln, um nicht ohne Erklärung dazustehen.

Wie oft befinden wir uns im Alltag in derselben Lage – wir nehmen eine Sache in Angriff oder sagen Dinge, die durch etwas motiviert sind, was uns möglicherweise nicht bewußt ist.

Das Ich als eine Funktion zu erleben, nicht als ein einzelnes, erkennbares, dauerhaftes *Ding*, ist ein Bestandteil des Nicht-Ich, das der Buddhismus uns lehrt. Kürzlich entdeckte ich dafür eine nützliche Metapher: die menschliche Bauchspeicheldrüse. Die Bauchspeicheldrüse tauscht alle vierundzwanzig Stunden alle ihre Zellen aus; jeden Tag haben wir eine neue Bauchspeicheldrüse. Doch jeden Tag erfüllt die Bauchspeicheldrüse ungefähr dieselben Funktionen (obwohl das natürlich davon abhängt, was durch sie hindurchgeht und was sie aufnimmt). Wie die Bauchspeicheldrüse, so wird auch das Ich jeden Tag neu rekonstituiert; und doch sind seine Funktionen dieselben: Sie sollen uns helfen, unsere Komplexität in ein Gesamtbild zu integrieren, zu fühlen, daß wir dauerhaft existieren und uns mit den grundlegenden Ichfunktionen – Wollen, Auswählen und Initiative ergreifen – versehen.

Wenn ich Menschen durch eine Psychotherapie begleite, in der sie sich des Ursprungs ihres Leidens und ihres Schmerzes bewußt werden, kommen sie oft zu dem Schluß, daß ihr »Zentrum« (oder ihr Ich) leer ist. Auch Jung gelangte gegen Ende seines Lebens zu diesem Schluß, als er das Endziel unserer Entwicklung als die Entdeckung oder Erahnung eines »leeren Zentrums« bezeichnete. Obwohl wir das leere Zentrum nicht direkt durch unsere gewöhnlichen Ichfunktionen erfassen können (die uns helfen, Ordnung in den Alltag zu bringen), können wir es aufgrund der Notwendigkeit, im Laufe unseres Lebens immer wieder unser altes Ich loszulassen, erahnen oder erkennen. Der Prozeß der tiefgreifenden Wandlung, der unabdingbar ist, um am Leben in seiner ganzen Fülle teilhaben zu können, nötigt uns, die Vorstellung von einem unentbehrlichen Ich in Frage zu stellen und uns davon zu trennen, wenn wir für das, was von uns gefordert wird, offen bleiben wollen.

Wie Jung in seiner Autobiographie sagt:
»Es gibt so vieles, das mich erfüllt: Pflanzen, Tiere, Wolken, Tag

und Nacht und das Ewige im Menschen. Je unsicherer ich mich in bezug auf mich selbst fühlte, desto mehr wuchs in mir das Gefühl einer Verwandtschaft mit allen Dingen.«[14]

Letztlich werden wir durch unsere eigenen Erfahrungen davon überzeugt, daß es keinen einzig gangbaren Weg der Existenz, kein Ding im Kern unseres Wesens gibt; es gibt nur die beständige Funktion, die darin besteht, mit den anderen um uns herum in Kontakt zu treten, sowie die Aufgaben, die vor uns liegen.

Stationen der Wandlung

June Singer wurde 1918 in Cleveland, Ohio, als Kind einer Mutter geboren, die ihre High School nicht beendet hatte, die jedoch jedes Buch verschlang, das sie in die Hände bekam:

»Meine Mutter war freie Mitarbeiterin für Zeitschriften und für die lokale Zeitung. Sie gehörte zu den ersten Frauen in ihrer Stadt, die sich journalistisch betätigten. Als ich zwölf war, ging sie wegen ihrer Aufträge häufig auf Reisen, um öffentlich bekannte Leute zu interviewen – von Filmstars bis hin zu Mörderinnen. Ich bewunderte ihre Energie, beneidete sie um ihre Abenteuer. Sie war klug, charmant und ehrgeizig. Sie war meine erste Lehrerin und weckte in mir die Liebe zu guten Büchern. Aber durch sie hatte ich auch die erste wichtige Leiderfahrung, an die ich mich erinnern kann.

Meine Schule hatte einen Wettbewerb für den besten Aufsatz über das Thema ›Sparsamkeit‹ ausgeschrieben. Ich hatte die Idee, ein langes Erzählgedicht zu schreiben, das den Titel ›Sparsamkeit im Spiegel der Generationen‹ tragen sollte. Ich arbeitete hart daran, und als es fertig war, zeigte ich es meiner Mutter. Sie gab mir einige Anregungen und schrieb ein paar Zeilen um.

Mein Gedicht gewann den ersten Preis, und ich war – *am Boden zerstört*. Ich fühlte mich grauenhaft, weil ich Anerkennung für etwas bekommen hatte, das ich nicht ganz alleine geschaffen hatte. Der Zeitungsfotograf bat mich, herunterzukommen, damit er ein Foto von mir machen könne, denn sie wollten einen Artikel über mich bringen; ich weigerte mich zuerst, doch meine Mutter drängte mich. Ich war ganz zerfressen von Schuldgefühlen! Ich versprach mir hoch und heilig, ich würde meiner Mutter schon zeigen, daß ich auch ohne ihre Hilfe schreiben konnte. Und so erwuchs aus diesem Leiden mein Entschluß, Schriftstellerin zu werden. Jahrelang lehnte ich es ab, jemandem meine Arbeiten zu zeigen, solange sie nicht beendet waren.«

Junes Vater repräsentierte ein alternatives Rollenmodell:

»Er war ruhig und zuverlässig, ein treusorgender Ernährer der Familie, aber nicht in dem Sinne ehrgeizig wie meine Mutter. Er war Zahnarzt, und seine Patienten waren oft ganz arme Leute; manche bezahlten ihre Rechnungen, indem sie unser Haus anstrichen oder unseren Wagen reparierten. Aber er wurde von meiner Mutter beherrscht, die sich selbst als Intellektuelle betrachtete und sich ihm überlegen fühlte. Wenn sie mit ihm in einer Weise sprach, die ihn herabsetzte, dachte ich immer: Wenn ich einmal verheiratet bin, werde ich meinem Mann nie so etwas antun.«

In vieler Hinsicht war der Mann, den June mit einundzwanzig heiratete, ihrer Mutter ähnlich. Charmant, extravagant, intelligent und eloquent wie er war, beherrschte er sie, wie ihre Mutter ihren Vater beherrscht hatte. Doch es gab einen Unterschied:

»Ich hatte genug von meiner Mutter in mir, um zu begreifen, daß ich in mir die Anlagen hatte, kreativ zu sein, doch gleichzeitig wußte ich, daß Richard lieber wollte, daß ich mich im Hintergrund hielt. Als wir heirateten, hatte er eben seine Rabbinerausbildung beendet. Obwohl ich ihn sehr liebte, war es mir unangenehm, in das eingeschränkte Leben einer Rabbinersgattin gepreßt zu werden. Es war, als trüge ich Schuhe, die zu klein waren, nur hatten nicht meine Füße, sondern mein Geist zu wenig Platz. Ich hatte das Gefühl, er neide mir einige meiner Talente, und merkte, daß er sich ärgerte, wenn ich ihn aus irgendeinem Grund kritisierte.

Nachdem unsere Tochter geboren war, saß ich allein zu Hause mit ihr, während er seinen vielen Aktivitäten in der Kirchengemeinde und anderswo nachging. Gerüchte kamen mir zu Ohren, wonach er anderen Frauen allzugroße Aufmerksamkeit schenkte, aber immer wenn ich das Thema ansprach, stritt er das alles nicht nur ab, sondern behauptete, ich bilde es mir lediglich ein. Ich war nahe daran zu glauben, ich sei wirklich paranoid. Also nagte ständig eine schmerzliche Ungewißheit in mir. Das Schlimmste an alldem war, daß ich mir nicht sicher war, ob meine Ahnungen richtig waren oder nicht. Ich fing an, mich wirklichkeitsfremd zu fühlen. Ich wußte, daß ich einen Weg finden mußte, um aus dieser Lage herauszukommen. Aber wie so viele andere Frauen in jener Zeit war ich finanziell von meinem Mann abhängig und innerlich nicht stark genug, das zu ändern.«

Hilfe erfolgte, als ein Arzt Junes allgemeines Unwohlsein als eine chronische Niereninfektion diagnostizierte. Die kranke Niere wurde operativ entfernt. Danach war June frei von körperlichen Schmerzen, und ihre Energie kehrte zurück.

Kurz darauf beschloß Richard, wieder auf die Universität zu gehen, um seinen Doktor in Psychologie zu machen. Vielleicht hatte er gedacht, dies würde ihm eine gute Möglichkeit bieten, den Beruf zu wechseln. Als June den Wunsch äußerte, ebenfalls auf die Universität zu gehen (um einen Abschluß in Psychologie zu machen), erklärte er sich einverstanden. Stillschweigend waren sie übereingekommen, daß ihre Ehe möglicherweise nicht halten würde, und so war es sinnvoll, daß sie einen Beruf erlernen würde, der es ihr ermöglichte, sich selbst zu ernähren. Sie war dabei, an der Umgestaltung ihrer Persönlichkeit zu arbeiten, mit dem Ziel, ihr Leiden in eine Tätigkeit zu verwandeln, mit der sie anderen helfen konnte.

Richard hatte seinen Beruf als Rabbi aufgegeben und eine Ausbildung als Analytiker am C. G. Jung-Institut in Zürich in Angriff genommen. June hatte ihn zusammen mit ihrer Tochter, die damals sechzehn war, begleitet. Als sie 1960 eine Jungianische Analyse begann, fing June an, die Bedeutung ihres Leidens zu begreifen. Sie sah ihre Analyse als letzte Chance, ihre im Scheitern begriffene Beziehung zu retten.

June erinnerte sich an einen Traum, den sie damals hatte:

»Ich lag auf dem Hackklotz eines Metzgers, und meine Hände und Füße waren gefesselt. Jemand stand über mir und hielt mir ein großes Messer an den Leib. Ich begriff, daß ich gleich aufgeschlitzt werden sollte, und obwohl es mich mit Grauen erfüllte, fügte ich mich darein.«

Der Traum deutet auf die Qual hin, die mit unserem entschlossenen Willen, uns mit der Wahrheit über uns selbst und unsere Lebensumstände zu konfrontieren, einhergehen kann. Es ist nichts weniger als »ein kleiner Tod«. Er erinnert an Abraham in der Bibel, der vor seinem Sohn Isaak steht, bereit, ihn als Beweis seines Glaubens zu opfern. June sagt: »Es gibt kein Zögern, wenn man einer Berufung folgt und sich einem Entwicklungsprozeß verschrieben hat.«

Im Laufe ihrer Analyse begriff sie, daß die Seitensprünge ihres Mannes und sein berechnender Einsatz von Macht dem gleichkam, was man heute »emotionaler Mißbrauch« nennen würde. Seine Forderungen an seine Tochter nach perfektem Verhalten hatten das Mädchen verkrampft und ängstlich gemacht. Allmählich begann June sich zu wehren. Bei einer – ihr unvergeßlichen – Gelegenheit wollte sie einen Vortrag im Jung-Institut hören; Richard dagegen beharrte darauf, daß sie zu Hause bleiben und ein Essen für seine Freunde zubereiten solle. Sie weigerte sich und ging nach ärgerlichem Protest zu ihrem Vortrag. Als sie nach Hause kam, verlor Richard kein Wort mehr darüber. Die Klauen des Löwen schienen um einiges stumpfer geworden zu sein, und Junes altes zaghaftes Ich lag auf dem Hackklotz.

Während ihrer Analyse in Zürich wurde June innerlich stärker und entschloß sich, Richard zu verlassen. Sie wußte, daß er sogar während seiner dortigen Ausbildung flüchtige Beziehungen zu anderen Frauen unterhielt. Ihre Tochter, die von dem Ortswechsel und dem Versuch, sich in einem fremden Land und einer fremden Sprache zurechtzufinden, verständlicherweise aus dem Gleichgewicht geraten war, bekam nur wenig Unterstützung von ihren Eltern; sie machte eine kurze, aber heftige psychotische

Phase durch. Als ihrer Tochter dies geschah, fühlte June, daß ihr ganzes vergangenes Leben zusammenbrach, daß aber gleichzeitig die Grundlage für ein neues entstand. Es ist unmöglich, ein festes Gebäude auf einem unsicheren Fundament zu errichten. Leiden verleiht die Motivation, mit der die radikale, notwendige Veränderung vollzogen werden kann; doch dieses Leiden an sich reicht nicht aus, um eine neue Entwicklung durchzumachen. Es müssen auch die richtige Situation und der Mut da sein, um die Gelegenheit ergreifen zu können.

Als June und Richard in die Vereinigten Staaten zurückkehrten, war sie zwar gefühlsmäßig bereit, ihn zu verlassen, aber finanziell immer noch zu sehr abhängig von ihm. Richard hatte seine Nebenbeziehungen wiederaufgenommen, leugnete sie jedoch auch weiterhin gegenüber June. Sie zeigte ihm ihre Wut nun offen; doch obwohl sie ihm mitteilte, ihn verlassen zu wollen, zog sie nicht aus. Ihre Tochter, die jetzt einundzwanzig war, lebte nicht mehr zu Hause und wollte auch nicht mehr in die gespannte Atmosphäre zurückkehren, die einige Jahre zuvor zu ihrer seelischen Störung beigetragen hatte. Obgleich June wie auch Richard nun Jungianische Psychoanalytiker waren, mußten sie als angestellte Therapeuten arbeiten, um ein regelmäßiges Einkommen zu haben, bis sie es riskieren konnten, eine private Praxis aufzumachen. Sie hatten ihr Haus verkauft und ihr ganzes Geld für die Ausbildung in Zürich ausgegeben, so daß sie jetzt Schulden machen mußten, um ihre neue Wohnung in Chicago möblieren zu können.

Und dann kam etwas vollkommen Unvorhersehbares, wie June erzählt:

»Eines Tages kam Richard frühzeitig von seiner Arbeit nach Hause und rief mich an, um mir zu sagen, daß sein Wagen im Schnee steckengeblieben wäre und er sich selbst freigeschaufelt hätte und daß ihn dabei ein starkes Unwohlsein befallen hätte. Als ich nach Hause kam, war er sehr blaß und klagte über plötzliche Schmerzen in der Brust. Ich half ihm, sich hinzulegen, und rief den Notdienst an, doch bevor er eintraf, war Richard schon tot.

Seine letzten Worte waren: ›Zieh mir die Schuhe aus‹. Im Stillen fragte ich mich: Betritt der Rabbi am Ende nun doch heiligen Boden?«

Junes erste Reaktion war Erleichterung. Das Schicksal hatte eingegriffen, um ihre Ehe rasch und unwiderruflich aufzulösen. Doch war ihr auch ängstlich zumute, da sie nun die Verantwortung für die Schulden, die sie beide gemacht hatten, übernehmen mußte; sie fragte sich bang, wie sie es künftig wohl schaffen würde, ihr eigenes Leben zu führen. Und auch Schmerz empfand sie – über den toten Partner und über die Hoffnungen auf Veränderung in ihrer Beziehung, die sich nun nie erfüllen würden.

Aber Veränderung erfolgte auf eine Weise, die sie selbst überraschte. Die wenigen Leute, die bei Richard eine Analyse gemacht hatten, kamen jetzt zu June, um ihr ihr Beileid auszusprechen und den Verlust zu beklagen; immer wieder half sie diesen Klienten, die Trennung von ihrem Therapeuten zu überwinden, in den sie soviel Erwartung und Vertrauen gesetzt hatten. Dadurch daß sie ihnen in ihrem Kummer und ihren Gefühlen der Verlassenheit so intensiv beistand, begann June ihren eigenen Schmerz als Mittel zur Hilfe für andere zu sehen. Fast alle ehemaligen Klienten von Richard beschlossen, zu June in Therapie zu gehen. Sie fühlten sich ihr sofort sehr stark verbunden durch den gemeinsamen Schmerz, der ihrer Zusammenarbeit eine besondere Intensität verlieh. June lernte aus dieser Erfahrung, daß die Gemeinschaft von Leidensgefährten in Zeiten der Seelenqual die eigene Bürde erleichtern und die zwischenmenschlichen Beziehungen stärken kann.

Bald kehrte ihre Tochter Judy aus Chicago zurück, um wieder bei ihrer Mutter zu leben und aufs College zu gehen. Judy war entspannt und energiegeladen und wies keine Spuren von Krankheit mehr auf.

»Wir verbrachten viel Zeit damit, unsere Beziehung in Ordnung zu bringen und den Schaden, den ich ihr dadurch zugefügt hatte, daß ich sie nicht genügend vor den überzogenen Anforderungen ihres Vaters geschützt hatte. Ich glaube, die Beziehung, die wir dann entwickelten, hätte gar nicht verständnisvoller und zärtlicher sein können.«

June, die jetzt sechsundvierzig Jahre alt war, ging noch einmal auf die Universität, um ihre Promotion in Psychologie abzuschließen. Sie und ihre Tochter arbeiteten äußerst hart, um genug für ihren Lebensunterhalt und die Ausbildungskosten zu verdienen. Obwohl dies in körperlicher wie in seelischer Hinsicht eine sehr anstrengende Zeit war, war sie doch auch sehr bereichernd, da June auf allen Ebenen Vertrauen gewann: in ihr eigenes Durchhaltevermögen, in ihre berufliche Entwicklung, in ihre Rolle als Mutter und in ihre Identität als Jungianische Analytikerin.

Judy schloß ihr Studium am Ende mit Auszeichnung und einem Stipendium ab, das ihr erlaubte, an der Stanford University Linguistik zu studieren. Dort traf sie Michael, der ebenfalls Linguistik studierte und mit dem sie sich verlobte. Kurz darauf heirateten sie; beide reisten daraufhin nach Rumänien, wo Michael ein Stipendium vom Außenministerium erhalten hatte, um Rumänisch zu studieren.

June hatte sich unterdessen eine Praxis aufgebaut und war dabei, mit anderen eine neue Jungianische Gesellschaft zu gründen.

In ihrem Gespräch mit mir erinnerte sich June an einen Traum, den sie einmal in Zürich gehabt hatte; er hatte sie durch seine Klarheit beeindruckt, schien jedoch zu der Zeit, als sie ihn hatte, nicht deutbar zu sein. Doch jetzt, da sie zurückschaute, kam er ihr wie eine Prophezeiung vor:

»Ich stand auf der Schwelle eines Zimmers in unserer Züricher Wohnung und sah in einer entlegenen Ecke Judy und Richard zusammen im Bett liegen – ein übernatürliches Licht flutete über ihnen. Ich wollte hereinkommen, aber Richard warf einen harten Gegenstand in meine Richtung und sagte: ›Du kannst hier nicht rein.‹ Es war so, als wären sie an einem anderen Ort, einem Ort, zu dem ich keinen Zugang hatte.«

Fünf Jahre nach Richards Tod erlitten Junes Tochter Judy und ihr frisch angetrauter Ehemann einen Autounfall auf einer einsamen Bergstraße in Rumänien und waren auf der Stelle tot. Als

Judy ihrem Vater in den Tod folgte, brach für June eine Welt zusammen. Sie hatte nun keine Familie mehr und fühlte sich vollkommen allein.

Als die offizielle Trauerfeier, die in Philadelphia stattfand, vorüber war, kehrte June nach Chicago zurück und hielt zu Hause mit ihren Freunden, Kollegen und Klienten einen Gedenkgottesdienst für Judy ab. »Judys Tod war ein sehr privates, aber auch ein öffentliches Erlebnis. Jeder in der Chicagoer Jungianergemeinde wußte davon. Können Sie sich vorstellen, was es bedeutet, die Geschichte ihres Unfalls unzähligen Menschen zu erzählen, die mich im Anschluß daran liebevoll fragten: ›Welchen Sinn sehen Sie in alledem?‹«

Judys Tod war der große Wendepunkt in Junes Leben, ein gewaltsamer persönlicher Verzicht. Die Wandlung, der June entgegensah, war eine Veränderung in ihrer eigenen Lebenseinstellung, ein Loslassen ihrer bisherigen Art und Weise, die Dinge zu sehen. Wenn June heute festzustellen versucht, was ihr am meisten half, diese Phasen der Wandlung zu durchlaufen – von der ersten Konfrontation mit ihrem eigenen Schmerz in Zürich bis hin zu dem letzten Verzicht auf ihre Vision von einer lebenslangen engen Beziehung zu ihrer Tochter – sagt sie:

»Es muß eine Intelligenz im Universum geben, die der menschlichen Intelligenz weit überlegen ist. Sie hat ein eigenes Ziel und eine Einsicht in die Einheit aller existierenen Dinge. Wir verstehen sie nicht, aber – unserem persönlichen Bewußtseinsstand entsprechend – wir bekommen eine schwache Ahnung davon. Schon die Tatsache, daß wir hier sitzen und atmen und diese sonderbaren Laute, die man *Worte* nennt, bilden und mit ihrer Hilfe begreifen können, was in uns und anderen vorgeht, ist ein ungeheueres Wunder. Es ist nichts, was einer von uns ersinnen könnte. Es ist ganz sicher nichts Zufälliges, aber es ist auch nicht so, daß Gott uns zusieht und sich bestimmte Ereignisse ausdenkt, die uns dann auf die eine oder andere Weise zustoßen. Die Intelligenz hinter all dem ist nicht sichtbar, aber sie ist ganz klar zu spüren, wenn man beobachtet, was um einen herum geschieht.

Ich lernte, Judys Tod als einen Teil der Schöpfung zu akzeptieren. Unfälle gehören zur Schöpfung dazu. Und wer bin ich, daß ich vom Schmerz dieser Welt ausgespart werden sollte? Ich habe Gefühle, und so fühle ich mich traurig und unglücklich angesichts des Schmerzes und freue mich über Glück. Wenn ich gegenüber dem einen abstumpfe, bin ich automatisch gegenüber beiden abgestumpft. Was ist Hölle? Was ist Himmel? Hölle ist, sich seiner Gefühle vollständig bewußt zu sein. Himmel ist, sich seiner Gefühle vollständig bewußt zu sein.«

June brachte ihren Schmerz lange Zeit in ihrem persönlichen Leben und ihrem Schreiben zum Ausdruck:

»Ich glaube, daß Kreativität ihren Ursprung oft in Not hat. Also ist Kreativität die Alchimie, mit der Leiden in Kunst verwandelt wird – zumindest traf es auf mich zu. Das, was ich sagte und schrieb, kam unmittelbar aus meinen Leiderfahrungen. Es war die Quintessenz vieler Tage und Nächte, in denen ich intensiv darüber nachdachte und zu begreifen versuchte, wie das Leben beschaffen ist und wie es verbessert werden kann. Man ist nicht bereit, sich auf eine derartige Suche zu begeben, wenn man blasiert und selbstzufrieden ist.«

June hat in den vergangenen drei Jahrzehnten viele Menschen durch ihre Klarheit, Weisheit und Selbsterkenntnis in ihren Schriften, Vorträgen, ihrer Lehrtätigkeit sowie ihrer Arbeit als Jungianische Analytikerin beeindruckt.

Ganzheitlichkeit und Verbundenheit

Empfindet ein Mensch sich selbst als ein Opfer, das zu schwach und unfähig ist, für sich selbst zu entscheiden, so trennt ihn das von den anderen. Isolation und Entfremdung können nur überwunden werden, indem man wieder am Leben teilnimmt und das Universale des Leidens erkennt. Durch die Interaktion mit anderen und dadurch, daß man ihnen mit Herzenswärme und Mitgefühl zuhört, wird man den eigenen Widerstand gegen die Veränderung überwinden. Aber sich zu verändern erfordert große Anstrengungen. Eine Veränderung zu bejahen ist eine Sache – mutig danach zu handeln eine andere.

June hatte ihre Ausbildung am Jung-Institut einige Monate nach ihrem Mann begonnen; daher war seine Abschlußarbeit schon weit fortgeschritten, ehe sie auch nur eine klare Vorstellung von dem hatte, worüber sie schreiben wollte. Richard sagte ihr, er würde ganz sicher vor ihr fertig sein und sie dürfe nicht erwarten, in Zürich zu bleiben, um ihrerseits zum Abschluß zu kommen. »Ich hatte daran gedacht, über William Blake zu schreiben, und beschlossen, daß ich – ganz gleich was geschehe – zumindest damit beginnen würde. Eines Nachts wachte ich auf, und der ganze Entwurf meiner Arbeit erschien mir wie in einem Traum; ich notierte ihn in groben Zügen auf einen Schreibblock, den ich neben meinem Bett hatte. Am nächsten Morgen sah ich mir das Aufgeschriebene an, und das Merkwürdige war, daß es sehr gut strukturiert war. Es war, als wäre ich – als Teil des Ganzen – mit der Intelligenz des Universums in Berührung gekommen. Ich beendete die Arbeit ungewöhnlich schnell, innerhalb der kurzen, zur Verfügung stehenden Zeit. Sie wurde die Grundlage für mein erstes veröffentlichtes Buch.«

Dieses Befolgen ihres Traumes, um ihre Abschlußarbeit zu schreiben, war ein Schritt in Richtung Ganzheit. June begann, ganz deutlich ihre eigene Stärke, ihre Kraft zur Selbstbestimmung und ihren Unternehmungsgeist zu spüren, und sie wartete nicht mehr darauf, daß sie ihr von Richard zugestanden würden. Außerdem fühlte sie eine Verbindung zu einer Quelle, die jenseits ihrer Ichfunktionen existierte – etwas, das »zu ihr kam«, wie ein Traum es tut.

Manchmal hört sich der Gedanke von der Ganzheit unklar oder abgehoben an, aber Ganzheit bedeutet im Grunde nichts als die Fähigkeit, Dinge in einem größeren Kontext zu sehen – sowohl, was das eigene Innenleben betrifft (das Vertrauen in bewußte und unbewußte Zusammenhänge), als auch die Beziehungen zu anderen, die uns Kraft geben und unterstützen.

June drückt es so aus:

»Ich glaube ganz fest an die Ganzheit. Es ist nicht nur ein Glauben, es ist ein Wissen, daß zwischen Individuen und dem ganzen Universum ein natürlicher Zusammenhang besteht – der unvereinbar mit dem Chaos ist. Unsere Aufgabe ist es, uns selbst und anderen diesen Zusammenhang bewußt zu machen. Ich meine damit nicht, den anderen in herablassender Art und Weise zu helfen, sondern ihnen Möglichkeiten zu zeigen und ihnen die Gelegenheit zu geben, zu erkennen, wie die Dinge sind. Viele Leute werden dem keine Beachtung schenken, es als nicht wichtig erachten, aber es wird immer welche geben, die offen sind und aus der intensiven Beobachtung der natürlichen Ordnung der Dinge lernen.«

Wenn wir diese Verbundenheit anerkennen, können wir aus unserer Isolation herauskommen. Gestehe ich meinen Schmerz ein, kann ich auch Verständnis für den Schmerz anderer aufbringen und mit ihnen fühlen. Gestehe ich meine Abhängigkeit ein – von anderen Menschen und von einer Intelligenz, die größer ist als meine eigene – bin ich dankbar und fühle mich verbunden mit einer mir Geborgenheit spendenden »homebase« – etwas, was mich auch über mein eigenes Ich und meine Ichfunktionen hinaus stützt und trägt. Unser im Westen verbreiteter, felsenfester Glaube an die Seele, den Helden und den Genius des Individuums haben dazu geführt, unsere Abhängigkeit von anderen zu verschleiern.

Im Grunde sind wir jedoch stets von einem ganzen Gefüge von Menschen und anderen Lebewesen und Dingen abhängig. Alle Wesen, angefangen von den Mitgliedern unserer Familie bis hin zu unseren Nachbarn, die unzähligen Tiere, Insekten und Mikroorganismen, ja selbst der unbekannte Mann auf der Straße, der uns den Weg weist, sind Teil unserer Biosphäre. Wenn wir uns diese Verbindungen immer wieder bewußt machen, fällt es uns wahrscheinlich leichter, eine starre, unflexible Auffassung von »mich« und »mein« fallenzulassen. Wir sind nie wirklich allein, und unsere grundlegenden Emotionen und Sehnsüchte werden von anderen Menschen auf der ganzen Welt geteilt. Wir sind weder einzigartig noch isoliert. Wenn wir Schmerz oder Leiden empfinden, weil wir uns von anderen getrennt fühlen, so geschieht dies immer mit der Überzeugung, wir seien unbeteiligt und gehörten nicht dazu.

Das Selbstvertrauen, das einem erwächst, wenn man sich selbst als Teil eines verflochtenen Lebensgefüges empfindet, kann ungeheuer groß sein.

Der Schriftstellerin und Wissenschaftlerin Anne Klein zufolge, die sich jahrelang eingehend mit dem tibetischen Buddhismus beschäftigt hat, wissen die Tibeter – obschon viel ärmer und (nach westlichen Richtlinien) weniger gebildet als wir – nicht, was geringe Selbstachtung ist. Von den Tibetern erzählt sie, daß »sie selten, wenn überhaupt, in dem Sinne allein sind, wie ein Bewohner eines westlichen Staates in seiner Wohnung, der gerade in eine neue Stadt gezogen ist... Ganz gleich, wie isoliert man ist – selbst hoch oben in einer einsamen Berghöhle bleibt man immer ein Teil der Gemeinschaft«.

Als ich ins mittlere Alter kam, brach mein bisheriges Ich, dem entsprechend ich mich schonungslos in jede neue Lebensphase gestürzt hatte – Reisen, Heirat, Kinder, Scheidung, Zusatzausbildung, Wiederverheiratung, größere finanzielle und berufliche Verantwortung – durch die unvermeidlichen Begleiterscheinungen des Alterns zusammen. Zwei chronische Krankheiten zwangen mich, mich zu ändern und gegen die zählebige Fehleinschätzung meiner selbst – meine irrige Überzeugung, ich hätte unbegrenzte körperliche Energien – zu kämpfen. Aufgrund meiner Krankheiten entdeckte ich ein Prinzip, das mir in meiner Arbeit und meinem Leben geholfen hat. Ich nenne es das Prinzip von der »unumschränkten Abhängigkeit« – unserer ständigen Abhängigkeit von anderen.

Ähnlich wie Dan wurde mir meine Abhängigkeit extrem bewußt, als ich wegen meiner Krankheit körperliche und emotionale Hilfe benötigte. Die meisten von uns wehren sich gegen das Wissen von ihrer Abhängigkeit, da sie davon überzeugt sind, es wäre besser, ihr keine Beachtung zu schenken. In einer Psychotherapie ändern sie dann oft ihre Einstellung.

Die meisten Menschen stoßen sich im Laufe einer Therapie ganz stark an dem Prinzip der Abhängigkeit – dann nämlich, wenn sie ihre Abhängigkeit von mir fühlen (oder das, was sie für ihre Abhängigkeit von mir halten). In dieser Art »Abhängigkeitsübertragung«, in der die Menschen merken, daß ihr eigentliches Leben von mir abhängt, spüren sie im Grunde eine gewisse Macht, die ich in meiner Rolle als Therapeutin (entweder aufgrund der Rolle selbst oder aufgrund eines bestimmten Vertrauens, das ein Klient in mich gesetzt hat) verkörpere. Die Abhängigkeitsübertragung kann die erste bewußte Erfahrung mit der Macht einer transzendenten Kohärenz sein – die Überzeugung, daß man einen Sinn und ein Ziel im Leben finden wird. Meiner Einschätzung nach übertragen die Klienten diese Macht auf mich und werden sich dann nach und nach – am Ende der Therapie oder auch erst etwas später – des transzendenten Charakters dieser Macht bewußt.

Wenn wir das Leiden oder den Schmerz eines anderen Menschen lindern, erkennen wir die Verbindung zu dieser transzendenten Kohärenz an. Deshalb ist Mitgefühl, das Mit–Leiden, auch so wirkungsvoll: Es ist ein Erleben unserer Verbindung mit anderen und mit dem Universum.

Ein paar Jahre nach seinem Unfall lernte Dan Gottlieb, einen speziell angefertigten Lieferwagen für Rollstuhlfahrer zu lenken; er ist sein »Zaubermobil«, das ihm die Freiheit und das Gefühl vermittelt, ein richtiger Mann zu sein:

»Als ich anfing, damit zu fahren, hatte ich Schwierigkeiten, meine Straßenbenutzungsgebühr zu bezahlen. Ich war unbeholfen und ließ das 25-Cent-Stück immer fallen. Damals war ich noch sehr gehemmt und kämpfte darum, unabhängig zu sein. Ich fuhr über eine Mautbrücke von New Jersey und quälte mich damit ab, die Münze in das vorgesehene Gefäß zu bekommen, ängstlich darauf gefaßt, daß alle Leute hinter mir gleich anfangen würden zu hupen. Ein Gebühreneinnehmer sah mich und kam zu mir herüber. ›Kann ich Ihnen helfen?‹ fragte er. ›Nein, es ist alles in Ordnung‹, erwiderte ich. Meine Botschaft lautete: Ich komme zurecht, lassen Sie mich in Ruhe.

Schließlich gelang es mir, meine Hand auszustrecken; ich warf die Münze und verfehlte das Gefäß. Sie fiel auf die Straße, und ich fühlte mich wie ein Versager. Also sagte ich zu ihm: ›Jetzt brauche ich doch Ihre Hilfe.‹ Er sagte: ›Aber gerne‹, und hob die Hand an seinen Hut, um ihn zu lüften – doch er hatte gar keine Hand. Wir lächelten uns an. Wir wußten Bescheid. Wir wußten, was es heißt, anders zu sein und zu leiden. Und allein zu sein. Und genau das zeige ich anderen, darauf will ich sie aufmerksam machen.«

Wenn wir unseren Schmerz eingestehen und das Leiden anderer lindern, beginnen wir, unsere Abhängigkeit zu fühlen und zu sehen. Haben wir Interesse an der Welt der anderen, so entdecken wir durch Schmerz und Leiden einen schöpferischen Dialog; und dies ermöglicht uns, unsere Isolation und unser Beharren auf das unabhängige Ich aufzugeben.

Wenn das Mitgefühl in unserer Entwicklung – entweder zeitweilig oder ständig – unterdrückt und verdrängt wird, kann es passieren, daß wir uns in negative Emotionen verstricken und nur noch auf Selbstschutz aus sind. Ich persönlich nenne Verzweiflung, Groll, Neid und Selbstmitleid die »apokalyptischen Emotionen« des Selbstschutzes. Sie sind Zeichen dafür, daß keine Möglichkeit besteht, Kohärenz und Sinn wahrzunehmen. Um das zu können, müssen wir eine gewisse Selbstüberhebung – die daher rührt, daß wir uns in unserer Großartigkeit oder Opferhaltung als etwas ganz Besonderes sehen – ablegen. Die apokalyptischen Emotionen – Verzweiflung, Groll, Neid und Selbstmitleid – verhindern die Erkenntnis, wie wichtig Mitgefühl ist, und erhöhen unsere Aufgeblasenheit.

Verzweiflung ist der Verlust von Hoffnung, Zuversicht und Selbstvertrauen. In ihrer extremsten Form kommt sie manchmal durch Selbstmord zum Ausdruck. Anstatt ein altes Ich »sterben zu lassen«, entscheidet sich ein Mensch im wörtlichen Sinne dafür, die offensichtliche Notwendigkeit zur Veränderung auszulöschen: das Leben selbst. Zu den weniger dramatischen Formen der Verzweiflung gehören innerer Rückzug und Verweigerung oder das Richten von Aggression gegen sich selbst sowie ein Verhalten, demzufolge einem nichts mehr etwas bedeutet. Andere Personen werden dann mit Abneigung oder Geringschätzung betrachtet, und jede Verbindung zu den Menschen ist zerbrochen.

Groll ist Bitterkeit, die daher kommt, daß man über einen längeren Zeitraum hinweg verletzt wurde. Ein Gefühl von Verletztheit und Verachtung tritt an die Stelle des Wunsches, sich mit anderen zu verbinden und sich entweder helfen zu lassen oder an den Verletzungen anderer Anteil zu nehmen. Groll macht Liebe und Beistand unmöglich, macht unmöglich, daß jemand Unterstützung akzeptiert, da der grollende Mensch stets das Gefühl hat, was immer ihm geboten würde, sei »nicht genug«, um seine inneren Wunden zu lindern. Meine Klientin, von der ich an früherer Stelle sprach (deren Mutter kurz nach ihrer Geburt gestorben war), war zu Beginn ihrer Therapie von Groll erfüllt. Nichts, was Familie und Freunde ihr boten, konnte ihren Schmerz lindern. Anstatt Vertrauen in Beziehungen zu setzen, fühlte sie nur noch Bitterkeit über ihre seelische Verletzung. Groll geht oft Hand in Hand mit Neid.

Neid ist eine Form von Haß, der auf dem Gefühl beruht, es mangele einem an Talenten oder Dingen, die man sich wünscht oder braucht. Es ist der Wunsch, die Möglichkeiten eines anderen Menschen zu zerstören, weil man sich nicht vorstellen kann, sie je selbst zu besitzen. Ein neidischer Mensch fühlt sich unfähig, irgendwann einmal selbst über derartige Gaben zu verfügen – also Gesundheit oder ein attraktives Äußeres –, und glaubt deshalb, der einzige Weg, das Ungleichgewicht auszugleichen, bestehe darin, die beneidete(n) Person(en) herabzusetzen oder zu vernichten. Wenn ich jemanden wegen seiner Attraktivität oder wegen seines Geldes beneide, hasse ich ihn für etwas, das im Besitz dieses Menschen ist und das ich, wie ich meine, selbst nicht haben kann. Und möglicherweise verbringe ich eine Menge Zeit damit, den Menschen schlechtzumachen und seine Stärken – insbesondere die, um die ich ihn beneide – zu verunglimpfen. Manche Menschen gehen in ihrem Neid so weit, daß sie zu Mördern werden; wenn sie das, was sie begehren, nicht besitzen können, müssen sie die Möglichkeit ausschalten, daß ein anderer es besitzt. Während Neid eine gefährliche Emotion ist, die immer auch eine zerstörerische Wirkung auf andere hat, ist Selbstmitleid eine, die zu einem starken Hindernis für die eigene Entwicklung werden kann.

Selbstmitleid ist eine Entartung von Mitgefühl – für sich selbst. Tut man sich leid, so konzentriert man seine Aufmerksamkeit auf das, was einen schmerzt und was einem fehlt. Dies erzeugt Leiden und eine negative Einstellung. Dan Gottlieb tat sich selbst furchtbar leid, als ihm bewußt wurde, daß er nie wieder tanzen, Golf spielen, spazierengehen, schnell laufen und viele andere Dinge würde tun können, die für den alten Dan selbstverständlich gewesen waren. Erst als er sich von ihm löste, begann er die Möglichkeiten zu erkennen, die der neue Dan, der Tetraplegiker, jetzt zu seiner Verfügung hatte. Selbstmitleid korrumpiert unsere Gefühle der Selbsterkenntnis, und wir verfangen uns in unser eigenes Leiden wie eine Fliege in einem Spinnennetz. Um da herauszukommen, müssen wir begreifen, daß wir nur dann, wenn wir die Erwartungen und Wünsche unseres alten Ich aufgeben, etwas Neues entdecken.

Diese vier apokalyptischen Emotionen des Selbstschutzes können zu nichts Positivem führen. Sie verleiten uns zu egozentrischen Grübeleien und hindern uns daran, den Sinn unseres Schmerzes und Leidens zu sehen. Und doch sind sie auch zu etwas gut: Denn oft suchen Menschen psychotherapeutische – oder ähnliche – Hilfe, wenn sie merken, daß sie in solchen Emotionen gefangen sind. Sie merken, daß die normale Unterstützung, die Freunde zum Beispiel bieten, nicht mehr ausreicht. Sie haben sich zu sehr abgekapselt. Vielleicht könnten wir sagen, daß die wichtige Funktion dieser negativen Emotionen darin besteht, uns in dieser Hölle aufzurütteln und uns zu helfen, in den Spiegel zu schauen, damit wir sehen, wer uns so viele Probleme bereitet.

Wenn wir hingegen Leiden lindern – besonders das Gefühl, isoliert und unvollkommen zu sein – können wir Schmerz ertragen. Mit Schmerz an sich – auch wenn er viel Energie erfordert – kann man leben, und er hat oft eine verwandelnde Wirkung. Wenn June Singer über ihre eigene Entwicklung im Leben spricht, sieht sie, daß ihr Ziel aus den Erkenntnissen, die sie durch Schmerz und Leiden gewann, erwachsen ist. »Ich hatte immer das Gefühl, daß es nicht genügt, etwas zu sehen und für sich selbst zu verstehen. Das kann einen persönlichen Wert haben, aber man erkennt bald, daß der Wert zunimmt, wenn man das neugefundene Wissen mit anderen Menschen teilt. Bevor das nicht geschehen ist, hat man ihm die größte Chance hinsichtlich seiner Bedeutung noch nicht gegeben. Ich war den Menschen, die mir ihre Anteilnahme zeigten und mich berieten, ohne etwas dafür zu verlangen, tief dankbar. Heute sehe ich mein Ziel darin, dazusein, um anderen Kraft zu spenden, nicht unbedingt in einem ganz direkten Sinne, sondern um die Voraussetzungen für ihre innere Entwicklung zu fördern, indem ich den ›Samen‹ tief in die Erde einpflanze.«

Da wir als Menschen imstande sind, ein hohes Maß an Bewußtsein zu entwickeln, haben wir die Fähigkeit, unsere Existenz grundlegend zu ändern, zu gestalten und zu prägen. Mehr als andere Lebewesen haben wir die Möglichkeit zu wählen – wie wir leben, wie wir uns selbst und andere sehen und was wir als sinnvoll erachten. Wenn wir unseren Schmerz als sinnvoll begreifen, wenn wir andere Menschen darin einbeziehen und uns selbst als veränderlich und abhängig sehen, und wenn wir mitfühlend die Hand ausstrecken, dann erreichen wir unweigerlich eine Kohärenz von innerem und äußerem Leben: die Ganzheit.

Das Ich zu wandeln, sich von ihm zu lösen und eine ganzheitliche neue Identität zu verkörpern, bedeutet, sich ein Ich zu eigen zu machen, von dem man weiß, daß es nicht unentbehrlich ist – eines, das sich im Laufe der Zeit nolens volens verwandelt. Wir leiden, wenn wir uns an *ein* Ich klammern oder fordern, daß unser Leben in ganz speziellen Bahnen verlaufen sollte. Eine Krise, ein großer Schmerz oder die Konfrontation mit dem Tod kann uns aus unseren gewöhnlichen Einstellungen reißen und es notwendig machen, daß wir uns ändern. Darin besteht eine paradoxe Verwandtschaft zwischen Tod und Leben: Um ganz am Leben teilzuhaben, müssen wir viele Male sterben.

FÜNFTES KAPITEL

Eine Ethik des Leidens

Es sollte einmal ganz klar gesagt werden, daß Buddha
nicht der Meinung war, alles, was einem Menschen zustoße,
sei karmisch bedingt. Er nannte eine solche Überzeugung
»karmischen Determinismus« und sprach sich energisch
dagegen aus ... Das Gesetz des Karma war für ihn nur
ein Gesetz der Natur.[1]
Dharmasiri, 1989

Nicht alles, was uns zustößt, haben wir selbst verursacht, und nicht für alles sind wir verantwortlich. In einem langen und schwierigen Lernprozeß erkennen wir die Grenzen und Bereiche unserer Verantwortung, sehen wir, wie wir in der Interaktion mit anderen und unserem Umfeld unser Leben ändern können – oder auch nicht. Aber wir haben die Aufgabe, unser eigenes Leiden und das anderer Menschen zu lindern, indem wir mit der Zeit begreifen, wie und warum wir unseren Schwierigkeiten selbst den Boden bereiten und negative Reaktionen von anderen geradezu heraufbeschwören.

Joanna Macy hat sich schon oft gegen gewisse »spirituelle Tendenzen« ausgesprochen – insbesondere bei Leuten, die sich von östlichen Religionen oder der New-Age-Philosophie angezogen fühlen –, die auf einem solipsistischen Denken beruhen, wonach absolut alles seinen Ursprung in den eigenen Gefühlen, Reaktionen und Handlungen hat. Sie betont, daß wir unsere Welt nicht von uns aus erschaffen. Obwohl unsere subjektiven Gedanken sich zu substantiellen Handlungen und Formen entwickeln können, gibt es auch eine »Welt jenseits unserer Reichweite«, eine Welt, über die wir auf der persönlichen Ebene nur begrenzte

Kontrolle haben. Wir würden ganz sicher in die Falle unseres eigenen Größenwahns gehen, wenn wir glaubten, jeder könne sein Schicksal beherrschen oder sich selbst vor Katastrophen schützen, indem er bestimmte Werte vertritt, einen speziellen Lebensstil führt, meditiert, bewußt Gutes tut und ähnliche Dinge.

Aber wo ist die Grenze zwischen unserer Subjektivität – unseren Gedanken, Gefühlen, Wahrnehmungen und Handlungen – und jener Welt, die so fundamental anders ist? Vom Blickwinkel der buddhistischen Philosophie aus betrachtet, entzieht sich die Unterscheidung zwischen unserem eigenen Willen und unseren Einstellungen und dem, was wir als »natürliche Prozesse« bezeichnen könnten – wie Altern und Sterben –, unserer unmittelbaren Kontrolle. Jung drückt sich in ähnlicher Weise aus, wenn er vom Unterschied zwischen Neurose und echtem Leiden spricht[2]. Eine Neurose entsteht daraus, daß wir ständig unzufrieden sind und uns auf kindische Weise beklagen. Echtes Leiden entzieht sich unserer Kontrolle. Es gehört zu urmenschlichen Erfahrungen wie Geburt, Entwicklung, Verfall und Tod – und alle damit verbundenen Verluste und schmerzlichen Erlebnisse.

Der Psychoanalytiker Roy Schafer[3] sieht das Ziel der analytischen Psychotherapie in der Erkenntnis der Grenze zwischen persönlicher Verantwortung und jenen Ereignissen, über die wir als Erwachsene oder als Kinder wenig oder gar keine Kontrolle haben oder hatten. Auf der einen Seite entdeckt ein Klient, wie er die Gefühlswelt stets in »gut« und »schlecht« aufgeteilt und sich selbst mit einer Seite identifiziert hat, während er die andere Seite auf Menschen oder Umstände projizierte. Ebenfalls sieht der Klient, wie er es eingerichtet hat, daß sein Leben aus einer Folge von sexuellen, gesellschaftlichen, beruflichen und finanziellen Mißerfolgen oder Traumata bestand. Hierbei handelt es sich um Dinge des persönlichen Lebens und um subjektive Reaktionen. Im Laufe der Behandlung übernimmt der Klient dann zunehmend die Verantwortung für seine Handlungen, Gedanken und Wünsche, die bei der Erschaffung seiner Gefühlswelt eine Rolle spielen.

Auf der anderen Seite sieht der Klient allmählich aber auch, daß er sich bislang – unsinnigerweise – für glückliche oder unglückliche »Vorfälle« verantwortlich fühlte. Und er lernt, wie Schafer es ausdrückt, sie von Handlungen zu unterscheiden, die der Kontrolle eines Menschen unterliegen. »Vorfälle« können schwerwiegende Krankheiten oder körperliche Gebrechen, Unfälle, Vernachlässigung oder Mißhandlung durch die Eltern, denen man als Kind ausgesetzt war, sowie Todesfälle oder Verluste sein; doch zählen auch besondere Vorzüge, Privilegien und günstige Verhältnisse dazu, in die jemand hineingeboren wurde.

Alle Kinder kommen sich mächtiger vor als sie in Wirklichkeit sind; auf ihre egozentrische Art und Weise haben sie ein starkes Gefühl für Kontrolle und glauben, nur sie allein seien die Ursache für Freude und Leid ihrer Eltern. Im Laufe unserer Entwicklung zum Erwachsenen erlangen wir die Fähigkeit, unsere Erfahrungen abstrakt zu sehen und kausale Verbindungen von unseren Gedanken, Gefühlen und Absichten zu unseren Handlungen – und von dort zu den Konsequenzen – zu ziehen. Wir können auf die Kindheit zurückschauen und sehen, daß das »magische Denken« irrig ist: der Glaube, wir würden andere Menschen ganz direkt durch unsere Wünsche und Phantasien beeinflussen (beispielsweise indem wir ihren Erfolg oder Mißerfolg verursachen) oder auf unsere unmittelbare Umwelt einwirken (indem wir ein bestimmtes Wetter herbeiführen oder »Unfälle« geschehen lassen). Auf der anderen Seite sehen wir, daß nicht andere Menschen uns dazu bringen, bestimmte Gefühle oder Erfahrungen zu haben, sondern daß wir sie selbst erzeugen.

Wenn wir das Erwachsenenalter erreicht haben, besitzen wir alle die Fähigkeit, den Prozeß von Ursache und Wirkung an uns selbst zu beobachten; doch viele Menschen nutzen diese Denkfähigkeit nicht, um zu erkennen, daß sie viele ihrer Lebensumstände selbst erzeugen. Statt dessen bleiben sie unbewußten Impulsen, Gefühlsregungen und Bildern verhaftet, die als psychologische Komplexe ausagiert werden. Viele von uns wissen nicht, wie man für sein Innenleben Verantwortung übernimmt, und so fühlen sie sich von ihren Kindheitskomplexen getrieben und schwanken zwischen der Rolle des Opfers und der des Angreifers hin und her. Und doch hat jeder Mensch die Fähigkeit, dies zu ändern. Das Wissen um unser subjektives Leben befreit uns von unserer Fessel an unsere Impulse und erlaubt uns, unser Bewußtsein und unser Mitgefühl in Bahnen zu lenken, die unser Leiden und das anderer Menschen lindert.

Eine Frau im mittleren Alter, geschieden mit zwei halbwüchsigen Kindern, meldet sich zu ihrer ersten psychotherapeutischen Sitzung an, weil sie sich »deprimiert und überfordert« fühlt, »unfähig, den Sinn meines Lebens zu sehen«. Sie klagt darüber, daß ihre Kinder ihr nicht genug Respekt erweisen, klagt über ihre eigene Unfähigkeit, ihrem Job und ihren finanziellen Verpflichtungen gerecht zu werden (sie fühlt sich häufig überarbeitet und dazu unterbezahlt) und über die fehlende Bereitschaft ihres geschiedenen Mannes, die Verantwortung für die Betreuung der Kinder und deren Unterhalt zu übernehmen. Sie hat zudem einige chronische körperliche Beschwerden: das prämenstruelle Syndrom (ihren »prämenstruellen Lebensverleider«, wie sie es nennt), eine Neigung, zu viel zu essen, und gelegentliche migräneartige Kopfschmerzen. Sie bewohnt mit ihrem dreizehnjährigen Sohn und der sechzehnjährigen Tochter die eine Seite eines Zweifamilienhauses in einem Vorort nahe Philadelphia. Beide Kinder haben soziale und emotionale Probleme in der Schule, aber sie macht sich mehr Gedanken über ihren Sohn, der sich ihr gegenüber häufig ablehnend verhält und sie kritisiert.

Zuerst beschreibt sie sich und ihre Situation, indem sie erklärt, was »Teile von ihr« gerne tun möchten: »Ein Teil von mir möchte einfach weglaufen, einfach all die Mühsal und diesen ganzen Mist meinem Ex-Mann überlassen, doch ein anderer Teil – ich nehme an, es ist der kindliche Teil in mir – möchte einfach jemanden, der mich einmal richtig in die Arme nimmt, damit ich mich ausweinen kann« und so weiter. Ein Teil von ihr erkennt, daß sie als Mutter Verpflichtungen hat, ein Teil von ihr will einen neuen Partner finden, um sich an ihn anzulehnen, und ein Teil von ihr ist stolz, daß sie es nun seit drei Jahren allein geschafft hat, ohne vollständig zusammenzubrechen. Keiner dieser Teile hat das Steuer in der Hand, und sie fühlt sich in ihrem täglichen Umgang mit anderen Menschen passiv und niedergeschlagen. Sie glaubt, daß es »irgendwo« noch ein bessers Leben geben müsse, aber sie weiß nicht, wie sie es erreichen kann.

Wenn sie die Gründe für ihre gegenwärtigen Schwierigkeiten schildert, erzählt sie Geschichten über die Depressionen ihrer Mutter, die sich oft innerlich zurückzog, über ihren Vater, einen Handlungsreisenden, der »viel trank und sich wahrscheinlich mit anderen Frauen herumtrieb«, über ihren beruflich erfolgreichen, geschiedenen Mann, der seinen Kindern nie sehr nahestand, und über ihren herzlosen Chef, für den sie als Buchhalterin arbeitet. Sich selbst bezieht sie nur am Rande in ihre unselige Geschichte ein – indem sie von ihren »Problemen mit geringer Selbstachtung« und einer »Neigung, den Bedürfnissen anderer Menschen nachzukommen und meine eigenen nicht zu beachten« spricht.

Nennen wir sie »Marge« und denken wir einen Augenblick lang über ihren Schmerz und ihr Leiden nach. Ganz ohne Zweifel sind die Belastungen und die ungerechte Härte ihrer Situation als alleinerziehende Mutter gravierend. Wahrscheinlich stehen einige ihrer gesundheitlichen und psychologischen Probleme in direkter Verbindung mit ihrem überlasteten Immunsystem und den Konflikten, die sie mit ihren beiden, sie häufig ablehnenden und kritisierenden Kindern hat, wobei sie auf keinerlei Unterstützung seitens der Gemeinde oder ihrer Familie zählen kann. Aber die Hauptthemen von Marges Leiden – Depression und Ängste – haben ihren Ursprung in Erwartungen und Idealen darüber, wie das Leben sein sollte.

Sie schaut zurück auf ihre Ehe mit »George«. Obwohl die Hauptsache in seinem Leben die Bewunderung und die Leistungen, die mit seiner Anwaltstätigkeit in einem renommierten Unternehmen zusammenhingen, gewesen zu sein schienen, hatte er doch auch Marge viele Annehmlichkeiten und Privilegien verschafft. Sie war gewohnt, in einem geräumigen Vorstadthaus, umgeben von einem gepflegten Garten, zu leben. Sie hatte ihre eigene Teilzeitarbeit gern gemacht, die sie gut mit der Hausarbeit verbinden konnte. In Marges Vorstellung darüber, wie ihr Erwachsenenleben einmal aussehen würde, gab es immer das »Bild von mir in einem geschmackvoll eingerichteten Haus mit zwei wunderbaren Kindern«. Marge hatte sich nie vorgestellt, sie würde einmal ganztags arbeiten, in einem Mietshaus mit zwei Teenagern leben – zu alledem noch geschieden und ohne daß ein Partner in Sicht wäre.

Doch George hatte nicht in ihr Bild von einer glücklichen, harmonischen Familie gepaßt. Er war immer mehr von seiner Arbeit in Anspruch genommen gewesen, und sie hatte seinen Rückzug von der Familie als Kälte und Mangel an Zuneigung empfunden. Sie war wütend und aggressiv gewesen und hatte ihn beschuldigt, ein »Workaholic« zu sein und für vieles die Schuld zu haben, was in der Familie schiefging. Nun, da ihre Ehe nicht mehr bestand, konnte Marge sich »kein neues Bild« davon machen, wie ihr Leben aussehen sollte. Sie war erschöpft, ängstlich, zornig und betrübt darüber, daß ihre Erwartungen, die sie an sich selbst und an ihr Leben gehabt hatte, nicht erfüllt wurden. Ihre Kinder schienen »eine Enttäuschung« zu sein, und ihr Job wurde »immer anstrengender bei weniger Selbständigkeit«.

Schenkte ich lediglich Marges Worten Aufmerksamkeit, würde mich Mutlosigkeit überkommen. Ich würde mich von ihrer Depression anstecken lassen und glauben, sie wäre im Grunde kein Fall für eine Psychotherapie, da ihre Probleme sie in vielen Bereichen tatsächlich überfordern. Vielleicht würde ich ihr raten, erst einmal Antidepressiva zu nehmen, ehe sie es mit einer Psychotherapie versuchen sollte. Ich käme leicht in Versuchung, insgeheim das von ihr gezeichnete Selbstporträt zu übernehmen, in dem sie sich als Opfer darstellte, unfähig, an ihrem chaotischen, wenig befriedigenden Leben etwas zu ändern. Marge beschrieb sich selbst als eine Person, die in vielerlei Hinsicht von anderen Menschen beherrscht wurde. Als sie die verschiedenen Teile ihrer selbst aufzählte, konnte ich ihr Gefühl von Lähmung richtiggehend spüren, denn ein »Teil« kann nicht handeln. Er kann nur beobachten und reagieren.

Anstatt einfach nur ihrer Schilderung zu lauschen, richtete ich mein Augenmerk jedoch auf die Lebensbedingungen, unter denen Marge litt, da sie sie mit den Bildern verglich, die sie sich von ihrer eigenen Welt gemacht hatte. Ich konnte sehen, wie groß die Gefahr war, daß diese Bilder problematische und wenig hilfreiche Reaktionen bei anderen Menschen auslösten.

Indem Marge sich als Opfer hinstellte, irritierte und verärgerte sie wahrscheinlich ihre Kinder, die von ihr erwarteten, daß sie die Verantwortung für ihr eigenes Leben übernahm. Schließlich war Marge eine erwachsene Frau, sie hingegen waren Kinder. Ihren Freunden und Arbeitskollegen tat Marge vermutlich leid; gut möglich, daß sie sie dazu ermunterten, mehr Selbstvertrauen zu entwickeln und ihren Stärken größere Beachtung zu schenken – Dinge, die Marge nie kultiviert, sondern anderen überlassen hatte. Marge fühlte sich nie gut genug, als daß sie ihre eigenen Fähigkeiten wirklich geltend gemacht hätte.

Wahrscheinlich reagierte ihr geschiedener Mann auf ihre Klagen mit innerem Rückzug und Ausweichmanövern; er versuchte, seine eigenen Scham- und Schuldgefühle, die sie in ihm weckte, abzublocken. Es fiel ihm schwer, sich mit ihr zu treffen, um über die Belange der Kinder zu sprechen.

Marges Chef, der ihr zu helfen versuchte, indem er sie – um ihr Einkommen zu erhöhen – mit zusätzlichen Aufgaben bedachte, war wahrscheinlich peinlich berührt, wenn Marge ihm gegenüber klagte, er bürde ihr zuviel Arbeit auf, denn sie hatte ihm wiederholt gesagt, sie sei gezwungen, mehr Geld zu verdienen.

Marge rief ständig Bilder von sich hervor, in denen sie etwas nicht hatte oder selbst nicht »genügte«: Sie hatte nicht genug Zeit oder Geld. Sie bekam nicht genug Achtung oder Unterstützung. Ihre Leistungen und Talente waren nicht gut genug und so weiter. Ihr altes Ich – das einer privilegierten, gepflegten Hausfrau – mußte aufgelöst werden, aber Marge konnte sich nicht davon trennen. Sie war nahe daran gewesen, ihr »ideales Leben« zu führen, und das einzige Problem dabei war George gewesen: Er war nicht häuslich genug. Doch als sie »ihn losgeworden war«, verwandelte sich das ganze Bild.

In tausenden Stunden, in denen ich Jungianische Analyse und Psychotherapie praktizierte, und in den unzähligen Stunden, die ich mit Gesprächstherapie für Paare zubrachte, hatte ich reichlich Gelegenheit, die Kämpfe zu beobachten, die es kostet, bis man selbst Verantwortung für das eigene Leben zu übernehmen bereit ist. Der wesentliche Faktor dabei ist, zu erkennen, daß wir viele unserer eigenen Probleme selbst erzeugen.

Buddha nannte dies das Karma – ein natürliches Prinzip von Ursache und Wirkung. Die Theorie des Karma im Buddhismus unterscheidet sich deutlich von der Vorherbestimmung, die mehr zum Hinduismus gehört. Buddha betonte, daß das Prinzip von Ursache und Wirkung nicht vorherbestimmt ist, sondern eher ein fließender Prozeß der fortwährenden Neuschöpfung. Mit jedem Ereignis, mit jedem Augenblick der Überlegung können wir unser Leben und unser Schicksal ändern. Unser Leiden ist – wie wir wiederholt gesehen haben – weitgehend das Ergebnis unserer eigenen Erwartungen und Ideale, bei denen wir an einem speziellen Bild oder Resultat festhalten. Selbst wenn wir gegenwärtig in einem Gesamtgefüge schwieriger Lebensumstände gefangen sind – wie Marge –, können wir zu einer neuen Sicht der Dinge, zu einer Möglichkeit finden, unser Leiden zu verringern.

Die widerstandsfähigen Menschen haben uns ganz klar gezeigt, daß Sinngebung etwas ist, das in jedem Kontext neu geschaffen wird; sie ist nicht vorbestimmt. Als die kleine Shibvon vom Freund ihrer Mutter sexuell mißbraucht wurde[4], sah sie sich selbst in der Rolle der Ältesten, die ihren Geschwistern half, indem sie die Aufmerksamkeit des Vergewaltigers auf sich lenkte. Als Dan Gottlieb in der an seinem Schädel festgeschraubten Haloweste unter Schmerzen und Demütigung litt, wurde ihm bewußt, wie sein Leid ihn anderen gegenüber offen machte, und daß von nun an das Ziel seines Lebens darin bestehen würde, andere etwas über Entfremdung zu lehren. Weder Shibvon noch Dan konnten viel an ihren Lebensumständen ändern, aber sie konnten ihre Einstellungen ändern und einen Sinn finden, der ihren Schmerz in Mitgefühl und Hilfe am Nächsten verwandelte. Das ist der Unterschied zwischen Himmel und Hölle – wir erkennen, daß unsere eigenen Reaktionen und unsere Einstellungen die machtvollen Objektive der Wirklichkeit sind, durch die wir andere beeinflussen und ihre Reaktionen heraufbeschwören.

Ähnlich wie die heutigen Psychoanalytiker hob Buddha nicht nur die Folgen des Handelns hervor, sondern auch die Folgen unserer Motivationen. Buddha gebrauchte den Begriff Karma ausdrücklich in bezug auf den Willensakt, die Absicht oder das Motiv, das hinter einer Handlung steht. Er meinte, daß die Motivation hinter einer Handlung das karmische Resultat bestimme. »Jeder Absicht, die wir im Sinn haben, ist eine Energie eigen, die machtvoll genug ist, um bestimmte Folgen zu verursachen«.[5] Wenn wir über Marges Situation nachdenken, sehen wir, daß sie unbewußt negative Folgen verursacht, da sie sich – ungewollt – als Opfer hinstellt und glaubt, sie habe nicht *genug* von diesem oder jenem, um voll am Leben teilzuhaben.

Marge erzeugte in der Therapie (durch ihre Übertragung und meine Reaktionen darauf) immer wieder eine Situation, in der sie das Gefühl hatte, ich wäre niemals imstande, ihren Bedürfnissen zu entsprechen. Oft bat sie mich, den Termin ihrer Sitzung zu ändern, ihr einen besonderen Gefallen zu erweisen – mein Honorar für sie zu senken oder ihr Bücher zu leihen –, oder sie rief mich außerhalb ihrer Termine an, um über irgendwelche, eher belanglose Angelegenheiten zu sprechen. Wenn ich mich weigerte, ablehnte oder auch nur zögerte, fühlte sie sich abgelehnt und übergangen. Wenn ich ihrem Wunsch nachkam, zeigte sie sich nicht etwa besonders dankbar, sondern nahm meine Großzügigkeit als selbstverständlich hin, da ihre Notlage in ihren Augen so furchtbar erdrückend war. Wenn ich es ablehnte, ihr einen bestimmten Gefallen zu tun, sagte sie stets: »Sie sind wie mein Vater und mein Ex-Mann; Sie haben immer einen Grund, weswegen Sie mir meine Bitte nicht erfüllen können.« Und dann zog sie sich von mir zurück und drohte, die Therapie abzubrechen. Im wesentlichen weigerte sie sich ständig, sich die Dinge zunutze zu machen, die ihr zur Verfügung standen.

Marges Verantwortlichkeit lag in ihrem unbewußten Streben, sich gegenüber anderen als Person darzustellen, deren Leben unter dem Motto »nicht genug« stand. Unbewußt identifizierte sie sich mit ihrer depressiven Mutter, die ein Drama aus Märtyrertum und Selbstmitleid gespielt hatte, das Marge in ihrer Kindheit stark beeinflußt hatte.

Obwohl Marge sich als Kind oft über die Passivität und die negative Einstellung ihrer Mutter geärgert hatte, agierte sie als Erwachsene unbewußt einen negativen Mutterkomplex aus. Marge erzeugte in vieler Hinsicht das Leben ihrer Mutter wieder und löste bei George und anderen (zum Beispiel ihrer Therapeutin) eine negative emotionale Reaktion aus: den Wunsch, vor Marges Bedürfnissen zu fliehen. Wenn Marge das »nicht genug«-Drama spielte, war sie außerstande, das, was ihr zugänglich war, als wertvoll anzuerkennen. Statt dessen fühlten sich alle, die um sie herum waren, »unsichtbar« und »nicht wahrgenommen« – so wie Marge sich als Kind von ihrer Mutter nicht »wahrgenommen« fühlte.

In Marges negativer Übertragung auf mich als Vater/Ehemann, der nicht einmal ihre »einfachsten Bedürfnisse« befriedigen konnte, wurde ihr allmählich die Bedeutung ihres Karmas, ihrer Handlungen und Einstellungen, bewußt, die sie im »nicht genug«-Drama erzeugt hatte.

Die transzendente Funktion

Nur wir selbst können uns vor unseren eigenen unbewußten Tendenzen bewahren. Wenn wir wissen, daß unsere Komplexe in uns entstehen und uns nicht von anderen oder der Außenwelt aufgezwungen werden, können wir mit dem Versuch beginnen, uns ihrem Einfluß zu entziehen, indem wir unser Denken ändern. Und wenn wir dann in den Spiegel der Selbsterkenntnis schauen, sehen wir uns nicht mehr als passive Opfer von Dingen, die »uns geschehen«. Dies ähnelt der buddhistischen Vorstellung, derzufolge man sich selbst als die Quelle und Ursache einer »Höllenexistenz« begreift. Obwohl die Hand, die den Spiegel hält, in Wirklichkeit die eigene ist, kann es so scheinen, als wäre sie die Hand eines Therapeuten, Partners oder Kindes.

Wenn man sich selbst als Urheber seines eigenen Leidens sieht, braucht man nicht länger zu sagen: »Mein Geist spielt mir einen Streich« oder »Mein Ärger hat sich Luft gemacht« oder »Nur die Tatsache, daß ich eine Frau bin, hat mein Leben ruiniert« – passive Klagen darüber, daß man angeblich keine Verantwortung trägt oder keine Gelegenheit zur Veränderung hat. Statt dessen sagt man: »Von Zeit zu Zeit bin ich ein wenig durcheinander« oder »Ich war ärgerlich und daher auf Rache aus« oder »Das Problem war meine eigene Einstellung gegenüber meiner Sexualität und meinem Geschlecht«. Aktiv am eigenen Leben teilnehmen bedeutet, wirklich zu spüren, wieviel Macht man mit seiner eigenen Einstellung oder einem Standpunkt hat.

Übernehmen wir bewußt die Verantwortung für die Mitschuld an unserem eigenen Leiden, so finden wir auch Zugang zu unserem Innenleben. Wir sehen, auf welche Weise wir den Dingen, die uns zustoßen, unsere Vermutungen und Deutungen (die sowohl großartig als auch beängstigend sein können) aufzwingen, und ebenso verfahren wir mit den Dingen, die wir tun und die uns geschehen. Widerstehen wir unseren Neigungen, unsere Komplexe zu rechtfertigen, so entwickeln wir eine Fähigkeit, die Jung »transzendente Funktion«[6] nannte. Es ist das Vermögen, Spannungen auszuhalten und abzuwarten, daß sich der Sinn ergibt, und nicht verfrüht zu entscheiden, ob eine Lage »gut« oder »schlecht« ist.

Eine alte chinesische Geschichte, die Roschi Philip Kapleau häufig zitiert, veranschaulicht diese Fähigkeit gut:

Einem Bauern lief eines Tages sein Pferd davon. Sein Nachbar kam zu ihm herüber, um ihn zu trösten, und sagte: »Wie schrecklich, wie schrecklich.« Der Bauer antwortete: »Vielleicht.« Am nächsten Tag kehrte das Pferd zurück und brachte sieben wilde Pferde in seinem Gefolge mit. »Hast du aber ein Glück!« riefen seine Nachbarn. »Vielleicht«, antwortete der Mann. Tags darauf versuchte der Sohn des Bauern auf einem der neuen Pferde zu reiten, wurde dabei abgeworfen und brach sich ein Bein. »Wie entsetzlich!« riefen seine Nachbarn. »Vielleicht«, lautete der Kommentar des Bauern. Am nächsten Tag kamen Soldaten, um die jungen Männer des Dorfes zum Wehrdienst einzuberufen, den Sohn des Bauern aber nahmen sie nicht, da sein Bein gebrochen war. »Wie wunderbar für dich!« sagten die Nachbarn. »Vielleicht«, sagte der Bauer.

Sinn und Bedeutung erschließen sich einem erst mit der Zeit; nicht durch die Ereignisse selbst, sondern durch die Folgen und unsere Sichtweise, mit der wir diese als zweckmäßig und erfüllend oder als nichtssagend und betrüblich interpretieren. Vom Blickwinkel der transzendenten Funktion aus kann man nicht sagen, die Tatsache, daß Dan sich den Halswirbel brach, sei nur »schlecht« gewesen, oder mein eigenes Aufwachsen in einem unharmonischen Elternhaus habe in erster Linie den »Verlust der Kindheit« bedeutet oder Joanna Macys Jugend mit einem tyrannischen Vaters sei einzig und allein »tragisch« gewesen. All diese Ereignissse sind, vom Blickwinkel des Mitgefühls und der inneren Entwicklung aus betrachtet, sowohl problematisch als auch lohnend.

Wenn wir zulassen, daß sich Sinn und Chancen ergeben, beginnen wir uns freier und ruhiger zu fühlen, solange wir unsere Grenzen erkennen und akzeptieren. Wir haben nie einseitig in der Hand, wie die Dinge sich entwickeln, und so können wir nie etwas »irgendwie hinbiegen«. Unsere Macht liegt in unserer Subjektivität – unseren Einstellungen, Entscheidungen, unserem Gefühlsleben. Die buddhistische Vorstellung, wonach man ein »negatives Karma auflösen« kann, zielt auf die Fähigkeit ab, einen negativen Komplex umzugestalten – etwas, das sich aus emotional bedingten Unzufriedenheiten in Mitgefühl und neue Sinngebung verwandelt.

Wie wir gesehen haben, sind Menschen mit einer starken Persönlichkeit in der Lage, genau dies zu tun, indem sie zum einen anderen helfen und zum anderen sich von ihrem alten Ich lösen können. Sie sind imstande, sich eine flexible Identität zu schaffen, die sich auf neue Probleme und Leiden einstellt. Nicht, daß sie eine Möglichkeit gefunden hätten, die jedes Ereignis in eitel Sonnenschein verwandelt. Vielmehr haben sie gelernt, sich ihren Schmerz und ihre Not zunutze zu machen, indem sie ihr Wissen und ihr Mitgefühl erweiterten.

Wenn wir uns Erfahrungen des täglichen Lebens anschauen, so erhebt sich die Frage: Wie können wir uns diese Momente der Belastbarkeit zugänglich machen? Natürlich sind diese – wie der Eremit in der an früherer Stelle geschilderten Geschichte zum Kaiser sagt – in allen Situationen und bei allen Menschen, die uns umgeben, stets vorhanden. Wir müssen weder irgendwo hingehen noch etwas Besonderes tun, um die transzendente Funktion zu finden – das heißt die Fähigkeit, Spannungen auszuhalten, ohne vorschnelle Urteile zu fällen. Alles, was wir tun müssen, ist, unsere Tendenzen zu erkennen, uns Verzweiflung oder Größenwahn hinzugeben, impulsiv zu handeln oder *Dukkha* zu erzeugen. Wenn Probleme entstehen – seien sie belanglos wie ein Verkehrsstau oder traumatisch wie eine Scheidung – können wir die transzendente Funktion durch das Schaffen eines »Raumes« üben, in welchem wir darauf warten, daß sich uns eine Bedeutung erschließt, anstatt sie durch unsere eigene Unzufriedenheit negativ zu beeinflussen.

Weitere psychoanalytische Begriffe für »transzendente Funktion« können dazu beitragen, sie zu veranschaulichen und somit ihre enorme Bedeutung verständlich zu machen. Von Donald Winnicott, einem Psychoanalytiker und Kinderarzt, haben wir den Begriff »potentieller Raum«[7] oder »Spielraum« übernommen, der die Fähigkeit bedeutet, auf das Entstehen einer Bedeutung zu warten. Winnicott bezeichnet diese Einstellung als den

Ursprung jeder wahren Kreativität. Es ist die Fähigkeit, eine Erfahrung gesondert zu betrachten und spielerisch an ihre Bedeutung heranzugehen, ohne sofort die Ansicht zu vertreten, sie meine dieses oder jenes. Nur wenn wir eine Erkenntnis abwarten und es vermeiden, den Dingen altgewohnte Deutungen aufzuzwingen, stoßen wir wirklich auf etwas Neues. Viele alltägliche Anforderungen, die an uns gestellt werden, lösen Reaktionen aus, die zu mehr Leiden führen, aber auch eine Chance zu mehr Entwicklung und Erkennntnis sein können.

»Potentieller Raum« sollte in Gesprächen zwischen zwei Lebensgefährten erhalten sein, bei denen die Tendenz besteht, immer wieder dieselben Themen zur Sprache zu bringen. Wenn die Gespräche ihre Lebendigkeit verlieren, wiederholen beide Partner ständig ihre alten Standpunkte und verschaffen sich mit Nachdruck Gehör. Oder es kann auch sein, daß ein Partner sich zurückzieht und den anderen ins Leere sprechen läßt. Dann ist ein deutlicher Machtkampf spürbar, und es kann nichts Neues entstehen. Wenn man die Meinungen der Partner näher betrachtet, wird man irgendeine Modellstruktur psychologischer Komplexe vorfinden – gewöhnlich die des Opfers und des Angreifers –, die von beiden Partnern verkörpert wird. Die Einzelheiten des Dramas sind wahrscheinlich für jeden Partner anders, da jeder aus einer anderen Familie kommt; doch beide werden sich gleichermaßen gefangen oder getrieben fühlen.

Da Gespräche nicht nur in eine Richtung verlaufen, sondern ein »System« sind, das aus Anteilen *beider* Partner besteht, braucht nur einer den »potentiellen Raum« oder die transzendente Funktion zu finden, damit die Dynamik zur Veränderung und die Chance für eine kreative Entdeckung entstehen kann. Wenn ein Partner aufhört, einen alten Komplex auszuagieren, und dafür beginnt, die Spannung auszuhalten und sich die Vorfälle aus einem »vielleicht«-Blickwinkel zu betrachten, dann haben beide Partner die Freiheit, einen wirklichen Dialog zu führen, in dem sie ihre neugefundenen Entdeckungen austauschen. Allzuoft warten wir darauf, daß der andere sich ändert, anstatt in den

Spiegel der Selbsterkenntnis zu schauen, um zu ergründen, auf welche Weise wir selbst uns ändern könnten.

Wenn wir Spannungen spielerisch und mit der Lust auf Entdeckungen betrachten, können wir in unserem Leiden eine Chance zu Selbsteinschätzung und innerer Entwicklung sehen. Dann bewegen wir uns in der Mitte zwischen den Extremen und nehmen uns selbst nicht so todernst; und wir können an der kreativen Kraft der Archetypen – als Bildern wirkungsvoller emotionaler Zustände – teilhaben, anstatt sie blindlings auszuagieren. Das ist das Ergebnis wirklich kreativer Spannung. Wenn aus unseren Spannungen keine Entdeckungen folgen, so haben wir die transzendente Funktion und die Chance für das »Spiel« verfehlt.

Um die transzendente Funktion und die Entwicklung des »potentiellen Raumes« in langjährigen festen Beziehungen zu fördern, habe ich die Dialogtherapie[8], eine Form der Paartherapie, entwickelt. Diese Methode, bei der die Jungianische Psychologie mit anderen psychodynamischen Theorien kombiniert wird, verbessert die Fähigkeit, Spannungen während eines Konfliktes auszuhalten, indessen man darauf wartet, daß man durch den Dialog zu neuen Erkenntnissen gelangt.

Viele Partner machen den Fehler, sich in ihren Interaktionen wie hilflose Kinder oder strafende Eltern zu verhalten, obwohl sie in anderen Beziehungen frei von diesem negativen Karma sein mögen. Anstatt sich wegen ihrer wechselseitigen Abhängigkeit dankbar und achtungsvoll gegenüberzutreten, empfinden sie Verzweiflung, Groll, Neid und Selbstmitleid. In der Beziehung herrscht dann keine Zuversicht und Entfaltungsmöglichkeit; statt dessen ist die Atmosphäre von Leiden und Bitterkeit geprägt.

Wenn Menschen sich einen »potentiellen Raum« erhalten und die transzendente Funktion ermöglichen, bewahren sie ihre Beziehung davor, Schauplatz von negativen karmischen Aktionen und Wiederholungen emotionaler Muster des eigenen, als Kind erlebten Familienlebens zu sein. Statt dessen können sie neue Entdeckungen fördern, und zwar indem sie Fragen stellen, gut zuhören, das Gehörte mit anderen Worten frei wiedergeben und

Unterschiede respektieren. Dank einer solchen Einstellung können Konflikte zu Gelegenheiten werden, durch die man etwas Neues entdeckt. Das schließt keineswegs Konflikte oder starke Emotionen aus. Es bedeutet vielmehr, daß diese mit Achtung vor der tiefen gegenseitigen Verbundenheit der Partner gehandhabt werden.

Wenn man die transzendente Funktion für sich selbst verwendet, ist sie ein Mittel, um Raum zwischen unseren Gedanken zu öffnen und es zu vermeiden, daß man zwanghaft von einem Gedanken zum nächsten springt. Sicherlich steigert man durch Meditation die Bewußtheit dieses Raumes, aber das tut in selbem Maße die Fähigkeit zur fortwährenden Selbstreflektion, die zum Beispiel in einer Psychotherapie entwickelt werden kann.

Der Psychoanalytiker Thomas Ogden bezeichnet die Selbstreflexion als Erkenntnis des »dialogischen Raumes«[9] in uns selbst. Es ist der Raum zwischen einem Symbol (einem Wort oder einem Audruck oder einer Geste) und einer Erfahrung (die durch das Wort oder die Geste symbolisiert ist). In diesem Raum bleiben wir der Tatsache gegenüber aufgeschlossen, daß da ein Mensch ist, der eine Reaktion auf ein Ereignis erzeugt. Die Reaktion erzeugt nicht den Menschen. Die Reaktion ist also keineswegs automatisch, festumrissen und vorgegeben: Ogden sieht ein Ziel unserer Entwicklung in unserem Erwachsenendasein darin, daß wir uns diesen subjektiven Faktor in allem, was wir denken oder tun, ganz intensiv bewußt machen. Er meint damit nicht andauernde Bewußtheit seiner selbst, sondern vielmehr die Freiheit, die man fühlt, wenn man Dinge von verschiedenen Gesichtspunkten aus zu betrachten vermag, da einem klar ist, daß man nur eine bestimmte Sicht hat und nicht allwissend ist. Mit dieser Bewußtheit geht eine tiefe Demut einher, da wir lernen, die Standpunkte anderer als ebenso wichtig zu erachten wie unsere eigenen.

Wir könnten auch sagen, daß wir nie eine Bedeutung »entdecken«, sondern daß wir sie immer »erfinden«. Und doch sind unsere Erfahrungen nicht rein subjektiv; sie sind nicht beliebig oder eingebildet. Wir alle stecken in derselben menschlichen Hülle und sind an ihre Grenzen gebunden. Viele unserer Erfahrungen – wie unsere Wahrnehmung der materiellen Welt – sind einfach natürlich und werden von allen geteilt, und doch sind sie durch unterschiedliche emotionale und kulturelle Sichtweisen geprägt und beeinflußt. Joanna Macy drückt es so aus: »Wahrnehmung ist ein Prozeß, der größtenteils eine Sache der Auslegung ist. Wir erzeugen unsere Welten, aber wir tun dies nicht einseitig, denn unser Bewußtsein ist von dem beeinflußt, was ihm zugeführt wird; Subjekt und Objekt hängen voneinander ab.«

Wenn wir um die Verantwortung für unsere Gedanken und Gefühle wissen, können wir – gesetzt den Fall, wir halten innerlich die Spannung eines Konflikts oder eines von Widersprüchen geprägten Augenblicks aus – über unsere Gewohnheiten, unsere Komplexe und unser derzeitiges Leiden hinausgehen und zu innerer Entfaltung kommen. Dadurch geben wir in Krisenzeiten unser altes Ich auf und haben gleichzeitig die Möglichkeit, die abgedroschenen, alten Voraussetzungen für den Kampf, zum Beispiel mit einem Lebensgefährten, abzulegen. Seltsamerweise führt ebendiese Fähigkeit, Spannung auszuhalten und sich der eigenen Voraussetzungen und Erwartungen bewußt zu sein, oft zu einer Verringerung von Befangenheit, da wir lernen, unsere Gefühle des Selbstschutzes loszulassen.

Verantwortlichkeit übernehmen

Als Philip Kapleau im Jahr 1953 in einem Kloster, das sich in einer kalten Gegend Japans befindet, seine harte Zen-Ausbildung begann, unterwarf er sich aus freien Stücken den damit verbundenen peinigenden Schmerzen. Er probierte eine Sitzposition nach der anderen aus, aber nichts linderte den heftigen Schmerz in seinen Beinen:

»Und doch konnte ich nicht aufhören. Ich wollte einfach nicht aufhören. Das Pech – oder sollte ich besser sagen das schlechte Karma – wollte es, daß es zu regnen begann und das Wetter kalt wurde. Neben dem Schmerz war die Kälte mein schlimmster Widersacher. Es war Dezember, und es gab kein bißchen Wärme im Zendo (dem Meditationssaal). Der Regen, die fehlende Sonne und die Kälte – all das trug zu meinem Jammer bei.«

Am dritten Tag dieser Tortur kam die Sonne wieder zum Vorschein, wodurch Kapleaus Lebensgeister geweckt wurden; also stürzte er sich mit seinem ganzen Wesen in den Kampf und fiel schließlich ohnmächtig von dem wackeligen Stuhl – wahrscheinlich dem einzigen, der im Kloster aufzutreiben war –, dem man ihm als Zugeständnis dafür angeboten hatte, daß er keine Erfahrung darin hatte, mit übereinandergeschlagenen Beinen oder in kniender Stellung zu sitzen, wie es bei der Meditation üblich ist.

Später – während derselben siebentägigen Exerzitien – wurden die Anforderungen immer schwieriger, da Kapleau eine ganze Nacht lang von einem älteren Schüler gepiesackt und somit am Schlafen gehindert wurde; dessen Aufgabe war es, Kapleau in die Lage zu versetzen, zu einem höheren Bewußtsein vorzustoßen. Wenn Kapleau heute auf diese ersten Jahre in Japan zurückschaut, so fragt er sich: »Was brachte mich dazu, mich einer so harten Ausbildung zu unterwerfen und, was noch wichtiger ist, die drei Jahre in Hosshin-ji durchzuhalten?« Und er sagt dazu: »Die Antwort ist einfach: Ich blieb dabei, weil ich die Behandlung, die ich dadurch erfuhr, brauchte. Ganz tief in meinem Inneren wußte ich, daß ich – aufgrund meines Karmas – nur kraft eines solch harten Trainings hoffen konnte, das überdimensionale Stück Ego, das ich mein Ich nannte, auflösen zu können. So rechnete ich mir das, was ich tat, nicht besonders hoch an. Ich war nie – noch bin ich heute – ein harter Mann. Tatsache ist, daß ich mich auf einem ganz bestimmten Weg befand und nicht wußte, wohin er führte, an einen Ort, von dem ich nicht wußte, wo er lag.«

Philip Kapleau blieb dreizehn Jahre in Japan und ließ sich dort von zwei hervorragenden Meistern des Zen-Buddhismus ausbilden. Bevor er 1966 in die Vereinigten Staaten zurückkehrte, war er von Yasutani-Roschi, einem der damals größten lebenden Zenmeister (er starb 1973) zum Zenlehrer ernannt worden. Während

Kapleau in Japan weilte, schrieb er das, was später für viele junge Amerikaner, die sich zum Buddhismus hingezogen fühlten, die »Zenbibel« werden sollte: ›Die drei Pfeiler des Zen‹. Sie wurde in zwölf Sprachen übersetzt, ist noch heute ein großer Klassiker und für viele Menschen das Buch, das ihnen den Weg zum praktischen Zenbuddhismus eröffnete.

Obwohl es den Anschein haben mag, daß Roschi Kapleau diese Herausforderung aus Schmerz und Disziplin selbst wählte, wohingegen andere, wie Dan Gottlieb, ihre Prüfungen infolge eines Unfalls erdulden mußten, haben wir häufig wenig direkte oder persönliche Kontrolle über die bedeutenden Ereignisse unseres Lebens.

Unser Karma – die Konsequenzen unserer Handlungen und Einstellungen – führt uns unerbittlich in die Lebensumstände, die uns die Fähigkeiten vermitteln, welche wir benötigen, um zu mehr Mitgefühl und einem höheren Bewußtsein zu gelangen – vorausgesetzt, daß wir uns dem nicht allzusehr widersetzen. Der Widerstand dagegen basiert gewöhnlich auf dem Verlangen, alles unter Kontrolle zu haben, und auf der Phantasievorstellung, daß dies auch möglich ist. Der Wunsch nach Kontrolle hebt uns von den anderen ab und läßt uns glauben, wir seien von den Schwankungen des Lebens ausgeschlossen. Als June Singer ihre eigene Analyse in Zürich begann, hatte sie sehr mit sich zu kämpfen; sie entdeckte einen Mangel an Selbstvertrauen, der es ihr unmöglich machte, für sich selbst zu entscheiden.

Roschi und June machten sehr unterschiedliche Erfahrungen mit dem Widerstand gegen Veränderung und innere Entwicklung, und doch sind sie Musterbeispiele für ein und dasselbe Problem. Roschi schrieb sich selbst ein »überdimensionales Ego« zu, eine bestimmte Haltung, die von Überlegenheitsgefühl und Zynismus geprägt war. June bezeichnete sich selbst als unfähig zu wissen, was sie dachte und fühlte, und als zu gehemmt, sich auszudrücken. Beide hielten in ihrem Widerstand gegen Veränderung an einer Identität fest, die sie von den anderen trennte und ihnen ein Gefühl von Verlorenheit gab.

Roschis frühe Entwicklung führte zu einer gewissen Isoliertheit und zu Zynismus – einem Gefühl der Bitterkeit hinsichtlich
der menschlichen Beziehungen, die das Ergebnis der familiären
Situation war, in die er hineingeboren worden war. Philip Kapleau kam 1912 – als fünftes von sechs Kindern – in New Haven,
Connecticut, in einer Familie zur Welt, die schon damals unter
Armut und ehelichen Schwierigkeiten litt. Fünfzehn Jahre lang
war Philip Einzelkind, bis noch ein Bruder – den seine Mutter
nicht gewollt hatte – geboren wurde. Die Geburt dieses Kindes
stürzte die Mutter in tiefe Verzweiflung; sie hegte einen Groll gegen das Kind, das sie so spät und dazu von einem Mann bekommen hatte, für den sie keine Liebe empfand:

»Meine Mutter lehrte ihre Kinder, ihrem Vater mit Abneigung
zu begegnen. Ich fühlte beiden Eltern gegenüber keine Liebe, zumindest keine wirkliche. Ich erinnere mich daran, daß meine
Mutter sagte: ›Wenn ihr einmal erwachsen seid, dürft ihr niemals
vergessen, wie schlecht euer Vater euch und mich behandelt hat
und daß ihr ihn dafür büßen lassen müßt.‹«

Er fand in seinen ersten Lebensjahren nur wenig Trost und
Wärme bei seiner Familie:

»Meine Eltern stritten sich ständig. Als Kind konnte ich nichts
als Ärger empfinden, wenn meine Mutter meinen Vater angriff.
Dauernd sagte sie zu uns, er sei faul, und beklagte sich darüber,
daß er nicht arbeiten wolle, obwohl er ein geschickter Schneider
war. Oft lebten wir von der Sozialhilfe, und sie gab meinem Vater
dafür die Schuld. Nachdem mein Bruder auf die Welt gekommen
war, wurde die Lage noch schlimmer. Ständig bezeichnete sie ihn
als ihre Bürde und lehnte ihn ganz offen ab. Ich fand, daß sie
furchtbar ungerecht gegen ihn war; schließlich hatte er nicht darum gebeten, geboren zu werden. Später, als ich begann, mich mit
dem Buddhismus zu befassen, änderte ich diese Einstellung.«

Es überrascht nicht, daß Kapleaus Gefühle hinsichtlich fami-
liärer Beziehungen schließlich von Selbstschutz und Zynismus
geprägt waren. Da er einen negativen Mutterkomplex entwickelt
hatte, fiel es ihm schwer, Verletzbarkeit zu zeigen oder sich auf

den Beistand anderer Menschen zu verlassen. »Am Ende«, sagt er, »lehnte ich beide Eltern und den Gott ab, an den sie vage glaubten.«

Kapleaus Mutter war Jüdin, und sein Vater gehörte der griechisch-orthodoxen Kirche an. Schon früh faszinierte Kapleau die Religion als eine Möglichkeit, zu entdecken, was es mit all den Kämpfen des Lebens auf sich hatte. Er schloß sich vielen Kirchen an, um eine zu finden, die imstande wäre, ihm glaubhafte Antworten darauf zu geben. Roschi begreift heute, daß die Rabbis und Geistlichen, die er in seiner Kindheit predigen hörte, keine intime Erfahrung mit dem Gott hatten, über den sie sprachen. Daher wirkten ihre Predigten leblos und trocken. Als er sechzehn war, war er so enttäuscht von der jüdisch-christlichen Religion, daß er in seiner High-School einen Atheistenclub gründete, dessen Vorsitz er selbst übernahm.

Nachdem er die High-School absolviert hatte, besuchte Kapleau eine Sekretärsschule. »Ich hatte Glück, daß ich Stenographie und Maschineschreiben lernen konnte. Damit bekam ich eine Arbeit in der Works Progress Administration[10] im Büro des Verwalters für den Staat Connecticut. Ich war dort Sekretär.« Obwohl er zuvor Interesse am Beruf des Anwalts gehabt hatte, beschloß der junge Kapleau nun, statt dessen Gerichtsstenograph zu werden.

Er arbeitete am Amtsgericht, dann am Zivilgericht und schließlich am Obersten Gericht des Staates Connecticut. »Es gibt nichts Schrecklicheres als eine bestimmte Art von Gerichtsprozessen: ein Familienstreit wegen Eigentum oder eine angefochtene Scheidung. In solchen Fällen kommen bei den Menschen die schlimmsten Dinge – Haß und Bitterkeit – zum Vorschein.« Kapleaus Gefühle bei derartigen »Schlachten« im Gerichtssaal waren deshalb so besonders stark, weil diese Erfahrungen sein Verlangen nach defensivem Selbstschutz verstärkten, denn er sah immer wieder, was er bei seiner Mutter erlebt hatte: die fehlende Bereitschaft der Menschen, irgendeine Verantwortung für ihre Probleme zu übernehmen, die sie selbst erzeugt hatten, und ihr hartnäckiges Schuldabwälzen auf andere.

Philip Kapleau war zur Zeit von Pearl Harbor fast dreißig Jahre alt, doch aus gesundheitlichen Gründen wurde er vom Wehrdienst freigestellt und blieb vom Krieg in Europa unberührt, bis er für die Nürnberger Prozesse, bei denen 1945 die größten Kriegsverbrecher abgeurteilt wurden, auf einen Posten als oberster Gerichtsstenograph berufen wurde. Der Gegensatz zwischen dem dekadenten Leben, das er im Nürnberg der Nachkriegszeit sah, und der schrecklichen Tatsache der Konzentrationslager war für ihn ein weiterer Hinweis auf den tiefgehenden Bewußtseinsmangel der menschlichen Natur.

Kapleau war schockiert und überwältigt von dem, was er hörte, und am Ende fühlte er sich wie betäubt. »Soundsoviele Tausend Menschen waren an diesen und jenen Orten verbrannt worden und soundsoviele Tausend an einem weiteren Ort ermordet. Nach einer Weile kann dein Verstand die Einzelheiten nicht mehr aufnehmen und die Ungeheuerlichkeit solcher Verbrechen auch nicht mehr erfassen. Ich nehme an, es ist ein Überlebensmechanismus. Man kann über diese Art Dinge nicht detailliert nachdenken.«

Die Angeklagten protestierten ständig und beklagten sich, insbesondere klagten sie darüber, daß sie als Verbrecher behandelt wurden. »Sie glaubten, ihre Handlungen seien dadurch gerechtfertigt gewesen, daß sie sich im Krieg befunden hatten. Ständig beharrten sie darauf, daß andere Länder – die Länder, die sie nun vor Gericht stellten – ungerechte Kriege geführt hätten. Warum sollten sie jetzt als Verbrecher behandelt werden, wo sie doch lediglich ihrem Militär gedient hatten?« Kapleau war entsetzt, daß niemand die Verantwortung für die Greueltaten, die während des Kriegs geschehen waren, übernehmen wollte.

Am Ende seiner Amtszeit beim Nürnberger Kriegsverbrecherprozeß A, bat Kapleau um seine Versetzung als Gerichtsstenograph ans Internationale Militärtribunal im Fernen Osten, in Tokio. Als Kapleau dort ankam, fiel ihm sofort auf, wie sehr sich das allgemeine Klima von dem in Deutschland unterschied. Die Prozesse, bei denen die größten Kriegsverbrecher abgeurteilt wurden, verliefen dort im ganzen höflicher und entspannter. Den Angeklagten wurden sowohl amerikanische als auch japanische Rechtsberater zugestanden. Und »wir konnten ›guten Morgen‹ zu ihnen sagen, eine Geste, die bei den spannungsgeladenen Nürnberger Prozessen verboten war«. Die Leute waren freundlich zueinander, auch unter den Anklägern herrschten Achtung und Geistesverwandtschaft.

Während der Prozesse traf Kapleau den angesehenen buddhistischen Gelehrten Daisetz Suzuki und einen amerikanischen Studenten der Philosophie namens Richard DeMartino, der für das Verteidigungsministerium als Geschichtswissenschaftler zu den Prozessen nach Japan gekommen war. Zu dieser Zeit hatte Kapleau noch kein besonderes Interesse am Buddhismus:

»Ich wußte nicht einmal, wer Suzuki war. Eine japanische Angestellte, die ebenfalls bei den Gerichtsverfahren tätig war, wollte sich bei mir einschmeicheln und sagte zu mir: ›Er ist ein weltberühmter Philosoph, und wenn Sie ihn treffen wollen, kann ich das in die Wege leiten.‹« (Kapleau erzählte seinem Freund DeMartino davon, dem Suzukis Name bekannt war.) »DeMartino und ich gingen also regelmäßig zu Suzuki in sein kleines Haus, das sich auf dem Klostergelände befand. Ich wußte nichts vom Buddhismus. Suzuki hielt uns dann immer einen langen Vortrag, aber ich interessierte mich mehr für die ästhetische Seite des Klosters. Es war ein wunderschöner Ort. Die Ruhe und die erhabenen Bäume zogen mich immer wieder her.«

Kapleau besuchte noch weitere Vorlesungen über den Buddhismus, fand sie aber »zu hoch für mich. Ich las ein wenig darüber, aber ich verstand die Philosophie nicht. Nichtsdestotrotz entdeckte ich etwas darin, das ziemlich gut verständlich und tiefgehend war. Der Durchschnittsjapaner übernahm – zumindest verbal – die Verantwortung für die Kriegsverbrechen Japans, wohingegen der Durchschnittsdeutsche das strikt ablehnte. Wenn die Japaner darüber diskutierten, wie furchtbar Japan zerbombt worden war, sagten sie immer: ›Nun – das ist unser Karma. Wir haben anderen Menschen schreckliche Dinge angetan, und jetzt müssen wir dafür bezahlen.‹ Vieles davon war wohl nicht aus ehrlichem Herzen gesprochen, aber teilweise traf es eben doch zu, und man konnte es öfters hören. Obwohl Japan stark zerbombt worden war und die Japaner wirklich unter diesen Bombardierungen gelitten hatten, war ihre Einstellung, zumindest ihren Worten nach, anständig – sie nahmen bereitwillig die Verantwortung auf sich. Die Deutschen hingegen sagten stets: Warum habt ihr Amerikaner uns so furchtbar bombardiert? Was hatten wir euch denn getan?«

Mehr als alles andere war es diese Bereitwilligkeit der Japaner, die Verantwortung für ihr negatives Karma zu übernehmen, die Kapleau zum Buddhismus hinzog. Hier war eine Religion, die ihn hoffen ließ, seine eigene Bitterkeit und Isoliertheit zu überwinden. Dieser Buddhismus, der eine Kohärenz zwischen menschlichem Handeln und seinen Folgen versprach, schien ihm ungeheuer verlockend.

Nachdem die Gerichtsurteile gesprochen worden waren, bot man Kapleau an, auch an den anschließenden Prozessen teilzunehmen, aber er lehnte ab und kehrte in die Vereinigten Staaten zurück, nachdem er seine erste Reise nach China unternommen hatte. Wieder in Connecticut, baute er sich eine freiberufliche Existenz auf und entschloß sich dann, auf die Columbia University zu gehen, um bei Daisetz Suzuki zu studieren, der einen Ruf dorthin erhalten hatte.

In seinen Seminaren an der Columbia University lehrte Suzuki Religion und Philosophie des Buddhismus (jedoch nicht Meditation). Unter Kapleaus Kommilitonen war auch der Musiker und Komponist John Cage. Kapleau nahm an Seminaren des Theologen Paul Tillich teil und begegnete dem Psychoanalytiker Erich Fromm, dem Dichter Allen Ginsberg, der Psychoanalytikerin Karen Horney und vielen »Westküsten-Beatniks«. Kapleau schrieb sich zudem in ein Seminar für Psychiater und Psychoanalytiker ein, das Dr. Suzuki gab. Es gab viele aufwühlende Momente während dieser Seminarstunden, und Kapleau fühlte sich mehr und mehr von der Religion angezogen. Er studierte christliches Denken und Hinduismus am Union Theological Seminary, aber irgendwann kam er zu dem Schluß, daß »dies einer Zwangsernährung mit bereits vorverdautem Stoff gleichkam« – es war bereits alles erforscht.

Also verkaufte er 1953 seine Firma, sein Auto und seine Wohnung mit allem, was darin war, und kehrte nach Japan zurück.

Anfänglich studierte er dort mit dem englischsprachigen Soen Nakagawa-Roschi im Kloster Ryutaku-ji, und dann – auf Empfehlung von Soen-Roschi – erhielt er das Angebot von dem berühmten Zenmeister Daium Harada-Roschi, sich in seinem Kloster im kalten Klima von Nordjapan ausbilden zu lassen. Trotz des herzlichen Empfangs, der Kapleau von seinen Lehrern bereitet wurde, war er »schockiert und verblüfft« von der Wirklichkeit des Klosterlebens, das sich so stark von dem unterschied, was er in Suzukis Buch über Zen gelesen hatte. Dennoch verbrachte er drei Jahre unter den harten und schwierigen Bedingungen im Kloster Hosshin-ji mit Harada-Roschi. Für Kapleaus Gesundheit waren dies keine leichten Jahre: ungeheizte Räume, eine spartanische Ernährung und äußerst anstrengende Meditationsexerzitien waren die Regel. Er war einundvierzig, als er nach Japan zurückkehrte.

Er setzte seine Zen-Schulung weitere zehn Jahre unter Yasutani-Roschi fort und wurde von ihm zum buddhistischen Priester ordiniert; später erhielt er die Lehrerlaubnis. Während er in Japan weilte, heiratete er die Kanadierin Joan deLancey Robinson; 1960 bekamen sie eine Tochter. In Japan begann Kapleau außerdem an seinem Werk ›Die drei Pfeiler des Zen‹ zu arbeiten. Mit der Unterstützung seines Lehrers wurde das Buch zu einer Brücke zwischen den Bedürfnissen der westlichen Buddhismusanhänger und den Anforderungen der strengen authentischen japanischen Zenausbildung.

Als Kapleau schließlich 1965 in die Vereinigten Staaten zurückkehrte, dachte er daran, sich »im sonnigen Kalifornien oder an einem ähnlichen Ort niederzulassen, doch mein Karma entschied anders. Ich wurde von Dorris und Chester Carlson eingeladen, in

Rochester, New York, zu lehren. Und so verbrachte ich den größten Teil meines Erwachsenenlebens in einer grauen, im Norden gelegenen Stadt, die – zumindest in punkto Klima – der Gegend des Klosters Hosshin-ji nicht unähnlich war.«

1965 gründete Roschi Kapleau das Rochester Zen-Center. Seine Tätigkeit in den Vereinigten Staaten bestand im Lehren und Verfassen von Schriften. Er ist Autor von fünf Büchern über den Zen-Buddhismus[11]. Er hat weitere Zen-Zentren in einem Dutzend anderer Städte der Vereinigten Staaten und in Kanada, Mexiko, Costa Rica, Polen, Deutschland und Schweden gegründet.

Als ich Roschi fragte, ob er glaube, daß Leiden und Schmerz zur Wandlung beitrügen, sagte er: »Ganz ohne Zweifel ist Leiden ein Weg zum Geistigen. Ich glaube, dies ist der Grund, warum sich im Augenblick so viele Menschen in unserem Land dem Buddhismus zuwenden. Wir werden durch die Brutalität und die sinnlosen Morde in unserer Gesellschaft mit so viel Schmerz und Leiden konfrontiert; und der Buddhismus kann uns helfen zu verstehen, wie wir diese Situation verkraften und weiterhin am Leben teilhaben können.«

Als ich Roschi Kapleau wegen dieses Gesprächs traf, erholte er sich eben von einer leichten Operation. Mit seinen dreiundachtzig Jahren hat Kapleau eine abgeschwächte Form der Parkinsonkrankheit und einige andere chronische Gesundheitsprobleme; aber allem Anschein nach hält er auch weiterhin einen anstrengenden Tagesplan ein, der aus Zenpraktiken, Vorträgen, Exerzitien, Übungen und Beratungen besteht.

Ich empfinde eine tiefe Zuneigung und größte Achtung für Roschi Kapleau; er ist mein Buddhismuslehrer. In seinem Streben nach Wissen und Weisheit ist er ernst und lustig, präzise, wissenschaftlich und ikonoklastisch. Sein Verhalten und seine körperliche Erscheinung strahlen Verletzlichkeit und Kraft zugleich aus – es mag paradox klingen, aber es ist genau so. Obwohl Roschi nun von Alter und Krankheit geschwächt ist, verströmt er Frische und Vitalität – wie ein kleiner Wirbelwind, der in seiner Mitte ruht.

Die besondere Konstellation in seiner Kindheit, die einen Großteil seines Erwachsenenlebens überschattet hat, war der Haß, den seine Mutter auf seinen Vater hatte, sowie ihre Ablehnung seines jüngeren Bruders. Da er in seiner Kindheit Lieblosigkeit, Bitterkeit und Grausamkeit erfahren hatte, versuchte der junge Kapleau sich von den Umständen seiner familiären Beziehungen zu distanzieren, denn er ertrug ihre offenkundige Scheinheiligkeit nicht. Als Kapleau bei seiner Gerichtstätigkeit und während der Nürnberger Prozesse auf ähnliche Umstände – und leibhaftige Beispiele dafür – stieß, spürte er, daß sein Leiden sich in Zynismus verwandelte. Doch als er den Buddhismus entdeckte und mit seiner Ausübung begann, war Roschi imstande, sich mit diesem Karma abzufinden. Schließlich entwickelte er sogar Mitgefühl für seine Mutter. Roschi sagt: »Allmählich konnte ich auch ihre Seite verstehen. Es war schlimm für sie, mit siebenundvierzig Jahren ein Kind von einem Mann zu bekommen, den sie nicht einmal liebte. Und ich begriff, warum Buddha gesagt hat: ›Wir werden nicht – wie viele Menschen annehmen – durch den Willen unserer Eltern geboren. Vielmehr liegt unserer Wiedergeburt unser Karma und – als Antriebskraft – der Wunsch nach Wiedergeburt zugrunde.‹ Es ist also *unser* Wunsch, wiedergeboren zu werden; wir werden zu jemandem hingezogen, von dem wir lernen können, was wir wissen müssen. Also trägt auch mein jüngerer Bruder sein Stück Verantwortung.«

Roschis Karma, die Folgen seiner Absichten und Handlungen, führte schließlich zu seiner Begegnung mit dem Buddhismus. Intensive Zenausbildung und -praxis ermöglichten es ihm, seinen Zynismus und Selbstschutz zu brechen und sich letztlich der wahren Natur unserer Existenz bewußt zu werden. Und in gewissem Sinne war das erst der Anfang. In seiner fortwährenden Konfrontation mit den Nöten seines eigenen Lebens und denen anderer Menschen bringt Roschi unermüdlich Kreativität und mitfühlendes Handeln in seiner Lehrtätigkeit und seinen Schriften zum Ausdruck. Durch seine Buddhismuspraxis hat Roschi immer Zugang zu einer transzendenten Funktion, die es ihm erlaubt, die Spannung eines Konflikts auszuhalten und zu warten, bis sich daraus ein Sinn ergibt.

Negative Emotionen

Ebenso wie Roschi seinen Zynismus und seine Bitterkeit erkennen und überwinden mußte, müssen wir alle unseren Wunsch nach Selbstschutz bekämpfen und der Idee widerstehen, daß wir für all unser Leiden verantwortlich sind.

Denkfallen wie das Gefühl, in einer positiven oder negativen Weise einzigartig oder etwas Besonderes zu sein, sind Barrieren, die uns daran hindern, unmittelbar am Leben teilzunehmen. Wie wir gesehen haben, sind Stolz, Scham, Neid, Schuldgefühle, Verlegenheit und Eifersucht Emotionen, die vom menschlichen Körperverständnis, von dem Gefühl, sich als individuelles, abgetrenntes Wesen zu verstehen, herrühren. Sie sind sowohl für die Entwicklung verständnisvollen Mitgefühls als auch bei dem Prozeß, Verantwortung für die eigenen Gedanken, Gefühle und Handlungen zu übernehmen, problematisch.

Wenn wir uns in Zeiten großer Belastungen, Verluste oder Krisen stark mit einer dieser Emotionen identifizieren, werden uns die Intensität und die Verbindung von Schmerz und Leiden oft unüberwindbar erscheinen. Unsere Energie und unsere Konzentration sind dann gleichzeitig an unsere Selbsteinschätzung und an Vergleiche mit anderen Menschen gebunden und richten sich zudem ganz stark auf den konkreten Schmerz oder den Kummer über den erlittenen Verlust.

Emotionen sind angeborene Ordnungsfunktionen, die uns dafür empfänglich machen, in bestimmten Situationen auf eine bestimmte Art und Weise zu handeln. Physiologisch gesehen, sind negative und positive Emotionen oft nicht zu unterscheiden: Beide sind Erregungssysteme. Doch was das Psychologische betrifft, sind manche Emotionen häufig Barrieren für persönliche Verantwortlichkeit.

Weiter oben habe ich Neid als eine der verheerenden Emotionen des Selbstschutzes bezeichnet. Nun werde ich etwas mehr ins Detail gehen, da Neid ebenfalls eine heimtückische Barriere für Verantwortlichkeit und Selbsterkenntnis ist und häufig ein ernsthaftes Hindernis dafür darstellt, daß jemand wirklich am Leben teilnimmt.

Neid[12] entwickelt sich aus der grundlegenden Erfahrung, von sich selbst und anderen abgesondert zu sein; ist jemand neidisch, so hat er den Eindruck, der andere habe mehr Möglichkeiten als er selbst. Er drückt sich in dem Wunsch aus, das zu *zerstören*, was andere besitzen, weil man es nicht selbst besitzen kann. Anders als die Eifersucht, die das Begehren oder der Wunsch ist, zu *besitzen*, was einem anderen gehört, ist Neid eine Form von Haß, die tiefgreifend destruktiv wirkt. Eifersucht kann zu positiven Handlungen führen, wenn jemand auf einem Gebiet kompetent sein möchte oder mit anderen zu konkurrieren versucht, aber Neid wirkt immer zerstörerisch, nie konstruktiv.

Der erste Schritt, den Neid zu überwinden, besteht darin, zu erkennen, daß man ihn empfindet. Häufig ist dies schwierig, da es das Eingeständnis voraussetzt, daß man in einem wichtigen Bereich seines Lebens eine Leere verspürt. Nehmen Sie zum Beispiel den Neid, den manche unfruchtbare Frauen den Frauen entgegenbringen, die Babys erwarten. Anstatt sich auf ihre eigenen Körper und die eigenen Gefühle zu konzentrieren, können diese Frauen von einem irrationalen Haß gegen schwangere Frauen erfüllt sein. Mit keiner noch so vernünftigen Erklärung lassen sich diese Haßgefühle »heilen«. Unfruchtbare Frauen, die sich mit diesem Neid identifizieren, sagen dann beispielsweise: »Schwanger sein wäre das einzige, das mein Gefühlsleben jetzt in Ordnung bringen könnte.« Der Neid konkretisiert sich in der Überzeugung, daß nur ein Baby zum gegenwärtigen Zeitpunkt die Leere füllen könnte, die der Neid geschaffen hat.

Mit der Erkenntnis, daß man sich zwar leer *fühlt*, aber es nicht *ist*, begibt man sich auf einen Weg, auf dem man sich allmählich von seinem Neid zu befreien vermag. Wenn man begreift, daß Gefühle der Leere in einem selbst entstehen und durch die Überzeugung gefördert werden, man sei aus dem Kreise der menschlichen Gemeinschaft ausgeschlossen, kann man sich nach und nach genauer anschauen, welche Idealvorstellungen sich hier mit dem Begriff »Baby« verbinden.

Die Dinge sind nie so, wie sie scheinen. Kinder, materielle Besitztümer, Liebhaber, Bildung und sogar innere Entfaltung werden mit Phantasien und Erwartungen über das, was sie uns angeblich bringen, überfrachtet. Wollen wir uns vom Neid erlösen, müssen wir uns diese Phantasien klarmachen und sie unter die Lupe nehmen. Im Fall von Kindesneid findet eine Frau möglicherweise heraus, daß das »Baby« etwas symbolisiert, das sie auf anderem Wege entwickeln kann – beispielsweise die Fähigkeit, jemand anderen zu umsorgen und sich selbst zu entfalten oder einfach zu wissen, daß ihre Liebe etwas Kostbares ist.

Nachdem man seinen Neid eingestanden hat, muß man die Möglichkeiten, die man tatsächlich hat, erkennen; sie müssen nicht unbedingt mit denen identisch sein, um die man andere Menschen beneidet. Sich vom Neid zu lösen bedeutet nicht, ihn zu leugnen, sondern vielmehr, sich nicht damit zu identifizieren, ihn nicht zu einer ständigen Lebensweise zu machen. Anstatt zu glauben, man sei aus der menschlichen Gemeinschaft ausgeschlossen oder es fehle einem etwas Unerläßliches, merkt man dann, daß das Neidgefühl unter bestimmten Umständen entsteht (wenn man einen Mangel empfindet) und dann wieder verschwindet. Es entsteht durch ein übersteigertes Ichbewußtsein und durch Vergleiche mit anderen und verschwindet, sobald man dankbar ist für das, was man hat. Das Gefühl der Dankbarkeit für die Möglichkeiten, die wir besitzen, und die Erkenntnis unseres Potentials, mit dem wir sie entfalten können, verwurzelt uns in unserem eigenen Leben und läßt uns über den Neid hinauswachsen.

Und was ist mit dem Schamgefühl? Scham ist eine in unseren Tagen häufig anzutreffende Emotion. Zeitgenössische Psychologen – Populärwissenschaftler und ernsthafte Vertreter der Zunft –

haben eine ganze Reihe von Deutungen des Schamgefühls geboten. Meiner Ansicht nach verwechseln einige von ihnen Scham- und Schuldgefühl. Scham ist eine negative Bewertung des ganzen Ich, wohingegen das Schuldgefühl auf der negativen Bewertung einer bestimmten Handlung beruht. Man könnte also sagen: Schamgefühl ist umfassend, und Schuldgefühl ist begrenzt. Scham führt zu dem Wunsch, sich zu verstecken, zu verschwinden oder zu sterben, wohingegen Schuldgefühl zu dem Wunsch führt, etwas gutzumachen. Wenn wir uns für etwas schämen, hemmt dies gewöhnlich unsere Fähigkeit, uns schuldig zu fühlen, da die Scham uns dazu bringt, uns abzuschirmen, zu flüchten und uns etwas vorzumachen.

Die andere Seite der Scham ist der Stolz, die selbstsichere Zurschaustellung des Ich. Wenn Schamgefühl nur kompensiert, aber nicht bewußt gemacht wird, kann es zu Stolz und dem Wunsch nach Angeberei führen. Ein Circulus vitiosus aus Scham und Stolz ist ein schlimmes Leiden, das zu Machtkämpfen um den Platz »an der Spitze« führt.

Die sogenannten auf Scham basierenden Psychopathologien – sie reichen von Süchten bis hin zu Persönlichkeitsstörungen – hängen mit der Identifizierung mit Scham und Stolz zusammen. Ihr Merkmal ist die Tendenz eines Menschen, Fehler und Unzulänglichkeiten zu verbergen und zu bemänteln, obwohl sie ihm insgeheim zu schaffen machen.

Der erste wichtige Schritt zur Linderung des Schamgefühls ist auch hier die Erkenntnis, daß man es empfindet. Der zweite Schritt – der zum Beispiel in einer Psychotherapie und im Bemühen um eine ehrliche Selbsteinschätzung erfolgen kann – besteht im Begreifen, wie wir durch die Identifizierung mit Scham oder Stolz am Selbstschutz festhalten. Diese Neigung, am »Ich« oder »mein« festzuhalten, entsteht gewöhnlich aus dem Wunsch heraus, das zur Verfügung stehende eigene Potential zu kontrollieren und das Ich zu schützen. Das Ich ist zum »Ding« geworden, einem Stück Besitz, das verteidigt werden muß.

Wie wir aus der buddhistischen Perspektive gesehen haben,

entsteht diese Tendenz aufgrund der Unkenntnis des Nicht-Ich, aufgrund unserer Überzeugung, daß wir diese Gefühle des Selbstschutzes brauchen, um »etwas« zu verteidigen. Jung behauptet, unser Verlangen nach Selbstschutz sei dann am beherrschendsten, wenn wir uns am wenigsten verbunden mit anderen fühlen und uns am wenigsten darüber bewußt sind, was uns antreibt. Wenn Gefühle der Ichbefangenheit entstehen, bringen sie uns dazu, uns ausgeschlossen und entfremdet zu fühlen. Da Individualität und Einzigartigkeit in unserer Gesellschaft hoch bewertet werden, verfallen wir allzuoft dem Eindruck, etwas Besonderes und Außergewöhnliches zu sein – was positiven oder negativen Ursprungs sein kann. Dann fangen wir an, in uns den »Beweis« für die Tatsache einzureden (und ihn bei anderen heraufzubeschwören), daß wir uns von anderen unterscheiden.

Während Neid, Scham und Stolz uns verleiten können, das Erlebnis der Entfremdung oder des Isoliertseins zu erzeugen, zu schaffen und zu nähren, können zwei Primäremotionen – Furcht und Aggression – uns sogar dazu bringen, die anderen als Feinde zu betrachten. Doch wenn wir die Verantwortung für unsere subjektiven Reaktionen übernehmen wollen, müssen wir uns bewußt werden, wie problematisch diese zwei Emotionen sein können, und auf welche Weise sie sich von der Wut unterscheiden – einer Emotion, die uns helfen kann, Konflikte mit Achtung für uns selbst und andere anzugehen.

Bisher habe ich nur wenig über Wut und dem Wunsch nach Vergeltung gesagt; Menschen bringen sie häufig zum Ausdruck, wenn ihnen ein Unglück widerfährt. Es hat in den vergangenen Jahrzehnten so viele abwegige Denkansätze von amerikanischen Psychotherapeuten zum Thema »die Wut herauslassen« gegeben, daß ich oft zögere, darüber zu sprechen, außer wenn ich direkt dazu befragt werde.

Zu viele Menschen in unserer Gesellschaft haben den Hang, »Dampf abzulassen« – wie die Psychologin Carol Tavris[13] es nennt. Sie glauben, es sei ehrlich, gesund und gerechtfertigt, ihre negativen Gefühle »herauszulassen«. Tavris weist in ihrem Buch über Wut darauf hin, daß das offene Äußern negativer Reaktionen – im Hinblick auf die Fortdauer der Beziehungen und den eigenen Seelenfrieden – gewöhnlich nicht der beste Weg ist.

Und doch möchte ich zwischen zwei Arten von negativen Reaktionen und ihren Folgen unterscheiden: einer, die ich »Aggression« nenne, und einer anderen, die ich »Wut« nenne. Ich glaube, daß Wut eine nützliche Emotion ist, die man bei sich selbst erkennen sollte, und es kann von Nutzen sein, sie zu äußern. Wut, wie ich den Begriff hier verwende, ist eine »moralische Emotion« (wie die Griechen es nannten). Es ist das Erleben eines Gefühls von Empörung, Feindseligkeit oder Rache als Antwort auf eine erlittene Ungerechtigkeit. Es ist immer mit Überlegung verbunden (denn wie könnte man sonst wissen, daß etwas ungerecht zu sein scheint) und ist nie ein Angriff auf irgend jemanden oder irgend etwas. Es ist keine automatische Reaktion wie die Aggression.

Wenn wir wütend werden, sind wir imstande zu wählen, ob wir sie zum Ausdruck bringen wollen oder nicht, denn wir können uns den größeren Zusammenhang vor Augen halten und sehen, ob wir uns damit zu unserem Recht verhelfen. Menschen können ihre Wut sofort durch Worte zum Ausdruck bringen; sie können dies aber auch auf die Zukunft verschieben, mit der Absicht, etwas Kreatives damit zu tun – zum Beispiel eine Kundgebung abzuhalten, ein Bild zu malen, einen Schrank auszuräumen oder einen Brief zu schreiben. Manchmal haben wir keine Möglichkeit, unserer Wut Ausdruck zu verleihen. Sie kann sich dann in Groll verwandeln und muß im Spiegel der Selbsterkenntnis betrachtet werden. Wut ist weder ein Kampf noch eine Fluchtreaktion, sondern bedeutet, daß Spannungen gut genug ausgehalten werden, um überlegen zu können, was gerade stattfindet.

Manchmal kann Wut die Welt verändern, wenn sie so ausgedrückt wird, daß andere sie hören und verstehen, zum Beispiel, wenn sie stetig, fortdauernd und auf symbolische Weise zum Ausdruck gebracht wird. Die Bürgerrechtsbewegung war ein solch denkwürdiger Zeitpunkt in unserer neueren Geschichte, wo man Wut auf symbolischem Wege äußerte und sie benutzte, um ein ungerechtes System gerechter zu machen. Viele Filme, Kunstwerke und Bücher sind zeitlose »Wutäußerungen«, deren Zweck es ist, auf eine Ungerechtigkeit zu reagieren, die einem selbst oder anderen widerfahren ist.

In einem Gespräch setzt Wut Grenzen. Sie wird entweder in ganz direkten Worten wie »Ich bin wütend über...« oder auf eine sonstige Art ausgedrückt: »Tu das nicht« oder »Halt« oder »Ich mag das nicht«. Diese Wutbekundungen erklären, was jemand ertragen kann oder möchte. Ohne diese Verlautbarung besteht die Gefahr, daß andere Menschen auf eine für alle Beteiligten schmerzliche Weise verletzend wirken. Wut kann uns Energie und Ärger ersparen, wenn sie auf eine Weise zum Ausdruck kommt, die verhindert, daß etwas zu weit geht oder in eine falsche Richtung.

Die Art und Weise, wie ich hier den Begriff »Aggression« verwende, unterscheidet ihn von der Wut. Aggression verstehe ich als eine instinktive Reaktion auf Furcht oder Angst. Sie zielt auf den Schutz des Ich ab – oft, indem ein anderer angegriffen wird oder indem man sich von jemandem zurückzieht; d. h. Aggression kann in »Kampf« oder »Flucht« ihren Ausdruck finden. Die »Kampf«-Aggression – die aktive Aggression – äußert sich in einem (körperlichen oder seelischen) Angriff, in Einschüchterung, Beschimpfung, Schuldzuweisung, Bagatellisierung oder negativer Bewertung eines anderen Menschen. Vor Wut oder Feindseligkeit zu explodieren oder einen Gegenstand zu attackieren (z. B. auf eine Tür einzuschlagen) ist eine aggressive Handlung.

Die »Flucht«-Aggression – die passive Aggression – kann sich darin äußern, daß jemand sich innerlich zurückzieht, Dinge mutwillig verzögert oder verschleppt, seinen Sarkasmus dazu benutzt, andere herabzusetzen, oder aber daß jemand die Aggression gegen sich selbst wendet (indem er sich selbst herabsetzt). Kommt Aggression beispielsweise in einem Gespräch oder in einem Krieg zum Ausdruck, so leistet dies weiterer Aggression und Furcht Vorschub. Durch Aggression wird nie etwas geregelt, denn ihr Wesen ist dergestalt, daß sie Schrecken erregt. Wenn ein Mensch sich aggressiv verhält, bekommen die anderen Angst und neigen dazu, sich ebenfalls aggressiv zu verhalten.

Kommt der Typ der aktiven Aggression (»Kampf«) in einem Gespräch zum Ausdruck, ruft er oft den passiven Aggressionstyp (»Flucht«) hervor: Eine Person schreit Schimpfworte, die andere hält sich daraufhin die Ohren zu oder geht weg.

Wird Aggression als Antwort auf Schmerz und Leiden ganz offen geäußert, ruft sie noch mehr Schmerz hervor. Dies ist ein einfaches Beispiel für ein Karma. Wenn man auf sein eigenes Leiden oder seinen Schmerz reagiert, indem man jemanden angreift (oder das Umfeld, indem man etwas zerstört), dann wird man noch mehr Schmerz erleiden, da man ihn »hervorruft«. Als der Samurai aus unserer Geschichte von Himmel und Hölle sein Schwert gegen den Mönch erhob, schuf er damit die Hölle. Wenn eine Nation oder ein Mensch auf eine aggressive Weise reagieren, erzeugt sie (bzw. er) einen Zustand, der eine Atmosphäre begünstigt, in der Furcht, Selbstschutz und noch mehr Aggression herrschen.

Wenn man sich in einem Augenblick großer Schwierigkeiten ruhig und überlegt verhalten kann, kann man feststellen, ob eine Ungerechtigkeit stattgefunden hat oder ob man aus einem Selbstschutz- oder Großartigkeitskomplex heraus reagiert. Wenn man herausfindet, daß das Problem in einem selbst steckt, kann man einen gewissen inneren Abstand gewinnen und es erkennen.

Aber wenn man zu dem Schluß gekommen ist, daß einem selbst oder jemand anderem eine Ungerechtigkeit zugefügt wurde, kann man seinen Groll durch seine Wut ausdrücken. Wut ist ein wirkungsvolles Kommunikationsmittel, um Grenzen zu setzen und auf eine Ungerechtigkeit zu reagieren. Sie sagt etwas über das Ich und über den Toleranzbereich eines Menschen aus, aber sie ist kein Angriff auf einen anderen.

Wenn Aggression als Antwort auf einen Konflikt ganz offen an den Tag gelegt wird, wirkt sie sich auf unsere Verbindung zu anderen zerstörerisch aus. Das Prinzip der vollständigen, globalen Abhängigkeit ist ein wichtiges Abschreckungsmittel, das uns davon abhält, Aggression zu äußern. Obwohl ich mich selbst keineswegs vorbildlich verhalte, wenn es um die Zurückhaltung eigener Aggression geht, habe ich mir selbst geschworen, daß ich in einem Konflikt immer Wut und nicht Aggression einsetzen werde, da ich weiß, wenn ich einen anderen angegriffen oder herabgewürdigt habe, daß ich im Grunde mich selbst angegriffen oder herabgewürdigt habe.

Wenn wir Furcht, Aggression oder Wut empfinden und sie als solche erkennen, dann müssen wir uns keine großen Sorgen darüber machen. Es ist lediglich eine vorübergehende Reaktion. Nur wenn sie anhält und unsere Gedanken und Handlungen negativ beeinflußt, müssen wir die Schritte unternehmen, die ich oben skizzierte. Unsere Wut und Furcht kann mitgeteilt und in den größeren Zusammenhang integriert werden, von dem wir abhängen. Wenn wir wirklich aggressionslos reagieren, erhalten wir die Verbindung zu unserer Umwelt aufrecht.

Wiedergeburt

> *Nicht das Ich wird wiedergeboren; es besteht nur eine fortwährende Kontinuität des »wieder Werdens«. In jedem Augenblick des Lebens wird das Individuum geboren und stirbt, und doch lebt es weiter. Dasselbe gilt für den Augenblick des Todes.*[14]
> Philip Kapleau, 1989

Es wäre ein Fehler, wollte man über die Ethik des Leidens, über Karma oder Verantwortung sprechen, ohne auch die Wiedergeburt zu erwähnen. Aus psychologischer Sicht begegnen wir Tod und Wiedergeburt viele Male im Laufe dessen, was wir als Lebensspanne ansehen. Wenn wir uns zu fest an unser altes Ich – oder an unsere persönlichen Erwartungen darüber, was ein neues Ich uns für Vorteile bringen sollte – klammern, sind wir dazu verurteilt, sehr zu leiden.

Aber wenn wir loslassen und eine neue Existenz wagen können, wie das Leben es verlangt, werden wir innerlich wachsen, uns entwickeln und uns die Lehren zu eigen machen, die wir daraus ziehen können. Diese Lehren erhalten wir durch unsere mitfühlenden Reaktionen auf unser eigenes Leiden und das anderer und durch unser erhöhtes Bewußtsein und die Bereitschaft, die Verantwortung für unsere Handlungen und Absichten zu übernehmen.

Allzuoft habe ich in meiner psychotherapeutischen Praxis gehört, daß ein Klient den Wunsch äußerte, Selbstmord zu begehen, weil er sich zutiefst wegen der Bedingungen, in denen er lebte, schämte. Ein solcher Mensch hat häufig Angst davor, das Leben zu führen, das er sich geschaffen hat, weil dieses Leben so sehr mit dauerhaften Mängeln behaftet zu sein scheint, daß er es als ein Ding der Unmöglichkeit ansieht, es wieder in die richtigen Bahnen zu lenken. Wenn ich »allzuoft« sage, so meine ich, daß unsere Gesellschaft nur wenig Einsicht darüber vermittelt, wie man trotz großer Lebensprobleme nicht verzweifelt, wenn man entweder persönlich versagt hat oder mit Schwierigkeiten belastet ist, die von der äußeren Umgebung herzurühren scheinen – von unserer körperlichen Beschaffenheit, sexuellen Orientierung, unserem Geschlecht, unserer Rasse oder der gesellschaftlichen Schicht, der wir angehören. Allzuoft begehen Menschen Selbstmord aus dem einfachen Wunsch nach Erlösung.

Was bedeutet dieser Wunsch? Wie ich anhand von Gesprächen mit vielen Menschen herausgefunden habe, ist er gewöhnlich die »magische« Vorstellung, der Tod sei gleichzusetzen mit Verschwinden, mit einem Einschlafen für immer, mit dem Heraustreten aus dem Universum. Der Tod scheint dann die beste Reaktion auf das Schamgefühl und die letztendliche Erlösung von aller Verantwortung zu sein.

Dieser Glaube, daß wir durch den Tod »verschwinden«, ist in vieler Hinsicht die Folge einer bestimmten Art des wissenschaftlichen Denkens: Damit etwas als wahr gilt, muß es auf empirischem Wege bewiesen werden. Es wird vorausgesetzt, daß empirische Wahrheiten unwiderruflich und über alle Deutungen erhaben sind[15]. Diese Auslegung der Wahrheit hat eine bedeutende Rolle für den wissenschaftlichen Mythos der Gegenwart gespielt. Obwohl sie von einer anderen Wahrheitsinterpretation als inadäquat enthüllt worden ist – wonach die menschliche Deutung, alles, was wir wissen, nicht transzendiert werden *kann* –, hat die empirische Auslegung in weiten Bereichen der westlichen Kultur gewöhnlich sehr großen Einfluß.

Eine besondere Variante des wissenschaftlichen Empirismus ist als »rationaler Empirismus« bekannt. Seine Hauptthese über das menschliche Leben lautet: »Nur das, was man sieht, existiert.« Diese These ist in die Anschauung umgewandelt worden, daß der Tod ein Akt des Verschwindens sei. Wenn der Tod das Ende des physischen Körpers ist, dann ist eben nichts anderes von ihm zu erwarten als das Ende allen Seins. Wenn nichts mehr zu sehen ist, dann geschieht auch nichts mehr.

Dieser Mythos über den Tod, der wissenschaftlichen Anspruch erhebt, gibt jemandem, der zutiefst beschämt über sein eigenes Leben ist, einen stichhaltigen »vernünftigen« Grund für den Selbstmord; das gilt ebenso für einen Mord, den jemand begeht, der zutiefst neidisch ist. Wie andere Phantasien, die sich um Zauberei oder Allmacht ranken (denen zufolge wir Dinge durch unser Wünschen und Wollen beherrschen), scheint die Anschauung, die hinter dem Satz »Nur das, was man sieht, existiert« steht, doch recht einfältig zu sein. Seit Ewigkeiten ist der Tod ein unlösbares Geheimnis, und der Glaube an ein Leben nach dem Tod ist in vielen menschlichen Kulturen auf der ganzen Welt anzutreffen. Mir scheint, die Anschauung »Nur das, was man sieht, existiert« wird dem Phänomen des Todes nicht gerecht.

Ich meine, es wäre unsere Pflicht, jedwede rationale Überzeugung, daß wir die unwiderrufliche Wahrheit über den Tod wüßten, zu überdenken. Ansonsten würde das, was nach dem Tod geschieht, zwangsläufig gleichbedeutend damit sein, aus dem Kreis der menschlichen Gemeinschaft ausgetreten zu sein. Unsere Philosophen sprechen vielleicht nicht für uns alle, aber der Philosoph

Thomas Nagel spricht sehr bestimmt das aus, was ich schon oft von Klienten gehört habe, die den Selbstmord ernsthaft in Betracht ziehen:

»Manche Leute glauben an ein Leben nach dem Tod. Ich gehöre nicht dazu. Was ich sage, beruht auf der Annahme, daß der Tod nichts ist – und daß er endgültig ist. Ich glaube, es läßt sich nicht viel über ihn sagen: Er ist ein großer Fluch, und wenn wir ihm wirklich ins Auge schauen, kann man ihm keine besonders attraktive Seite abgewinnen...«[16]

Ich bin weder Metaphysikerin noch Theologin. Meine Belange sind die praktischen einer Psychologin und die transzendenten eines gewöhnlichen menschlichen Wesens. Vom praktischen Standpunkt aus betrachtet – und in Kenntnis der Theorien von der menschlichen Entwicklung, die im übrigen fest in der empirischen Wissenschaft verankert sind – sehe ich keinen Grund, die Schlußfolgerung zu ziehen, daß der Tod etwas Endgültiges ist. Als gewöhnliches sterbliches Wesen habe ich bisher in keiner Weise jenseits der Todesschwelle geblickt; auch kann ich mich weder an irgendwelche früheren Leben erinnern, noch besitze ich irgendeine Form der Allwissenheit. Und doch kann ich mir den Tod nur als Übergang vorstellen, als einen Teil des Lebens innerhalb seiner ununterbrochenen Wandlung von Energie und Form.

Wenn also Menschen mit dem Wunsch, sich durch den Tod auszulöschen, zu mir kommen, frage ich sie zuerst: »Was glauben Sie, werden Sie damit gewinnen, daß Sie sich selbst töten?« Und immer höre ich dann eine Antwort, die der ähnelt, welche ich oben geschildert habe. Niemand hat je die »Wiedergeburt« oder etwas Vergleichbares angesprochen. Immer war der Akt des Verschwindens das Ziel des Selbstmordes. Ich stelle dann stets die zweite Frage: »Was ist, wenn der Tod lediglich eine Fortführung des Lebens ist und der Selbstmord die Dinge eher noch verwirrender und schwieriger macht, als sie jetzt schon sind – da Sie mit all diesen Gefühlen fertigwerden müssen, die Sie aufwühlen, indem Sie sich etwas so Gewaltsames antun?«

Gewöhnlich verflüchtigt sich das Wunschdenken mit dieser

Frage. Der Klient zieht dann oft zum allerersten Mal die Möglichkeit in Betracht, daß der Tod eine Entwicklung, ein Übergang ist, der der Vorbereitung bedarf, dem man ganz ruhig und vorbehaltlos ins Auge sehen muß. In meiner gesamten Erfahrung, die ich im Krankenhaus machte, hat kein Mensch, der sich zu töten versuchte, je an den Tod als einen Übergang gedacht, sondern ihn immer als einen Akt des Verschwindens betrachtet. Wenn Menschen den Tod als Entwicklung ansahen – ganz gleich, ob sie jung oder alt waren – hatten sie letzten Endes immer den Wunsch, ihr Leben weiterzuführen und eine Möglichkeit zu finden, die Verwirrungen und Schwierigkeiten zu meistern, denen sie gegenwärtig ausgesetzt waren.

Wenn ich mit suizidgefährdeten Klienten spreche, sage ich oft: »Was ist, wenn dieses Leben, das Sie führen, speziell für Sie vorgesehen war? Und wenn es bestimmte Lehren beinhaltet, die nicht beliebig, sondern ganz persönlich sind? Wären Sie daran interessiert, es fortzuführen, bis Sie diese Lehren herausgefunden haben?« Oft lautet die Antwort dann: ja.

Während meiner Arbeit als Therapeutin bin ich mir in zunehmendem Maße des Gesetzes von Ursache und Wirkung bewußt geworden, demzufolge unsere Handlungen und Absichten Ergebnisse hervorbringen, die unausweichlich sind. Im Buddhismus führt das Karma eines bestimmten Lebens zur Wiedergeburt in einem nächsten Leben, das die weiterwirkenden Folgen von Gedanken und Handlung widerspiegelt. Diese Lehren, die einem bevorstehen, kann man weder vermeiden noch ihnen entgehen. Sie werden im nächsten Leben eine Rolle spielen, da das Karma von der Handlung zur Folge führt. Die Verhältnisse, in die jemand hineingeboren wurde, und die ihn für sein gesamtes Leben prägen, bieten ganz bestimmte Chancen und Triebkräfte zur Entwicklung, die in Verbindung zu früheren Leben stehen.

Roschi Kapleau drückt es so aus:

»Wir sind hier, um unser vergangenes Karma zu lösen – das positive wie das negative. Das bedeutet viel mehr als nur das Bezahlen vergangener karmischer Schuld. Man kann sich sein gegenwärtiges Leben als eine riesige Schule oder Sporthalle vorstellen, wo man sich körperlich, geistig, moralisch und spirituell zu entwickeln sucht – mit anderen Worten, wo man das Niveau des eigenen Bewußtseins und der Bewußtheit von anderen zu heben sucht.«[17]

Der Gedanke, daß jedes Leben eine »riesige Schule« ist, entspricht auch dem, was ich in meiner Arbeit im Krankenhaus mit Menschen beobachtet habe, die sich in verschiedenen Stadien von Gesundheit und Krankheit befanden. Wir können es ebenso an einem Bericht über unfreiwillige Schmerzen wie dem von Dan Gottlieb sehen, als auch an einem zur Wandlung führenden selbstgewählten Weg, wie bei Roschi Kapleau. In beiden Fällen brachte ihr positives und negatives Karma sie auf manchen schwierigen Umwegen dazu, ihr Ziel im Leben zu finden, zur richtigen Selbsteinschätzung zu gelangen und Mitgefühl zu entdecken; einzig ihr Widerstand behinderte diesen Prozeß und verursachte ihnen viel Leiden.

Aus buddhistischer Sicht existiert für jedes bestimmte Leben eine Kohärenz oder Logik. Der Buddhismus lehrt, daß wir von bestimmten Eltern »angezogen« werden, beziehungsweise dazu getrieben werden, als ihr Kind auf die Welt zu kommen – mit anderen Worten: daß wir die Eltern erhielten, die wir haben (oder hatten), ist nichts Willkürliches. Unsere psychologischen Komplexe sind durch die Familienverhältnisse, in die wir hineingeboren werden, geprägt. Diese Komplexe, die mit starken Emotionen einhergehen, bringen uns dazu, Beziehungs- und Identitätsmuster zu erzeugen, die die Tendenz haben, die ursprünglichen Muster, in die wir hineingeboren sind, zu wiederholen. Durch diese Kindheitskomplexe werden wir von bestimmten Menschen und Lebenssituationen angezogen oder abgestoßen.

Also sind wir im Laufe unseres Lebens entweder zu »Wiederholungszwängen«[18] (wie Freud sie nannte) unserer frühen Beziehungs- und Identitätsmuster verdammt, oder wir lösen uns allmählich daraus und befreien uns durch unser Bewußtsein. In jedem neuen Entwicklungsstadium haben wir – mit der Veränderung unserer körperlichen, kognitiven und emotionalen Fähigkeiten – neue Chancen, zu einem höheren Bewußtsein zu gelangen.

Dieses Wissen hat es mir ermöglicht, Menschen durch recht verwirrendes und ungeordnetes »Gelände« zu begleiten, bis wir den Sinn ihrer psychologischen Komplexe herausfanden und sahen, welche Ursachen ihnen zugrunde lagen und auf welche Weise sie ihr Elend immer wieder selbst schufen; am Ende gelang es ihnen, von dieser ständigen Wiederholung loszukommen.

An diesem Punkt entsteht dann immer ein Gefühl von Freiheit – der Freiheit, sich selbst und die anderen im Kontext übergeordneter Ziele zu sehen. Hat ein Mensch begonnen, sich aus der Gewalt seiner Kindheitskomplexe zu befreien, stellen sich ihm spontan und ganz unvermeidlich die großen geistigen Fragen über das Ziel und den Sinn des Lebens, über die Grundlage von Wahrheit und Wirklichkeit und über das Wesen des Todes. Es ist, als könnten wir den größeren Kontext des menschlichen Lebenssinnes nicht erfassen, ehe wir nicht unsere narzißtischen und traumatischen Wunden und Vorurteile überwunden haben – zumindest soweit, daß wir hinter die Mauer des Leidens sehen.

Der individuelle Schmerz und das Leiden, mit denen ein Mensch konfrontiert wird und die er selbst erzeugt, bringen ihn mit einer bestimmten Art von Wissen und Mitgefühl in Berührung. Wie wir in der Darstellung der vier Lebensläufe gesehen haben, ist das Leiden, das aus den psychologischen Komplexen – unseren Neurosen oder Störungen – erwächst, oft die erste Gelegenheit, eine tiefgreifende Neugier auf das, was gerade um uns und in uns geschieht, zu entwickeln. Leiden führt zu Fragen über Sinn und Ziel des Lebens. Schmerz, Verlust und Begrenzung machen uns das Problem des isolierten Ich bewußt, zeigen uns, in welcher Weise wir uns ausgeschlossen, entfremdet und betrogen fühlen. Diese Voraussetzungen – verbunden mit dem Erleben von Liebe (sei sie gegeben oder erhalten) – geben uns dann die Chance, ein besserer Mensch zu werden; wenn wir also imstande sind, die Dinge von einem Blickwinkel aus zu sehen, der über das isolierte, abgegrenzte Ich und das »Nur das, was man sieht, existiert« hinausgeht. Aus buddhistischer Sicht ist es »genau die Verbindung aus Schmerz und Vergnügen im menschlichen Dasein, die die besten Bedingungen für ein tiefgehendes Verständnis und für die Selbstverwirklichung liefert.«[19]

Wir haben in den hier vorgestellten Lebensgeschichten gesehen, wie Tod und Wiedergeburt innerhalb eines Lebens stattfinden. Selbst bei tiefgehenden Veränderungen der Verhaltensmuster und Handlungsmotive eines Menschen wird immer etwas vom alten Ich ins neue Ich hinübergetragen. Dieses »etwas« könnte man eine integrative Funktion nennen; es ist die Funktion der Kontinuität und Kohärenz, die durch das Selbstbild und die Wahrnehmungen entsteht. Aus der Sicht des Buddhismus wird dasselbe »etwas« nach dem Tod des physischen Körpers in das nächste Leben hinübergetragen. Es wird als Konfiguration oder treibende Kraft bezeichnet, die sich aus den Handlungen, Motivationen und Wünschen – dem Karma – eines Menschen entwickelt hat.

So wie Sie bei Ihrer Geburt nicht derselbe Mensch wie jetzt waren, so werden Sie nicht derselbe Mensch bei Ihrer Wiedergeburt sein, der Sie bei Ihrem Tod sein werden. Das Karma eines menschlichen Lebens unterläuft während des Tod-Wiedergeburts-Prozesses einige voraussagbare Wandlungen, aber die Fähigkeiten des freien Willens und das Bewußtsein sind während des Wiedergeburts-Prozesses beträchtlich eingeschränkt. Buddhistischen Gelehrten und Lehrern zufolge wird das menschliche Leben als kostbare Gelegenheit zu Entwicklung und Befreiung betrachtet.

Beobachtet man sich selbst in seinem eigenen Leben, wird einem in zunehmendem Maße aufgehen, wie man sein Leiden immer wieder aufs neue erzeugt, bis man seinen Teil der Verantwortung verstehen und diesem Prozeß Einhalt gebieten kann. Wenn man zurückschaut auf die verschiedenen Persönlichkeiten, die man in nur einem Jahrzehnt gewesen ist, und die Fähigkeiten, die man in dieser Zeit gehabt hat, sieht man, wie sehr das Leben von Veränderung und Unbeständigkeit gekennzeichnet ist, obwohl vieles unveränderlich zu sein schien. Ist man sich bewußt, daß man nicht mehr dasselbe Ich hat wie zehn Jahre zuvor, so kann man allmählich begreifen, was der Buddhismus über die vergängliche Natur des Ich lehrt. Erkennt man, wie man bisher seine eigenen emotionalen Kindheitsmuster ausgelebt hat, wird man etwas von dem verstehen, was der Buddhismus über das Karma sagt und was Jung und Freud über die Zwänge gesagt haben, unter denen wir solange Muster aus unserer Vergangenheit wiederholen, bis sie uns bewußt geworden sind. Wahrscheinlich kann man ebenfalls sehen, wie die eigenen Interessen, das Wissen, die Arbeit und die Beziehungen Ausdruck dessen sind, was man durch Leiden gewonnen oder verstanden hat.

Dies ist das Kennzeichen des menschlichen Lebens, daß es jeden von uns an Gelegenheiten zur Entwicklung heranführt. Obwohl wir über den Schmerz grollen und diejenigen hassen, die wir dafür verantwortlich machen, können wir ohne ihn nichts über uns selbst lernen. Betrachtet man sein eigenes Leben durch diese Brille, so ist es leicht, die Logik der Wiedergeburt zu erkennen. Die Logik besteht ganz einfach darin, daß der Tod nicht das Ende, sondern eine Wandlung ist, die vielen Wandlungen ähnelt, an die wir uns unschwer erinnern können.

Ich nenne dies das psychologische Verständnis für das Prinzip der Wiedergeburt; und ich glaube, es ist – aus rationeller Sicht – eine überzeugendere Hypothese als jene Hypothese, wonach der Tod das unwiderrufliche Ende unserer Entwicklung sein soll. Jedenfalls ist die Hypothese von der Wiedergeburt für mich von großem Nutzen, wenn ich Menschen helfe, ihnen den Sinn ihrer psychologischen Komplexe zu erschließen. Da ich glaube, daß es einen Grund für unsere frühen Lebensumstände gibt und daß unser Schicksal der Ausdruck eines von bestimmten Grundsätzen geleiteten Universums ist, in dem wir uns seit Ewigkeiten entwickeln, kann ich vorurteilsloser sein, wenn es darum geht, den Sinn von Kindheitstraumata, Verlusten, Gebrechen, Krankheiten, ja selbst vom Tod zu entdecken und zu akzeptieren.

Das Gefühl, daß es eine Kohärenz in einem zielgerichteten

Universum gibt, hilft mir sogar, wissenschaftliche Entdeckungen unserer Zeit besser zu verstehen, insbesondere was die Entwicklungspsychologie und das Studium des menschlichen Bewußtseins betrifft. Vielleicht ist es mehr als alles andere diese Kohärenz, die ich spüre, die mein Mitgefühl und meinen Mut bei der Begegnung mit dem Karma auf allen Ebenen unserer Existenz steigert.

Den Maulesel rückwärts reiten

Der Zenmeister Dogen hat darauf hingewiesen, daß Angst, sofern sie nicht verdrängt wird, die treibende Kraft für die Erleuchtung ist, da sie das menschliche Dilemma offenbart und gleichzeitig unseren Wunsch, daraus auszubrechen, erweckt.[20]
Philip Kapleau, 1969

Es existieren nur wenige Theorien darüber, auf welche Weise Leiden uns in unserer heutigen Welt nützen kann. Bei den maßgeblichen Vertretern der Medizin und Biologie – und in manchen Fällen sogar der Psychologie – ist ein fast einheitlicher Mangel an Interesse für den hohen Wert des Leidens zu beobachten. Statt dessen konzentrieren sie sich auf seine Vermeidung oder Ausschaltung. Diese Denkungsart ist dazu angetan, uns einzureden, Schmerz und Leiden seien unerträglich und nutzlos. In diesem Buch habe ich einen anderen Denkansatz vorgestellt und auf eine alternative Art und Weise hingewiesen, unsere Nöte als bedeutende Katalysatoren für Veränderung und Entwicklung zu betrachten.

Ich schreibe gegen den gegenwärtigen Trend an, der eine ausgedehnte Sammlung an Genesungs- und New-Age-Rezepten beinhaltet, mit deren Hilfe wir gesund und glücklich bleiben und die Dinge beherrschen sollen, sowie gegen wissenschaftliche Ideologien der Genmanipulation, die uns Heilmittel für alle großen Krankheiten versprechen und uns in Aussicht stellen, sie könnten den Tod besiegen. Indem wir versuchen, ein Gen für Kriminalität, eine körperliche Ursache für Hoffnungslosigkeit und immer bessere Drogen für die Behandlung schlechter Stimmungen zu finden, richten wir unser Augenmerk auf die menschliche Biologie, um dort den Ursprung oder Grund unseres Leidens auszumachen. Dies ist ein großer Irrtum.

Ein Großteil unseres Leidens hat seinen Ursprung in unserer eigenen Unzufriedenheit. Wenn wir das erkennen, beginnen wir, einen Weg in Richtung Freiheit zu finden. Unsere Gesellschaft bewegt sich psychologisch und geistig in eine gefährliche Richtung, da wir einen immer größeren Anteil unserer persönlichen Schwierigkeiten durch Biologie und Gene zu erklären versuchen. Wir schauen nicht mehr in den Spiegel der Selbsterkenntnis.

Ohne die Erkenntnis, daß und wie wir einen Großteil unserer Probleme selbst erzeugen, haben wir keinen moralischen und seelischen Halt. Wir sind zwar häufig zutiefst verwundert über den Anstieg von Gewalt und Zerstörung in unseren Städten und die Bereitschaft unserer Jugend, ihr eigenes Leben und das anderer Menschen zu vernichten. Aber ganz offensichtlich besteht in weiten Teilen der Bevölkerung kein Verständnis für die Ethik des Leidens, wonach ein Mensch sein eigener Urheber ist und wir, was immer wir tun, für die Folgen unserer Handlungen verantwortlich sind. Es fehlt das Gefühl für eine persönliche Verbindung zwischen Handlung und Konsequenz; es existiert kein Glaube, daß der Tod ein Übergang ist, und kein Verlangen nach Mitgefühl oder dem Gewähren einer Hilfeleistung, durch die man sich selbst besser kennenlernte.

Eine berühmte Geschichte über Buddha handelt von seiner Begegnung mit einer sehr jungen Mutter, die ihr kleines Kind verloren hatte: Sie war außer sich vor Kummer und Empörung und reiste, ihr Kind in den Armen, von Dorf zu Dorf, in der Hoffnung auf ein Wunder, das ihr Kind wieder lebendig machen könne. Jemand erzählte ihr, daß nur Buddha, der in einer nahegelegenen Stadt predigte, eines solchen Wunders fähig sei. Als sie in der Stadt ankam und die Menschenmenge um Buddha versammelt fand, bahnte sie sich einen Weg hindurch und stand dann vor ihm.

»Wenn du ein Wunder vollbringst und mir mein Kind wieder lebendig machst, werde ich dafür tun, was immer du willst«, sagt sie mit rührender Offenheit. Buddha sah, wie groß ihr Kummer war, und sagte zu ihr: »Bring mir ein Senfkorn aus einem Haus, in dem noch nie ein Todesfall eingetreten ist, dann will ich das Wunder vollbringen.« Das klang wie eine leichte Aufgabe, und sie erklärte sich gerne einverstanden und machte sich mit tiefer Dankbarkeit im Herzen auf den Weg.

Sie ging von Tür zu Tür in diesem und anderen Dörfern, ihr totes Kind in den Armen, und fragte in jedem Haus, ob dort schon einmal ein Toter zu beklagen gewesen sei. Sie hörte von vielen tragischen Todesfällen und von vielen Krankheiten, und ihr Herz öffnete sich für den Schmerz anderer Menschen. Am Ende begriff sie, daß jede Familie schon einmal vom Tod heimgesucht worden war, und kehrte zu Buddha zurück.

»Ich weiß jetzt, was du mir zeigen wolltest«, sagte sie. »Ich bin in meiner Not nicht allein. Alle Menschen müssen den Tod ertragen, nicht nur ihren eigenen, sondern auch den der Menschen, die in ihrem Umfeld leben.« Buddha bot ihr freundlich an, die Beerdigung für ihr Kind abzuhalten und ihr danach zu zeigen, wie ihr Leiden gelindert werden könne. Sie wurde eine seiner engagiertesten Schülerinnen und am Ende selbst eine bedeutende Lehrerin.

Wie wir in diesem Buch immer wieder gesehen haben, besteht die einzige wirkliche Freiheit von Leiden und Tod darin, beide Phänomene zu akzeptieren, sich damit auseinanderzusetzen und allmählich zu sehen, wie sie uns durch ihre Bedeutung mit uns selbst und durch das daraus entstehende Mitgefühl mit den anderen verbinden. Obwohl wir möglicherweise viele Heilmittel gegen unsere Krankheiten und für die Linderung unserer Schmerzen finden, haben wir nur dann Zugang zu Wissen und Mitgefühl – die dem Leben ein Ziel geben –, wenn wir in der Lage sind, unsere eigenen Befürchtungen und Ängste in Anteilnahme und Interesse am Nächsten zu verwandeln. Dieses Gefühl, ein Ziel zu haben, verhilft zu mehr Kreativität und transzendenter Kohärenz und ermöglicht uns, zukünftige Schwierigkeiten und Verluste ruhiger zu überstehen und den inneren Reichtum zu schätzen, den sie uns durch die Anforderungen, die sie an uns stellen, geben.

Bisher interessiert es uns Menschen nur wenig, zu wissen, wie wir dem Leiden einen Sinn geben können; statt dessen konzentrieren wir uns darauf, den Schmerz zu bezwingen, der uns so viel lehren kann.

Heutzutage besteht die Tendenz, eine Depression als »physiologische Krankheit« zu betrachten, denn wir verfügen über Antidepressiva, die zuweilen tatsächlich die Symptome lindern können. Es ist gut möglich, daß einige Depressionsformen eine physiologische Komponente haben, ja, sie mögen sogar physiologischen Ursprungs sein, aber es ist keinesfalls bewiesen, daß Depression eine physiologische Krankheit ist. Die Biochemiker wissen nicht einmal, warum Antidepressiva bei manchen Depressionen helfen. Und doch behaupten wir, wir wüßten, was eine Depression ist.

Eine Depression ist eine vorübergehende Stimmung, etwas, was wir alle von Zeit zu Zeit haben, und wir wissen nicht viel mehr über ihre Ursachen als vor hundert Jahren. Wir wissen etwas über manche Depressionsarten, aber wir kennen den größeren Rahmen nicht. Die Werbebroschüren neuer Antidepressiva lenken unser Augenmerk lediglich auf die Physiologie, nicht auf unsere eigene negative Einstellung oder unsere Unzufriedenheit.

Der Psychiater Peter Kramer[21] empfiehlt in seinem erfolgreichen Buch über das Psychopharmakon Prozac (Fluctin) nicht nur dieses, sondern auch andere Antidepressiva, die den Serotoninspiegel heben; er behauptet zudem, Prozac könne bewirken, daß die Patienten sich »besser als gut« fühlen.

Warum sollte sich jemand »besser als gut« fühlen? Es ist eine Sache, einen lähmenden Depressionszustand zu bessern, damit ein Mensch elementares Selbstbewußtsein entwickeln kann, aber es ist eine andere, alles zu tun, um gewöhnlichen Schwierigkeiten auszuweichen. Leser von Kramers Buch können leicht den Eindruck gewinnen, Prozac werde ihre sämtlichen Lebensprobleme lösen – angefangen von schlechter Stimmung bis hin zu einem Mangel an Selbstvertrauen. Selbst wenn Antidepressiva eine stabilisierende Wirkung bei einer seelischen Störung haben können, so haben wir doch die Verbindung zwischen Leiden und Sinngebung zerbrochen, wenn wir erwarten, unsere Lebensprobleme mittels Medikamenten lösen zu können.

Durch meine Erfahrung mit depressiven und ängstlichen Erwachsenen habe ich gesehen, daß sie innerhalb ihrer Zyklen aus Depression und Wiederherstellung innerlich stärker wurden, wenn sie sahen, wie ihre eigenen psychologischen Komplexe – die negative Einstellung und die Unzufriedenheit – ihre depressiven Stimmungen auslösten.

Schauen wir in den Spiegel der Selbsterkenntnis, können wir Verzweiflung, Groll, Neid und Selbstmitleid verringern – Eigenschaften, die immer mehr Menschen in den Wohlstandsgesellschaften der heutigen Welt kennzeichnen.

Wir sollten noch viel mehr Geschichten zuhören, in denen Leiden eine zentrale Rolle spielt, um unsere eigenen Erfahrungen in einem bedeutungsvollen Kontext zu erforschen, um durch die grundlegenden Übergänge von Leiden zu Mitgefühl geführt zu werden und mit der Ethik des Leidens in Berührung zu kommen.

Wir Menschen in unseren westlichen Gesellschaften haben in hohem Maße das gesellschaftliche Problem, uns und manche Dinge zu »idealisieren«; wir ergehen uns in großartigen Phantasien, wer wir angeblich sind und was wir beherrschen sollten. Damit trennen wir uns geistig von anderen Völkern und anderen Lebewesen und haben uns möglicherweise bereits gefährlich nahe an die Grenze der Auslöschung gebracht. Diese Idealisierung – gleichermaßen ein Hang, sich von den natürlichen Bedingungen wie auch Begrenzungen des menschlichen Lebens befreit zu fühlen – rührt von unseren falschen Vorstellungen her, die wir in bezug auf Kontrolle und Unabhängigkeit haben. Viele Aspekte der westlichen Kultur – angefangen von unseren Geschichten über Helden und Genies (Geschichten, die immer den Einfluß von Familienmitgliedern und anderen Personen, die zu deren »Größe« beigetragen haben, außer acht lassen) bis hin zu unserem Glauben an das wahre Selbst, fördern unsere Isolation und die Überschätzung unserer persönlichen Bedeutung – vielleicht sogar der Bedeutung der menschlichen Gattung überhaupt.

Das menschliche Vermögen, abstrakt zu denken und symbolische Konzepte zu erstellen, die mit konkreten Situationen nichts zu tun haben, ist vielleicht eine der bedeutendsten Fähigkeiten unserer Gattung. Wenn diese Fähigkeit nicht kontrolliert wird – das heißt, wenn sie hauptsächlich oder unbewußt durch *Dukkha* bestimmt ist –, kann sie auch ins Verderben führen, da der Wunsch nach immer größerer Kompetenz als wichtiger angesehen wird als unsere gegenseitige Verbundenheit.

Unsere Wirtschaftssysteme gründen sich auf Wettbewerb und Individualismus, und obwohl wir durchaus die Möglichkeit haben, das komplexe System einer wahren Demokratie zu verstehen, scheinen wir uns mehr und mehr auf ein Nullsummenspiel hin zu bewegen, bei dem persönlicher Gewinn im Mittelpunkt steht und das sich in Richtung Selbstschutz und Isolierung bewegt. Großenteils ist dies ein Ergebnis unseres Glaubens an das individuelle Recht auf Glück – ohne Rücksicht auf die Nachteile, die andere Menschen und andere Lebewesen dadurch erleiden.

Unsere Fähigkeit zur Kompetenz suggeriert uns das Gefühl, die Beschränkungen und Grenzen, denen das Leben auf diesem Planeten unterliegt, gälten nicht für uns. Doch wenn wir unser Leiden erkennen und sehen, wie wir es selbst erzeugen, können wir uns von dem ständigen Drang, immer besser zu werden, befreien und anfangen, die umfassende Abhängigkeit unseres Daseins zu begreifen.

Wenn wir nach und nach persönliche Verantwortung für unsere Einstellungen, Absichten und Handlungen übernehmen, beginnen wir, uns von den Zwängen des Selbstschutzes zu befreien. Wir »reiten den Maulesel rückwärts« und sehen uns selbst im

Spiegel unserer höllenartigen Existenz. Wir erringen die Fähigkeit, diese Hölle in den Himmel zu verwandeln.

Bei innerlich starken Menschen ist besonders eindrucksvoll, daß sie erlebte Nöte, Miseren, Traumata und Gewalterfahrungen in einen kohärenten und bedeutsamen Zusammenhang stellen können. Sie verwandeln schmerzliche, schreckliche Erlebnisse in sinnvolle Ziele, in Mitgefühl und Kreativität. Von der Psychologie und dem Buddhismus gleichermaßen können wir lernen, warum unsere Deutungen, unsere Eigenschaften und Absichten so grundlegend bei der Lebensgestaltung sind.

Wenn man seine Wahrnehmung von einem Ereignis oder einem Menschen ändert, ändert sich auch das Wahrgenommene. Subjekt und Objekt werden durch die Wahrnehmung vereint. Diese Deutung einer Welt, die auf Bewußtsein beruht, scheint nur dann weit hergeholt, wenn wir an der Vorstellung von einem einzelnen, abgegrenzten Ich festhalten. Wenn wir das Ich als abhängig und verbunden begreifen mit einer integrierenden Funktion und dem Vermögen, Kohärenz und Sinn zu vermitteln, dann schätzen wir die Freiheit der Menschen viel höher ein. Diese Freiheit ermöglicht neue Sinngebungen; insbesondere bringt sie uns in Zeiten von Schmerz und Leiden zu den Wurzeln unseres Mitgefühls. Wenn wir die Brücke überqueren, die vom Verlangen nach Selbstschutz zu Mitgefühl und Wissen führt, haben wir die Welt verändert. Ohne den alltäglichen Anstoß, der durch unser Leiden – das heißt unsere eigene Unzufriedenheit – erfolgt, würden wir diese Brücke wahrscheinlich nie finden.

Anmerkungen

Erstes Kapitel

1. »alter weiser Chinese«: Mein Patient fand diese Geschichte von dem alten weisen Chinesen in dem Kriminalroman von E. S. Gardner, *Case of the Backward Mule*, New York 1946.
2. »Antileidenskampagnen«: Die gegenwärtige nordamerikanische Kultur bietet viele schnelle Lösungen zur Linderung psychischer Probleme. Beispielsweise werden die stimmungsaufhellenden Antidepressiva, die Ärzte verschreiben, um ihren Patienten die Bewältigung ihrer Schwierigkeiten zu erleichtern, fälschlicherweise als Heilmittel dargestellt, die alles ausschalten, was im Leben eines Menschen schiefläuft (siehe P. Kramer: *Glück auf Rezept*, München 1995). Jane Hirschmann und Carol Munter weisen in ihrem Buch *Schluß mit den Diätkuren: So überwinden Sie die Eßsucht in einer Welt des Überflusses* (München 1992) darauf hin, daß die meisten Modediäten – obwohl die mit ihnen verbundene verminderte Kalorieneinnahme nur das Äußere eines Menschen verändert – nicht nur versprechen, das Übergewicht zu eliminieren, sondern zudem auch alle Eigenschaften, derer die Menschen sich schämen (wie übertriebene Eßlust und Beziehungsarmut).
3. »dysfunktionale Familie«: Ein Begriff, der in den achtziger Jahren aufkam. Er bezieht sich auf ein Familiensystem, in dem mindestens eine Person einen Mangel an Verständnis, Wärme, Stabilität und kindgerechter Betreuung aufwies. Dieser Begriff wurde ursprünglich geprägt, um das chaotische familiäre Umfeld zu beschreiben, dem erwachsene Kinder von Alkoholikern in ihrer Kindheit ausgesetzt waren.
4. Freud und Jung: Die Vorstellung, daß Einsicht neurotische Symptome erleichtern kann, zieht sich durch Freuds gesamtes Werk (siehe insbesondere »Erinnern, Wiederholen, Durcharbeiten«); diese Auffassung besteht auch in Jungs Werk; sie kommt vor allem in Jungs *Gesammelten Werken, Band 16* zum Ausdruck.
5. Jung: Jungs Vorstellung von der »Kompensation« – in der die bewußten oder offenkundigen Aspekte der Persönlichkeit in Spannung zu ihren Gegenstücken im Unbewußten stehen – enthält die inhärente Auffassung, daß neurotische Symptome uns vom eigentlichen Schmerz ablenken. Diese Auffassung und ihre Ausweitung auf eine umfassendere Phi-

losophie über das Ziel der Neurose (um uns unser Geteiltsein bewußt-zumachen) wird in den gesamten *Gesammelten Werken* entwickelt, findet sich insbesondere jedoch in den *Zwei Schriften über Analytische Psychologie* in Bd. 7 und in *Die Praxis der Psychotherapie*, Bd. 16 der *Gesammelten Werke*.

6. Jung-Zitat in: D. J. Meckel, R. L. Moore (Hrsg.): *Self and Liberation: The Jung-Buddhism Dialogue*. Mahaw, N. X. Paulist Press 1992, S. 50.

7. »Buddhismus«: Folgende Texte geben einen Überblick über die buddhistische Religion und Philosophie: Dalai Lama: *Eine Politik der Güte,* Olten 1992; J. Goldstein und J. Kornfield: *Einsicht durch Meditation*, Bern, München 1989; P. Kapleau: *Die drei Pfeiler des Zen*, München 1979; J. Kornfield: *Frag den Buddha – und geh den Weg des Herzens*, München 1995; N.W. Ross: *Buddhism: A Way of Life and Thought*, New York 1980; W. Rahula: *Was der Buddha lehrt*, Bern 1982; S. Suzuki: *Zen-Geist, Anfänger-Geist*, Zürich, München 1993.

8. »Schwierige Kindheit«: Für weiterführende Angaben über den theoretischen Standpunkt, demzufolge Widrigkeiten die Entwicklung fördern können, siehe C. G. Jungs Autobiographie *Erinnerungen, Träume, Gedanken*, Olten 1987; H. S. Sullivan: *Die interpersonale Welt der Psychiatrie*, Frankfurt/Main 1980; H. Kohut: *The Analysis of the Self*, New York 1971; H. Kohut: *The Restoration of the Self*, New York 1977.

9. »Belastbarkeit«: Ann Masten, Karin Best und Norman Garmezy haben drei Verwendungsmöglichkeiten des Begriffs »Belastbarkeit« festgestellt: 1. gute Ausgangsbasis trotz hochgefährdeter Lebenssituation, 2. Kompetenz trotz bedrohlicher Situation und 3. Genesung von Traumata (siehe »Resilience and Development: Contributions from the Study of Children Who Overcome Adversity«, in: *Development and Psychopathology*, 2 (1990), S. 426).
Ein anderer Forscher stellt Belastbarkeit nicht als Unverwundbarkeit, sondern als in vieler Hinsicht nachteilig dar (siehe S. S. Luther: »Vulnerability and resilience: A Study of High-Risk Adolescents«, in: *Child Development*, 62 (1991), S. 600–616).
Jede dieser Definitionen impliziert, daß der belastbare Mensch auch unter den Problemen zusammenbrechen kann. Der entscheidende Unterschied ist, daß der »Belastbare« oder »Belastungsresistente« bedeutend besser mit der problematischen Lage fertig wird als erwartet.

10. S. B. Fine: »Resilience and Human Adaptability: Who Rises above Adversity?« In: *American Journal of Occupational Therapy*, 45, Nr. 6 (1991), S. 493.

11. Eine gründliche psychologische Beschreibung des »Rads des Lebens«

findet sich in M. Epstein: *Gedanken ohne den Denker*, Frankfurt/Main 1996.

12. »Abstieg in den Untergrund«: Das Thema des symbolischen Abstiegs und der Wiederauferstehung scheint in vielen Mythen und Geschichten auf. Siehe hierzu beispielsweise die Darstellung der griechischen Göttin Persephone, die von Hades in die Unterwelt entführt wird (J. S. Bolen: *Göttinnen in jeder Frau*, München 1997, Kap. 10). Die Jungianische Analytikerin Sylvia Perera verwendet die Metapher des Abstiegs in die Unterwelt als Weg zur psychologischen Umwandlung in ihrem Buch *Descent to the Goddess: A Way of Initiation for Women*, Toronto 1981 (dt.: *Der Weg zur Göttin der Tiefe*, Interlaken 1988).

13. Macy: Joanna Macys Bücher sind *Mut in der Bedrohung*, München 1986; *Dharma and Development: Religion as a Resource in the Sarvo-daya Self-Help Movement*, West Hartford 1983; *Mutual Causality in Buddhism and General System Theory: The Dharma of Natural Systems*, New York 1991; *Die Wiederentdeckung der sinnlichen Erde. Wege zum ökologischen Selbst*, München 1994; J. Robbins und J. Macy: *Diet for a New America. How Your Food Choices effect Your Health, Happiness, and the Future of Life on Earth*, Walpole 1987.

Zweites Kapitel

1. C. G. Jung in einem Brief an V. Subrahamanya Iyer vom 16. September 1937. C. G. Jung: *Briefe 1906–1950*, Bd. 1.

2. Siehe M. Csikszentmihalyi: *Dem Sinn des Lebens eine Zukunft geben*, Stuttgart 1995. Für ähnliche Standpunkte bezüglich der Theorie einer Ordnung inmitten der Unordnung siehe G. Bateson: *Ökologie des Geistes*, Frankfurt/Main 1981; I. Prigogine und I. Stengers: *Order out of Chaos: Man's New Dialogue with Nature*, New York 1984.

3. M. Csikszentmihalyi: *Dem Sinn des Lebens eine Zukunft geben*, a. a. O., S. 60.

4. Eine Version dieser Geschichte findet sich in R. Martin (Hrsg.) und J. Morimoto (Illustr.): *One Hand Clapping: Zen Stories for All Ages*, New York 1995.

5. Dan Gottlieb hat bereits ein Buch veröffentlicht (*Family Matters: Healing in the Heart of the Family*, New York 1991). Er schreibt eine vierzehntägige Kolumne für den *Philadelphia Inquirer* und ist der Moderator der landesweit ausgestrahlten Radiotalkshow »Voices in the Family« bei WHYY in Philadelphia.

6. Für eine Übersicht über Jungs Theorie der psychologischen Komplexe

siehe C. G. Jung: »Allgemeines zur Komplextheorie« in Bd. 8 der *Gesammelten Werke*.

Jungs spätere Komplextheorie enthält die Auffassung, daß jeder Komplex von einem emotionalen Zustand gekennzeichnet ist, der sich aus einem oder mehreren Archetypen ableitet. Der Komplex selbst ist eine Sammlung von assoziierten Erfahrungen (wie Gedanken, Gewohnheiten, Empfindungen), die durch einen gemeinsamen emotionalen Zustand zusammenhängen. Ein Archetyp ist die allgemeine Tendenz, ein spezielles einheitliches Bild (z. B. die Große Mutter) in einem bestimmten emotionalen Zustand (z. B. Befriedigung) zu formen. Ein Komplex wird zu einer Teilpersönlichkeit des Unbewußten, wenn er ausagiert oder immer wieder erfahren wird (siehe auch Anmerkung Nr. 9).

7. Die »Große Mutter« stellt die Fülle aller mütterlichen, weiblichen Attribute dar, das erträumte Gefühl von Vollkommenheit oder Verschmelzung. Das Bild der Großen Mutter wird in allen bestehenden Mythologien beschrieben, häufig sowohl in bezug auf leibliche Mütter als auch auf die Natur. Ein griechisches Bild der Großen Mutter ist Aphrodite, die Mutter des Eros – sie ist verführerisch, befriedigt die Bedürfnisse anderer und bewundert sie. Ein weiteres ist Demeter, die Mutter der Persephone – sie ist aufopfernd, nahrungsspendend, mächtig und überzeugend.

8. Die »Schreckliche Mutter« verkörpert empfundene Zurückweisung und Verlassensein. Den Ausdruck dieses Archetyps findet man in Erzählungen von Zauberinnen, bösen Stiefmüttern und alten Hexen. Eine griechische Darstellung der Schrecklichen Mutter ist Jokaste, die Mutter von Ödipus.

9. Psychologische Komplexe sind notwendige Formen, durch die sich die menschliche Persönlichkeit organisiert. Mit ihrer Hilfe verschlüsseln wir Erinnerungen und steuern unser Verhalten so, daß wir uns an unsere frühen Lebensumstände anpassen. Oft hat der Begriff *Komplex* in unserer Kultur eine negative Nebenbedeutung, und wir empfinden möglicherweise Scham, wenn wir in einem Komplex »gefangen« sind. Ich möchte betonen, daß niemand Schuld für seine Komplexe trägt und daß wir ohne sie im Kleinkindalter nicht überlebt hätten. Ob Komplexe positiv oder negativ sind – sie passen sich unseren frühen Lebensbedingungen an, sind aber im späteren Leben häufig anpassungsunfähig.

10. Siehe C. G. Jung, *Gesammelte Werke*, Bd. 9.1. Eine ausführliche Abhandlung der Entwicklung des Begriffs »Archetyp« findet sich in P. Young-Eisendrath und J. Hall: *Jung's Self Psychology: A Constructivist Perspective*, New York 1991. Meine Definition vom Archetyp stimmt vor allem mit Jungs Arbeit an dem Begriff überein, die er nach

1944 verfolgte. Er veränderte das, was anfänglich einer kantianischen Aufassung des »geistigen Bildes« gleichkam, in etwas, was dem »angeborenen Auslösungsmechanismus« in der Evolutionsbiologie ähnelte. Jungs spätere Definition weist auf eine Neigung zur Bildung eines kohärenten Bildes in emotionalen Erregungszuständen hin. Zum Beispiel haben Menschen die Anlage, Bilder der Großen und der Schrecklichen Mutter zu produzieren, ganz gleich, welcher Kultur sie angehören. Archetypen sind auf der ganzen Welt anzutreffen, denn sie rühren von universalen menschlichen Zuständen her. Archetypische Bilder hängen zuerst mit Zuständen mächtiger Erregungen zusammen. Auch später erregen sie uns weiterhin in vorhersehbarer Weise. Wenn wir einen Archtyp erfüllen und nicht spüren, daß er aus unseren eigenen Haltungen und Wahrnehmungen stammt, sind wir in ursprünglichen Gefühlszuständen gefangen, die von idealisierter Liebe bis hin zu Schrecken reichen und die sehr quälend sein können.

11. Siehe hierzu das Karma bei Jung in seinen *Gesammelten Werken*, Bd. 11.
12. G. Dharmasiri: *Buddhist Ethics*, S. 37.
13. Wilber, K. und Wilber, T. K.: *Mut und Gnade. In einer Krankheit zum Tode bewährt sich eine große Liebe*, München 1996.

DRITTES KAPITEL

1. Siehe C. F. Baynes und R. Wilhelm (Übers.): *The I Ching: The Richard Wilhelm Translation*, 3rd ed., Princeton, New Jersey, 1967.
2. »nicht einfach nur Überlebende«: Mit den Worten der Belastbarkeits-Forscher Werner und Smith »arbeitet, liebt und schaut (ein belastbarer Mensch) gut voraus«. Siehe E. E. Werner und R. S. Smith: *Vulnerable but Invincible: A Study of Resilient Children*, New York 1982; siehe ebenfalls G. O. Higgins: *Resilient Adults: Overcoming a Cruel Past*, San Francisco 1994; C. Kaufmann et al.: »Superkids: Competent Children of Psychotic Mothers«, in: *American Journal of Psychiatry*, 136 (1979), S. 1398–1402; E. E. Werner: »High-Risk Children in Young Adulthood: A Longitudinal Study from Birth to 32 Years«, in: *American Journal of Orthopsychiatry*, 59, Nr. 1 (1989), S. 72–81; D. B. Whiteman: »Holocaust Survivors and Escapees – Their Strengths«, in: *Psychotherapy*, 30 (1993), S. 443–451.
3. »unverwundbar oder unbesiegbar«: Diese Begriffe wurden gewöhnlich verwendet, um Kinder zu beschreiben, die – entgegen der Erwartung – keine psychologischen Störungen aufgrund emotionaler oder körperlicher Mißhandlung entwickeln. Heutzutage stellen sich Forscher belast-

bare oder belastungsresistente Menschen als Individuen vor, die erfolgreich mit widrigen Umständen fertig werden oder sich mit großer Wahrscheinlichkeit trotz bedrohlicher Lebenslagen erfolgreich anpassen. Siehe E. J. Anthony und B. J. Cohler (Hrsg.): *The Invulnerable Child*, New York 1987; N. Garmezy: »Vulnerability Research and the Issue of Primary Prevention«, in: *American Journal of Orthopsychiatry*, 41 (1971), S. 101–116; A. S. Masten und N. Garmezy: »Risk, Vulnerability, and Protective Factors in Developmental Psychopathology«, in: B. B. Lahey und A. E. Kazdin (Hrsg.): *Advances in Clinical Child Psychology*, Bd. 8, New York 1985, S. 1–52; M. Rutter: »Psychosocial Resilience and Protective Factors Mechanisms«. In: J. Rolf, A. S. Masten, D. Cicchetti, K. H. Nuechterlein und S. Weintraub (Hrsg.): *Risk and Protective Factors in the Developmental of Psychopathology*, Cambridge 1990, S. 181–214; E. E. Werner und R. S. Smith: *Vulnerable but Invincible*, a. a. O.

4. Obwohl die Rolle der anlagebedingten Faktoren nicht geleugnet wird, ist die Schutzrolle anderer (als der anlagebedingten) Faktoren von zahlreichen Studien erhärtet worden. Siehe M. Rutter: »Psychological Resilience and Protective Mechanisms«, in: *American Journal of Orthopsychiatry*, 57, Nr. 3 (1987), S. 316–331.

5. Michael Rutter fand heraus, daß die Wirkung der Anzahl der Faktoren nicht additiv, sondern multiplikativ ist: Das Bestehen von zwei Faktoren war verbunden mit einer vierfachen Risikozunahme (verglichen mit dem Bestehen von keinem oder nur einem Faktor), wohingegen vier oder mehr Risikofaktoren eine zehnfache Zunahme der Risikoanfälligkeit mit sich brachten. Siehe M. Rutter: »Protective Factors in Children's Responses to Stress and Disadvantage«, in: M. W. Kent und J. Rolf (Hrsg.): *Primary Prevention of Psychopathology*, Bd. 3, Hanover, New Hampshire 1979, S. 49–74; M. Rutter: »Psychosocial Resilience«, a. a. O.; M. Rutter et al.: »*Secondary Schools and Their Effects on Children*, Cambridge 1979; M. Rutter et al.: »Attainment and Adjustment in Two Geographical Areas: III. Some Factors Accounting for Area Differences«, in: *British Journal of Psychiatry*, 126 (1975), S. 520–533.

6. In einer landesweiten Studie berichteten 27 Prozent der Frauen und 16 Prozent der Männer, sie hätten in ihrer Kindheit eine Form sexuellen Mißbrauchs erfahren. Siehe D. Finkelhor et al.: »Sexual Abuse in a National Survey of Adult Men and Women: Prevalence, Characteristics, and Risk Factors«, in: *Child Abuse and Neglect*, 14 (1990), S. 19–28. Ein Regierungsbericht wies darauf hin, daß angenommen würde, 62 Prozent aller Mädchen und 31 Prozent aller Jungen wären in ihrer Kindheit sexuell mißbraucht worden. Siehe H. Dubowitz: »Child Maltreatment

in the United States: Etiology, Impact, and Prevention«; Vortrag gehalten auf dem Congress of the United States (Washington D.C.: Office of Technology Assessment, 1986). Auch Diana Russell berichtete in *Secret Trauma: Incest in the Lives of Girls and Women*, New York 1987, daß mehr als 38 Prozent von 933 befragten Frauen berichtet hätten, vor ihrem achtzehnten Lebensjahr sexuell mißbraucht worden zu sein.

Es ist aufgrund der unterschiedlichen Forschungsmethoden und Untersuchungsfragen schwierig, genaue Zahlen über die Häufigkeit sexuellen Mißbrauchs anzugeben. Die großangelegte Übersicht über bestehende empirische Studien von David Finkelhor »The Sexual Abuse of Children: Current Research Reviewed«, in: *Psychiatric Annals: The Journal of Continuing Psychiatric Education*, 17, Nr. 4 (1987), S. 233–241, wies darauf hin, daß mindestens 5 Prozent der Erwachsenen von irgendeiner Form sexuellen Mißbrauchs in ihrer Kindheit berichten, wobei sich die Angaben von 6 bis 62 Prozent für Frauen und von 3 bis 31 Prozent für Männer bewegen.

Die Statistiken über körperliche Gewalt sind ebenso verwirrend. In den Vereinigten Staaten werden vier von tausend Kindern jedes Jahr körperlich mißhandelt. Siehe dazu »Study Findings: National Study of the Incidence and Severity of Child Abuse and Neglect« (Washington, D.C.: U.S. Government Printing Office, 1986). Siehe dazu ebenso A.H. Cohn: *An Approach to Preventing Child Abuse* (Chicago: National Committee for the Prevention of Child Abuse, 1983); M.A. Straus and R.J. Gelles: »Change in the Family Violence from 1975 to 1985«, *Journal of Marriage and the Family* 48 (1986), S. 465–479.

In einer landesweiten Wahrscheinlichkeitserhebung von 6002 Haushalten wurde berichtet, daß 619 von 1000 Kinder geringfügige Gewalt und 110 von 1000 Kindern schwere Gewalt erlebten. Siehe G.D. Wolfner und R.J. Gelles: »A Profile of Violence Toward Children: A National Study«, in: *Child Abuse and Neglect*, 17 (1993), S. 197–212. In einem anderen Bericht erklärte das staatliche National Center on Child Abuse and Neglect, daß die Anzahl der landesweiten Kindesmißhandlungsberichte im Jahr 1991 bei über zweieinhalb Millionen gelegen hätte. Siehe *National Child Abuse and Neglect Data Systems: Working Paper 2: 1991 Summary Data Component* (Washington D.C.: U.S. Department of Health and Human Services, 1993).

7. Die Merkmale für Belastbarkeit, die A.L. Cox in »Childhood Adversity and the Successful Resilient Black Adult: A Retrospective Qualitative Study« (Diss., Smith College School for Social Work, 1994) zusammentrug, beruhten auf der psychoanalytischen Theorie von Heinz Kohut; siehe H. Kohut: *The Restoration of the Self*, New York 1977; H.

Kohut: *The Analysis of the Self*, N. Y. 1971 (dt.: *Wie heilt die Psycho-analyse*, Frankfurt/M. 1987).

8. Gina Higgins ausführliche Gespräche mit belastbaren Erwachsenen werden in ihrem Buch *Resilient Adults*, a. a. O. angeführt.

9. Diese belastbaren Heranwachsenden liefen große Gefahr, aufgrund ihrer genetischen Veranlagung (wenn einer oder beide Elternteile eine psychische Störung aufwiesen) und ihres familiären Umfelds in ihrem späteren Leben Anpassungsprobleme zu haben. Alle 25 Befragten waren aus einer Studie über 123 Familien ausgewählt, von denen etwa die eine Hälfte einen oder zwei Elternteile aufwiesen, die depressive Störungen hatten, die andere Hälfte hingegen nicht. Siehe M. Radke-Yarrow und T. Sherman: »Hard Growing: Children Who Survive«, in: J. Rolf et al. (Hrsg.): *Risk and Protective Factors in the Developement of Psychopathology*, Cambridge 1990.

10. Siehe M. Bleuler: *Die schizophrenen Geistesstörungen im Lichte lang-jähriger Kranken- und Familiengeschichten*, Stuttgart 1972. Für eine komprimierte Übersicht über Bleulers Ergebnisse siehe N. Garmezy: »Stress-Resistant Children: The Search for Protective Factors«, in: J. E. Stevenson (Hrsg.): *Recent Research in Developmental Psychopathology*, New York 1985, S. 213–233.

11. Siehe R. Krell: »Child Survivors of the Holocaust: Strategies of Adaptation«, in: *Canadian Journal of Psychiatry*, 38 (1993), S. 384–389; D. B. Whiteman: »Holocaust Survivors and Escapees: Their Strengths«, in: *Psychotherapy*, 30 (1993), S. 443–451.

12. W. Muller: *Legacy of the Heart: The Spiritual Advantages of a Painful Childhood*, New York 1993.

13. Aaron Antonovsky behauptete, daß die Streßforschung davon profitieren würde, wenn sie ihre empirischen Studien auch auf Lebens-belastungen im allgemeinen und die daraus resultierende Psychopathologie ausdehnte und die »Salutogenesis«, die Arbeit an der Gesundheitsförderung, miteinbezöge. Wie die Forscher, die sich mit dem Thema Belastbarkeit beschäftigten, legte er den Schwerpunkt nicht auf den Mißerfolg bei der Bewältigung von Lebensproblemen, sondern auf die Merkmale, die mit Gesundheit und Erfolg verbunden sind. Seine drei mit der Gesundheit zusammenhängenden Maximen stammen aus einer qualitativen Studie über Menschen, die mit einer sehr großen Anzahl von Belastungsfaktoren entweder erfolgreich oder nicht erfolgreich umgingen. Diese drei Maximen, die zusammen den »Sinn für Kohärenz« ausmachen, entsprechen meiner Behauptung, daß Sinngebung, Zielsetzung und Hoffnung sehr wichtig für das erfolgreiche Bewältigen von Widrigkeiten sind. Siehe Antonovsky: *Unraveling the*

Mystery of Health: How People Manage Stress and Stay Well, San Francisco 1987.

14. Siehe C. G. Jung, *Gesammelte Werke*, Bd. 11; siehe ebenso Jung in F. M. Bockus: »The Archetypal Self: Theological Values in Jung's Psychology«. In: D. J. Meckel und R. L. Moore (Hrsg.): *Jung and Christianity in Dialogue: Faith, Feminism, and Hermeneutics*, Mahwah, New York 1990; D. J. Meckel und R. L. Moore (Hrsg.): *Self and Liberation: The Jung-Buddhism Dialogue*, Mahwah, New York 1992.

Jung, der der Ansicht war, daß Spiritualität psychologische Ganzheit fördere, schrieb: »Seit Beginn der Geschichte haben religiöse Vorstellungen und Überzeugungen den Aspekt des geistigen Pharmakons. Sie stehen für die Welt der Ganzheit, in der Fragmente gesammelt und wieder zusammengefügt werden können. Eine solche Heilung kann nicht durch Pillen und Injektionen erzielt werden.« C. G. Jung, *Briefe III: 1956–1961*, Olten [3]1990.

15. Die Forschung behauptet, daß Mädchen belastbarer sind als Jungen, sofern eine Bezugsperson vorhanden ist. Siehe M. Rutter: »Sex Differences in Children's Responses to Family Stress«, in: E. J. Anthony und C. Koupernick (Hrsg.): *The Child in His Family*, Bd. 1, New York 1970; M. Rutter: »Epidemiological-Longitudinal Approaches to the Study of Development«, in: W. A. Collins (Hrsg.): *The Concept of Development, Minnesota Symposia on Child Psychology*, Bd. 15, Hillsdale, New Jersey 1982; E. E. Werner und R. S. Smith: *Vulnerable but Invincible*, a. a. O.

Einige empirische Ergebnisse weisen darauf hin, daß Mädchen in der Adoleszenz verwundbarer werden können, trotz der früheren Vorteile, die sie über die Jungen haben. Siehe A. S. Masten: »Toward a Developmental Psychopathology of Early Adolescence«. In: M. D. Levine und E. R. McAnarney (Hrsg.): *Early Adolescent Transitions*, Lexington, Mass. 1988, S. 261–278; E. E. Werner und R. S. Smith: *Vulnerable but Invincible*, a.a.O.

16. Man hat darauf hingewiesen, daß die typische Ermutigung zu – oft unrealistisch hohen – Karrierebestrebungen, die Jungen erfahren, zu chronischen Versagensgefühlen führt, wenn sie nicht erfolgreich sind. Siehe M. Komarovsky: *Dilemmas of Masculinity: A Study of College*, New York 1976; J. Pleck und R. Brannon: »Male Roles and the Male Experience«, in: *Journal of Social Issues* 34 (1978), S. 1–4.

Obwohl Jungen manche Vorteile genießen, ist fraglich, ob ihre Sozialisation auf längere Sicht konstruktiv ist. Eine ganze Reihe von Statistiken zeigt, daß ältere Jungen in alarmierend höherem Maße verschiedenen Formen von Gewalt ausgesetzt sind und ihr zum Opfer fallen als

Mädchen. Hierzu die folgende Erhebung: Jungen werden mit dreimal höherer Wahrscheinlichkeit alkoholabhängig als Mädchen, und die Wahrscheinlichkeit, daß sie zu illegalen Drogen greifen, ist bei ihnen doppelt so hoch. 90 Prozent aller alkohol- und drogenbedingten Festnahmen betreffen Männer. Siehe W. D. Watts und L. S. Wright: »The Relationship of Alcohol, Tobacco, Marijuana, and Other Illegal Drug Use to Delinquency among Mexican-American, Black, and White Adolescent Males«, in: *Adolescence* 25 (1990), S. 171–181. Der männliche Leichtsinn ist auch an der Statistik der Autounfälle zu ersehen. Die wichtigste Todesursache bei fünfzehn- bis vierundzwanzigjährigen jungen Männern ist der Autounfall. Siehe Children's Defense Fund: *The State of America's Children: 1992*, Washington, D. C. 1992.

VIERTES KAPITEL

1. G. Fowler: *Dance of a Fallen Monk: The Twists and Turns of a Spiritual Life*, Reading, Mass. 1995, S. 276.
2. Zum Gebrauch des Begriffes »wahres Selbst«: D. W. Winnicott zufolge ist das wahre Selbst die einem Menschen angeborene Anlage zu einer einzigartigen Persönlichkeit, die Quelle für Authentizität und Spontaneität. Wenn ein Kind gravierende Mängel bei seiner Betreuung erleidet, baut es ein sekundäres Selbst oder falsches Selbst auf. Das falsche Selbst ist eine unterwürfige, defensive Persona, die es der Außenwelt darbietet, um das innere Selbst vor psychischer Vernichtung zu schützen. Siehe D. W. Winnicott: »Ego Distortion in Terms of True and False Self«. In: *The Maturational Process and the Facilitating Environment*, New York 1960, S. 140–152 (dt.: *Die menschliche Natur*, Stuttgart 1994); ders.: *Playing and Reality*, London 1971.
3. Vgl. Sogyal: *Das tibetische Buch vom Leben und Sterben*, München 1993.
4. »Das Ich ist eine Funktion«: Siehe M. Epstein: *Gedanken ohne den Denker*, Frankfurt/M. 1996; Jean Piaget: *Six Psychological Studies*, New York 1967; C. Taylor: *Quellen des Selbst. Die Entstehung der neuzeitlichen Identität*, Frankfurt/M. 1994; P. Young-Eisendrath und J. A. Hall: »Ways of Speaking of Self«, in: P. Young-Eisendrath und J. A. Hall (Hrsg.): *The Book of the Self: Person, Pretext, and Process*, New York 1987.
5. June Singer ist Jungianische Analytikerin und hat zahlreiche Bücher publiziert (s. Literaturverzeichnis).
6. Für den theoretischen Überblick über die Stadien der Ich-Entwicklung,

siehe E. Erikson: *Identität und Lebenszyklus*, Frankfurt/M. 1979; M. Mahler, F. Pine und A. Bergman: *The Psychological Birth of the Human Infant: Symbiosis and Individuation*, New York 1975; L.A. Sroufe: »An Organizational Perspective of the Self«, in: D. Cicchetti und M. Beeghley (Hrsg.): *The Self in Transition: Infancy to Childhood*, Chicago 1990, S. 281–307; D. N. Stern: *The Interpersonal World of the Infant*, New York 1985.

7. »magisches Denken«: Für einen Überblick über den Übergang vom magischen Denken des präoperationalen Kleinkindes zum logischen Denken in der Kindheit siehe Jean Piagets Theorie und Forschung über kognitive Entwicklung.

8. Siehe R. Harré: *Social Being: A Theory for Social Psychology,* Totowa, New Jersey 1979; R. Harré: *Personal Being: A Theory for Individual Psychology*, Cambridge, Mass. 1984; C. Taylor: *Human Agency and Language: Philosophical Papers*, Bd. 1, Cambridge, Mass. 1985.

9. J. Macy: *World as Lover, World as Self,* Berkeley, Ca. 1991, S. 12 (dt.: *Die Wiederentdeckung der sinnlichen Erde. Wege zum ökologischen Selbst*, München 1994).

10. Die Psychoanalytikerin Margaret Mahler beschäftigt sich mit der anfänglichen Verwirrung der körperlichen und späteren psychologischen Abgrenzung des Kindes von der Mutter. Sie behandelt ausführlich die nachfolgende Herausbildung der Ich-Grenzen, die um den achtzehnten Lebensmonat herum ihren Höhepunkt erreicht. Siehe M. Mahler: »On the First Three Subphases of the Separation-Individuation Process«, in: *International Journal of Psychoanalysis* 53 (1972), S. 333–338; M. Mahler, F. Pine und A. Bergman: *The Psychological Birth of the Human Infant*, a. a. O.

11. Da jeder Mensch in einem von den anderen getrennten Körper lebt, wissen wir um die Unterscheidung des Ich von den anderen – zuerst auf der sensomotorischen Ebene und später auf der psychologischen Ebene. Siehe S. Pipp: »Sensorimotor and Representational Internal Working Models of Self, Other, and Relationship: Mechanisms of Connection and Separation«, in: D. Cicchetti und M. Beeghley (Hrsg.): *The Self in Transition: Infancy to Childhood*, Chicago 1990, S. 243–264; D. N. Stern: *The Interpersonal World of the Infant*, New York 1985.

12. Die Entwicklung der Ichfunktion oder der Ichorganisation vollzieht sich innerhalb des Kontextes unserer Beziehungen. Diese Beziehungsperspektive kann in den folgenden Werken gefunden werden: T.H. Ogden: *The Matrix of the Mind: Object Relations and the Psychoanalytic Dialogue*, Northvale, New Jersey, 1986; W. E. Overton: »The Arrow of Time and the Cycle of Time: Concepts of Change, Cognition, and Em-

bodiment«, in: *Psychological Inquiry* 5 (1994), S. 215–237; L. A. Sroufe: »An Organizational Perspective«, a. a. O.; H. S. Sullivan: *Die interpersonale Welt der Psychiatrie*, Frankfurt 1980; C. Taylor: »The Dialogical Self«, in: D. R. Hiley, J. F. Bohman und R. Shusterman (Hrsg.): *The Interpretive Turn : Philosophy, Science Culture*, Ithaca, New York 1991.

13. Die übermäßige Wertschätzung der Autonomie in unserer Gesellschaft wird von vielen feministischen Theoretikerinnen der Psychologie, Anthropologie, der Literatur und der Theologie kontrovers diskutiert. Eine interessante Darstellung stammt von der buddhistischen Gelehrten Ann Klein: *Meeting the Great Bliss Queen: Buddhists, Feminists, and the Art of the Self*, Boston 1994.

14. Siehe C. G. Jung: *Erinnerungen, Träume, Gedanken*, Olten 1987.

FÜNFTES KAPITEL

1. G. Dharmasiri: *Buddhist Ethics*, Antioch, Ca. 1989, S. 38.

2. Vgl. Anmerkung 5 zum 1. Kapitel.

3. R. Schafer: *Language and Insight*, New Haven 1978, S. 180–181.

4. Shibvons Geschichte wird in Gina Higgins' Buch *Resilient Adults: Overcoming a Cruel Past*, San Francisco 1994 erzählt.

5. Vgl. J. Goldstein und J. Kornfield: *Einsicht durch Meditation. Die Achtsamkeit des Herzens*, Bern, München 1989.

6. Die transzendente Funktion ist, in Jungs Worten, »ein Bindeglied zwischen bewußten und unbewußten Inhalten«, die eine dialektische Wechselwirkung verschiedener Ebenen und Ausgestaltungen des Bewußtseins ermöglicht. Im Jahr 1958 schrieb Jung einen kurzen Kommentar zur Veröffentlichung seiner 1916 erschienenen Schrift »Die transzendente Funktion«, in der es heißt, daß diese Funktion mit der generellen Frage: Wie kommt man mit dem Unbewußten zurecht? identisch ist... Denn »das Unbewußte ist nicht dieses oder jenes Ding; es ist das Unbekannte, das uns unmittelbar beeinflußt«. Siehe C. G. Jung: »Die transzendente Funktion«, Bd. 8, *Gesammelte Werke*, Olten, S. 67 f. Hier bezieht sich Jung auf das, was außerhalb unserer Fähigkeit uns vorzustellen, zu sprechen oder zu ersehnen liegt: das Unbekannte. An späterer Stelle dieser Schrift sagt er: »Dieser Begriff (transzendentale Funktion) hat nichts Geheimnisvolles oder Metaphysisches an sich«, und im Jahr 1920 sagt er, daß diese Funktion »einen Übergang von einer Einstellung zur anderen erleichtert. Das Rohmaterial, das von These und Antithese geformt wird ... ist das lebende Symbol.« (Siehe Jung, *Gesammelte Werke*, Bd. 6, Abschnitt 828.) Ich glaube, daß er auf die

Fähigkeit anspielt, etwas ganz Neues zu entdecken, indem man so lange die Bedeutung eines Ereignisses oder einer Empfindung offenläßt, die einen Konflikt verursacht, bis man beide (oder mehrere) Seiten der Spannung zu einer neuen Synthese vereint.

7. Für Winnicotts Diskussion von der Auffassung des »potentiellen Raumes« oder »Spielraumes« siehe D. W. Winnicott: *The Maturational Process and the Facilitating Environment*, New York 1960; *Playing and Reality*, London 1971.

8. Meine Anwendung der Dialogtherapie mit Paaren findet sich in folgenden Büchern: P. Young-Eisendrath: *Der Kuß der Froschkönigin*, erscheint 1998 in München; *Du bist ganz anders als ich dachte – den Partner wirklich lieben lernen*, München 1993.

9. Für eine Erörterung des von dem Psychoanalytiker Thomas Ogden geprägten Begriffs »dialogischer Raum« siehe T. H. Ogden: *The Matrix of the Mind: Object Relations and the Psychoanalytic Dialogue*, Northvale, New Jersey 1986. Thomas Ogden legt besonderen Nachdruck auf den »Raum« zwischen einem Symbol (einem Wort oder Bild) und einer Erfahrung (die symbolisiert ist). Ogden will uns zu der Erkenntnis führen, daß der Mensch diesen Raum immer ausfüllt und daß der Mensch eine Reaktion erzeugt. Es ist nicht so, daß die Reaktion den Menschen erzeugt; es ist nie so, daß wir lediglich auf unser Umfeld oder unsere Erlebnisse reagieren. Es besteht eine Wechselwirkung.

10. Die Work Progress Administration wurde im Jahr 1935 während der zweiten hunderttägigen Amtszeit von Franklin D. Roosevelt zur Bekämpfung der Wirtschaftskrise gegründet. Die Administration gab Amerikanern Arbeit beim Bau von Autobahnen und Straßen, bei der Errichtung von Gebäuden, Parks und anderen Projekten, von denen man sich einen langfristigen Gewinn versprach. Auch Künstler, Schriftsteller, Schauspieler und Musiker erhielten durch sie Arbeit.

11. Kapleaus Bücher über den Buddhismus sind: *To Cherish all Life: A Buddhist View of Animal Slaughter and Meat Eating*, New York 1981; *Die drei Pfeiler des Zen*, München 1979; *Zen: Merging East and West*, New York 1989; *The Wheel of Life and Death: A Practical and Spiritual Guide to Death, Dying, and Beyond*, New York 1990. *Living Zen in America*, New York 1997.

12. Meine Erörterung von Neid und Eifersucht stützt sich hauptsächlich auf die psychoanalytische Theorie von Melanie Klein und auf meine eigenen Erfahrungen im Krankenhaus. Klein war der Ansicht, daß ausnahmslos alle Kleinkinder destruktive Emotionen entwickeln, wenn sie sich ihrer Abhängigkeit von der Mutter und deren Eigenständigkeit und Abgegrenztheit als Person bewußt werden. Zu ihrer Auffassung von der

Entwicklung von Neid und Eifersucht siehe M. Klein: *Envy and Gratitude and Other Works*, New York 1975.

13. C. Tavris: *Wut – Das mißverstandene Gefühl*, München 1995.

14. P. Kapleau: *The Wheel of Life and Death*, a. a. O., S. 267.

15. Für die Geschichte und Darstellung der empirischen »Wahrheit« siehe W. F. Overton: »World Views and Their Influences on Psychological Theory and Research: Kuhn-Lakatos-Laudan«, in: H. W. Reese (Hrsg.): *Advances in Child Development and Behavior*, Bd. 18, New York 1984, S. 191–226; W.F. Overton: »Historical and Contemporary Perspectives on Developmental Theory and Research Strategies«, in: R. Downs, L. Liben und D. Palermo (Hrsg.): *Visions of Aesthetics, the Environment, and Development: The Legacy of Joachim Wohlwill*, Hillsdale, New York 1991, S. 263–311; W. F. Overton: »The Structure of Developmental Theory«, a. a. O.
Grundsätzlich gibt es zwei metatheoretische Auffassungen über die Natur der Wahrheit. Die erste wird meistens mit Realismus gleichgesetzt. Hier begreift man die Wahrheit als etwas, das aufdeckt, was bereits existiert. Die Schwierigkeit, bestimmte Fragen zu beantworten, reflektiert dabei die Grenzen unserer Methoden oder Instrumente. Die zweite metaphorische Auffassung ist in konstruktivistischen Theorien gefangen. Hier existiert keine Wahrheit unabhängig von dem menschlichen Verstehen derselben; die Wahrheit wird von Menschen erdacht. Die Ansicht, daß Daten niemals von ihrer Deutung zu trennen sind, ist sehr gut in einem berühmten Zitat von Hanson ausgedrückt, wonach alle Daten »theoriegeladen« sind. Siehe N. R. Hanson: *Patterns of Discovery*, London und New York 1958.

16. T. Nagel: *Der Blick von nirgendwo*, Frankfurt/M. 1992, S. 245.

17. P. Kapleau: *The Wheel of Life and Death*, a.a.O., S. 245.

18. Sigmund Freud prägte den Begriff »Wiederholungszwang«, um die unbewußten Wiederholungen emotionaler Muster, die in der frühen Kindheit gebildet wurden, zu beschreiben. Freud nahm an, daß wir dafür prädestiniert sind, das zu wiederholen, was wir nicht bewußt sehen können. Siehe S. Freud: *Erinnern, Wiederholen, Durcharbeiten, Gesammelte Werke*, Bd. 10, Frankfurt/M. 1963.

19. J. Goldstein und J. Kornfield: *Einsicht durch Meditation. Die Achtsamkeit des Herzens*, Bern, München 1989.

20. P. Kapleau: *Zen Bow*, Rochester, New York 1969, S. 3.

21. P. Kramer: *Glück auf Rezept. Der unheimliche Erfolg der Glückspille Fluctin*, München 1995.

Literaturverzeichnis

American Association of University Woman, *Shortchanging Girls, Shortchanging America*, Washington, D. C., 1991.

Anthony, E. J.: »The Syndrome of the Psychologically Invulnerable Child«, in: A. E. Koupernick (Hrsg.): *The Child in His Family: Children at Psychiatric Risk*, New York 1974.

ders. und B. J. Cohler (Hrsg.): *The Invulnerable Child*, New York 1987.

ders. und C. Koupernick (Hrsg.): *The Child in His Family*, Bd. 2, New York 1973.

Antonovsky, A.: *Unraveling the Mystery of Health: How People Manage Stress and Stay Well*, San Francisco 1987.

Baldwin, A. L., C. Baldwin und R. E. Cole: »Stress-Resistant Families and Stress-Resistant Children«, in: J. Rolf, A. S. Masten, D. Cicchetti, K. N. Nuechterlein und S. Weintraub (Hrsg.): *Risk and Protective Factors in the Development of Psychopathology*, Cambridge 1990.

Baynes, C. F. und R. Wilhelm: *The I Ching: The Richard Wilhelm Translation*, Princeton, New Jersey, 1990.

Beardslee, W.: »The Role of Self Understanding in Resilient Individuals: The Development of a Perspective«, in: *American Journal of Orthopsychiatry* 59 (1989), S. 266–278.

Bleuler, M.: *Die schizophrenen Geistesstörungen im Lichte langjähriger Kranken- und Familiengeschichten*, Stuttgart 1972.

Bolan, J. S.: *Göttinnen in jeder Frau,* München 1997.

Bowlby, J.: *Attachment*, Bd. 1, New York 1982.

ders.: *Elternbindung und Persönlichkeitsentwicklung*, Heidelberg 1995.

Bretherton, I.: »Attachment Theory: Retrospect and Prospect«, in: I. Bretherton und E. Waters (Hrsg.): *Growing Points of Attachment Theory and Research. Monographs of the Society for Research in Child Development* 501 (1985), S. 3–104.

ders.: »Communication Patterns, Internal Working Models, and the Intergenerational Transmission of Attachment Relationships«, in: *Infant Mental Health Journal* 11, Nr. 3 (1990), S. 237–252.

Campos, J. J. und K. C. Barrett: »Toward a New Understanding of Emotions and Their Development«, in: C. E. Izard, J. Kagan und R. B. Zajonc (Hrsg.): *Emotions, Cognitions and Behavior*, New York 1984.

Carver, C. S. und J. G. Gaines: »Optimism, Pessimism and Postpartum Depression«, in: *Cognitive Therapy and Research* 11, Nr. 4 (1987), S. 449–462.

Cohen, N. J.: »Sex Differences in Child Psychiatric Ourpatients: Cognitive, Personality, and Behavioral Characteristics«, in: *Child Psychiatry and Human Development* 20, Nr. 2 (1989), S. 113–121.

Cowen, E. L., P. A. Wyman, W. C. Work and G. R. Parker: »The Rochester Child Resilience Project: Overview and Summary of First Year Findings«, in: *Development and Psychopathology* 2 (1990), S. 193–212.

Cox, A. L.: *Childhood Adversity and the Successful, Resilient Black Adult: A Retrospective Qualitative Study.* Dissertation, Smith College School for Social Work, 1994.

Csikszentmihalyi, M.: *Dem Sinn des Lebens eine Zukunft geben*, Stuttgart 1995.

Dalai Lama: *Eine Politik der Güte*, hrsg. von Sidney Piburn, Olten 1992.

Darwin, C.: *Der Ausdruck der Gefühle bei Mensch und Tier*, Düsseldorf 1964.

Dharmasiri, G.: *Buddhist Ethics*, Antioch, Ca., 1989.

Dugan, T. F. und R. Coles (Hrsg.): *The Child in Our Times: Studies in the Development of Resiliency*, New York 1989.

Elkind, D.: *Child Development and Education: A Piagetian Perspective*, New York 1976.

ders.: *The Child and Society: Essays in Applied Child Development*, New York 1979.

Epstein, M.: *Gedanken ohne den Denker*, Frankfurt/M. 1996.

Erikson, E.: *Kindheit und Gesellschaft*, Stuttgart 1992.

ders.: *Identität und Lebenszyklus*, Frankfurt/M. 1979.

Fine, S. B.: »Resilience and Human Adaptability: Who Rises above Adversity«, in: *American Journal of Occupational Therapy* 45, Nr. 6 (1991), S. 493–502.

Finkelhor, D.: »The Sexual Abuse of Children: Current Research Reviewed«, in: *Psychiatric Annals: The Journal of Continuing Psychatric Education* 17, Nr. 4, (1987), S. 233–241.

ders., G. Hotaling, I. A. Lewis und C. Smith: »Sexual Abuse in a National Survey of Adult Men and Women: Prevalence, Characteristics, and Risk Factors«, in: *Child Abuse and Neglect* 14 (1990), S. 19–28.

Fisher, L., R. F. Kokes, R. E. Cole, P. M. Perkins and L. C. Wynne: »Competent Children at Risk: A Study of Well-Functioning Off-Spring of Disturbed Parents«, in: E. J. Anthony und B. J. Cohler (Hrsg.): *The Invulnerable Child*, New York 1987.

Fowler, G.: *Dance of a Fallen Monk: The Twists and Turns of a Spiritual Life*, Reading, Mass., 1995.

Freud, S.: *Erinnern, Wiederholen, Durcharbeiten*, Gesammelte Werke, Bd. 10, Frankfurt/M. 1963.

Gardner, E. S.: *The Case of the Backward Mule*, New York 1946.

Garmezy, N.: »Vulnerability Research and the Issue of Primary Prevention«, in: *American Journal of Orthopsychiatry* 41 (1971), S. 101–116.

ders.: »The Study of Competence in Children at Risk for Severe Psychopathology«, in: A. E. Koupernick (Hrsg.): *The Child in His Family: Children at Psychiatric Risk*, New York 1974.

ders.: »Observations of Research with Children at Risk for Child and Adult Psychopathology«, in: M. McMillan and S. Henao (Hrsg.): *Child Psychiatry: Treatment and Research*, New York 1978.

ders.: »Stress-Resistant Children: The Search for Protective Factors«, in: J. E. Stevenson (Hrsg.): *Recent Research in Developmental Psychopathology*, New York 1985, S. 213–233.

ders.: »Resiliency and Vulnerability to Adverse Developmental Outcomes Associated with Poverty«, in: *American Behavioral Scientist* 34, Nr. 4 (1991), S. 416–430.

Goldstein, J., J. Kornfield: *Einsicht durch Meditation. Die Achtsamkeit des Herzens – buddhistische Einsichtsmeditation für westliche Menschen*, Bern, München 1989.

Gottlieb, D.: *Family Matters: Healing in the Heart of the Family*, New York 1991.

Gray, R. E.: »Adolescent Response to the Death of a Parent«, in: *Journal of Youth and Adolescence* 16 (1987), S. 511–525.

Harré, R.: *Social Being: A Theory for Social Psychology*, Totowa, New Jersey 1979.

ders.: *Personal Being: A Theory for Individual Psychology*, Cambridge, Mass., 1984.

ders.: »The ›Self‹ as a Theoretical Concept«, in: M. Krausz (Hrsg.): *Relativism: Interpretation and Confrontation*, Notre Dame, In., 1989.

Hauser, S., M. Vieya, A. Jacobson, and S. Wertlieb: »Vulnerability and Resilience in Adolescence: Views from the Family«, in *Journal of Adolescence* 5, Nr. 1 (1985), S. 81–100.

Higgins, G.O.: *Resilient Adults: Overcoming a Cruel Past*, San Francisco 1994.

Holahan, C. J., R. H. Moos: »Personality, Coping and Family Resources in Stress Resistance«, in: *Journal of Personality and Social Psychology* 51 (1986), S. 389–395.

Inhelder, B., J. Piaget: *Von der Logik des Kindes zur Logik des Heranwachsenden*, Olten 1979.

Izard, C. E.: *The Face of Emotion*, New York 1971.

ders.: *Patterns of Emotions*, New York 1972.

ders.: *Die Emotionen des Menschen*, Weinheim, Basel 1981.

Jung, C. G.: *Gesammelte Werke*, Olten 1971.

ders.: *Psychologische Typen, Gesammelte Werke*, Bd. 7.

ders.: »Zwei Schriften über Analytische Psychologie«. *Gesammelte Werke*, Bd. 8.

ders.: »Allgemeines zur Komplextheorie«, *Gesammelte Werke*, Bd. 8.

ders.: »Die transzendente Funktion«. *Gesammelte Werke*, Bd. 8.

ders.: *Studien über alchemistische Vorstellungen, Gesammelte Werke*, Bd. 13.

ders.: *Praxis der Psychotherapie, Gesammelte Werke*, Bd. 16.

ders.: *Das symbolische Leben, Gesammelte Werke*, Bd. 18.

ders.: *Erinnerungen, Träume, Überlegungen*, Olten 1961.

ders.: *Briefe 1906-1950.*

ders.: *Briefe 1951-1961.*

Kapleau, P.: *To Cherish All Life: A Buddhist View of Animal Slaughter and Meat Eating*, New York 1981.

ders.: *Die drei Pfeiler des Zen*, München 1979.

ders.: *Zen: Merging East and West*, New York 1989.

ders.: *The Wheel of Life and Death: A Practical and Spiritual Guide to Death, Dying and Beyond*, New York 1990.

ders.: *Living Zen in America*, New York 1997.

Kaufman, J., E. Zigler: »Do Abused Children Become Abusive Parents?«, in: *American Journal of Orthopsychiatry* 57, Nr. 2 (1987), S. 186–192.

Kaufmann, C., H. Grunebaum, B. Cohler und E. Gamer: »Superkids: Competent Children of Psychotic Mothers«, in: *American Journal of Psychiatry* 136, Nr. 11 (1979), S. 1398–1402.

Klein, A.: *Meeting the Great Bliss Queen: Buddhists, Feminists, and the Art of the Self*, Boston 1994.

Klein, M.: *Envy and Gratitude and Other Works*, New York 1975.

Kohut, H.: *The Analysis of the Self*, New York 1971 (dt.: Wie heilt die Psychoanalyse, Frankfurt/M. 1987).

ders.: *The Restoration of the Self*, New York 1977.

Komarovsky, M.: *Dilemmas of Masculinity: A Study of College*, New York 1976.

Kornfield, J.: *Frag den Buddha - und geh den Weg des Herzens*, München 1995.

Kramer, P.: *Glück auf Rezept. Der unheimliche Erfolg der Glückspille Fluctin*, München 1995.

Krell, R.: »Child Survivors of the Holocaust: Strategies of Adaptation«, in: *Canadian Journal of Psychiatry* 38 (1993), S. 334–389.

Lauterbach, D. und S. Vrana: *Incidence of Traumatic Events and Post-traumatic Psychological Symptoms Among College Students*. Vortrag gehalten auf der 63. jährlichen Versammlung der Midwestern Psychological Association, Chicago 1991.

Lazarus, R.S. und S. Folkman: *Stress, Appraisal, and Coping*, New York 1984.

ders., A. D. Kanner, S. Folkman: »Emotions: A Cognitive-Phenomenological Analysis«, in: R. Pluttchik und H. Kellerman (Hrsg.): *Emotion: Theory, Research and Experience*, New York 1980.

Levit, D. B.: »Gender Differences in Ego Defenses in Adolescence: Sex Role as One Way to Understand the Differences«, in: *Journal of Personality and Social Psychology* 61, Nr. 6 (1991), S. 992–999.

Lewis, M.: *Scham*, München 1995.

ders., M.W. Sullivan, C. Stanger und M. Weiss: »Self Development and Self-Conscious Emotions«, in: *Child Development* 60 (1989), S. 146–156.

Luther, S. S.: »Vulnerability and Resilience: A Study of High-Risk Adolescents«, in: *Child Development* 62 (1991), S. 600–616.

Macy, J.: *Mut in der Bedrohung – psychologische Friedensarbeit im Atomzeitalter*, München 1986.

dies.: *Dharma and Development: Religion as a Resource in the Sarvodaya Self-Help Movement*, West Hartford 1983.

dies.: *Mutual Causality in Buddhism and General Systems Theory: The Dharma of Natural Systems*, New York 1991.

dies.: *Die Wiederentdeckung der sinnlichen Erde. Wege zum ökologischen Selbst*, München 1994.

Mahler, M., F. Pine und A. Bergman: *The Psychological Birth of the Human Infant: Symbiosis and Individuation*, New York 1975.

Martin, R. (Hrsg.) und Morimoto, J. (Illlustr.): *One Hand Clapping: Zen Stories for All Ages*, New York 1995.

dies.: *Jung and Christianity in Dialogue: Faith, Feminism, and Hermeneutics,* Mahwah, New York 1992.

Masten, A.S.: »Toward a Developmental Psychopathology of Early Adolescence«, in: M. D. Levine und E. R. McAnarney (Hrsg.): *Early Adolescent Transitions,* Lexington, Mass., 1988.

ders., K. M. Best und N. Garmezy: »Resilience and Development: Contributions from the Study of Children Who Overcome Adversity«, in: *Advances in Clinical Child Psychology*, Bd. 8, New York 1985.

ders. und N. Garmezy: »Risk, Vulnerability, and Protective Factors in Developmental Psychopathology«, in: B. B. Lahey und A. E. Kazdin (Hrsg.): *Advances in Clinical Child Psychology*, Bd. 8, New York 1985, S. 1–52.

ders., P. Morison, D. Pellegrini und A. Tellegen: »Competent under Stress:

Risk and Protective Factors«, in: J. Rolf, A. S. Masten, D. Cicchetti, K. H. Nuechterlein und S. Weintraub (Hrsg.): *Risk and Protective Factors in the Development of Psychopathology*, Cambridge, Mass., 1990.

Meckel, D. J. und R. L. Moore: *Self and Liberation: The Jung-Buddhism Dialogue*, Mahwah, New York 1992.

Moran, P. B. und J. Eckenrode: »Gender Differences in the Costs and Benefits of Peer Relationships during Adolescence«, in: *Journal of Adolescent Research* 6, Nr. 4 (1991), S. 396–409.

Muller, W.: *Legacy of the Heart: The Spiritual Adventages of a Painful Childhood*, New York 1993.

Nagel, T.: *Der Blick von nirgendwo*, Frankfurt/M. 1992.

Ogden, T. H.: *The Matrix of the Mind: Object Relations and the Psychoanalytic Dialogue*, Northvale, New Jersey, 1986.

O'Grady, D. und J. R. Metz: »Resilience in Children at High Risk for Psychological Disorder«, in: *Journal of Pediatric Psychology* 12, Nr. 1 (1987), S. 3–23.

Overton, W. F.: »The Structure of Developmental Theory«. In: H.W. Reese (Hrsg.): *Advances in Child Development and Behavior*, Bd. 23, New York 1991, S. 1–37.

ders.: »The Arrow of Time and the Cycle of Time: Concepts of Change, Cognition, and Embodiment«, in *Psychological Inquiry* 5, (1994), S. 215–237.

Perera, S.: *Der Weg zur Göttin der Tiefe. Die Erlösung der dunklen Schwester. Eine Initiation für Frauen*, Interlaken 1988.

Piaget, J.: *Six Psychological Studies*, New York 1967.

ders.: *The Language and Thought of the Child*, New York 1926 (dt.: *Sprechen und Denken des Kindes*, Frankfurt/Main, Berlin, Wien 1983).

ders.: *The Child's Conception of the World*, London 1929 (dt.: *Das Weltbild des Kindes*, München ⁵1997).

ders.: *The Moral Judgment of the Child*, New York 1932 (dt.: *Das moralische Urteil beim Kinde*, Stuttgart 1983).

Radke-Yarrow, M. und T. Sherman: »Hard Growing: Children Who Survive«, in: J. Rolf, A. S. Masten, D. Cicchetti, K. H. Nuechterlein und S. Weintraub (Hrsg.): *Risk and Protective Factors in the Development of Psychopathology*, Cambridge, Mass., 1990.

Rahula, W.: *Was der Buddha lehrt*, Bern 1982.

Ricks, M.: »The Social Transmission of Parental Behavior: Attachment across Generations«, in: I. Bretherton und E. Waters (Hrsg.): *Growing Points of Attachment Theory and Research. Monographs of the Society for Research in Child Development* 501 (1985), S. 211–230.

Robbins, J.und J. Macy: *Diet for a New America. How your Food Choices effect your Health, Happiness and the Future of Life on Earth,* Walpole 1987.

Rolf, J., A. S. Masten, D. Cicchetti, K. H. Nuechterlein und S. Weintraub (Hrsg.): *Risk and Protective Factors in the Development of Psychopathology*, Cambridge, Mass., 1990.

Russell, D.: *Secret Trauma: Incest in the Lives of Girls and Women*, New York 1987.

Rutter, M.: »Sex Differences in Children's Responses to Family Stress«, in: E. J. Anthony und C. Koupernick (Hrsg.): *The Child in His Family*, Bd. 1, New York 1970.

ders.: »Early Sources of Security and Competence«, in: J. Brunner und J. Garten (Hrsg.): *Human Growth and Development*, New York 1978.

ders.: »Protective Factors in Children's Responses to Stress and Disadvantages«, in: M.W. Kent und J. Rolf (Hrsg.): *Primary Prevention of Psychopathology*, Bd. 3, Hanover, New Hampshire 1979, S. 49–74.

ders.: »Epidemiological-Longitudinal Approaches to the Study of Development«, in: W. A. Collins (Hrsg.): *The Concept of Development, Minnesota Symposia on Child Psychology*, Bd. 15, Hillsdale, New Jersey, 1982.

ders.: »Psychosocial Resilience and Protective Mechanisms«, in: *American Journal of Orthopsychiatry* 57, Nr. 3 (1987), S. 316–331.

ders.: »Psychosocial Resilience and Protective Factors Mechanisms«. In: J. Rolf, A. S. Masten, D. Cicchetti, K. H. Nuechterlein und S. Weintraub (Hrsg.): *Risk and Protective Factors in the Development of Psychopathology*, Cambridge 1990.

Rutter, M. und D. Quinton: »Long-Term Follow-Up of Women Institutionalized in Childhood: Factors Promoting Good Functioning in Adult Life«, in: *British Journal of Developmental Psychology* 2 (1984), S. 191–204.

Rutter, M., B. Yule, D. Quinton, O. Rowland, W. Yule und W. Berger: »Attainment and Adjustment in Two Geographical Areas: III. Some Factors Accounting for Area Differences«, in: *British Journal of Psychiatry* 126 (1975), S. 520–533.

Sadker, M. und D. Sadker: *Failing at Fairness: How America's School Cheats Girls*, New York 1994.

Sameroff, A. J. und R. N. Emde (Hrsg.): *Relationship Disturbances in Early Childhood: A Developmental Approach*, New York 1989.

Schaefer, J. A. und R. H. Moos: »Life Crises and Personal Growth«, in: B. N. Carpenter (Hrsg.): *Personal Coping: Theory, Research, and Applications*, Westport 1992.

Schafer, R.: *Language and Insight*, New Haven 1978.

Scheier, M. F., J. K. Weintraub und C.S. Carver: »Coping with Stress: Divergent Strategies of Optimists and Pessimists«, in: *Journal of Personality and Social Psychology* 51, Nr. 6 (1986), S. 1257–1264.

Segal, S. und C. Figley: »Stressful Events«, in: *Hospital and Community Psychiatry* 39, Nr. 9 (1988), S. 998.

Singer, J.: *The Unholy Bible: Blake, Jung, and the Collective Unconscious*, Boston 1986.

dies.: *Androgyny: The Opposites Within*, Boston 1989.

dies.: *Love's Energies*, Boston 1990.

dies.: *Seeing Trough the Visible World: Jung, Gnosis, and Chaos*, Palo Alto 1990.

dies.: *A Gnostic Book of Hours: Keys to Inner Wisdom*, San Francisco 1992.

dies.: *Boundaries of the Soul: The Practice of Jung's Psychology*, New York 1994.

Sogyal, R.: *Das tibetische Buch vom Leben und Sterben*, München 1993.

Sroufe, L. A.: »An Organizational Perspective on the Self«, in: D. Cichetti und M. Beeghley (Hrsg.): *The Self in Transition: Infancy to Childhood*, Chicago 1990, S. 281–307.

ders. und Fleeson, J.: »Attachment and the Construction of Relationships«, in: W. Hartup und Z. Rubin (Hrsg.): *Relationships and Development*, Hillsdale, New Jersey, 1986.

Stern, D. N.: *The Interpersonal World of the Infant*, New York 1985.

Sullivan, H. S.: *Die interpersonale Welt der Psychiatrie*, Frankfurt/M. 1986.

ders.: *The Collected Works of Harry Stack Sullivan*, hrsg. von H. S. Perry und M. L. Gawel, New York 1956.

Suzuki, S.: *Zen-Geist, Anfänger-Geist*, Zürich, München 1993.

Tavris, C.: *Wut – Das mißverstandene Gefühl*, München 1995.

Taylor, C.: *Human Agency and Language: Philosophical Papers*, Bd. 1., Cambridge, Mass., 1985.

ders.: *Quellen des Selbst. Die Entstehung der neuzeitlichen Identität*, Frankfurt/M. 1994.

ders.: »The Dialogical Self«, in: D. R. Hiley, J. F. Bohman und R. Shusterman (Hrsg.): *The Interpretive Turn: Philosophy, Science, Culture*, Ithaca, New York 1991.

Vaillant, G. E.: *Adaptation to Life*, Boston 1977.

Valentine, L. und L. L. Feinauer: »Resilience Factors Associated with Female Survivors of Childhood Sexual Abuse«, in: *American Journal of Family Therapy* 21 (1993), S. 216–224.

Vaughn, C. E. und J. P. Leff: »The Influence of Family and Social Factors on the Course of Psychiatric Illness«, in: *British Journal of Psychiatry* 129 (1976), S. 125–137.

Werner, E. E.: »High-Risk Children in Young Adulthood: A Longitudinal Study from Birth to 32 Years«, in: *American Journal of Orthopsychiatry* 59, Nr. 1 (1989), S. 72–81.

Werner, E. E. und R. S. Smith: *Vulnerable but Invincible: A Study of Resilient Children*, New York 1982.

Whiteman, D. B.: »Holocaust Survivors and Escapees: Their Strengths«, in: *Psychotherapy* 30 (1993), S. 443–451.

Wilber, K. und T. K. Wilber: *Mut und Gnade. In einer Krankheit zum Tode bewährt sich eine große Liebe*, München 1996.

Winnicott, D. W.: *The Maturational Process and the Facilitating Environment*, New York 1960 (dt.: *Die menschliche Natur*, Stuttgart 1994).

ders.: *Playing and Reality*, London 1971.

Yarrow, L.: »Maternal Deprivation: Toward an Empirical and Conceptual Re-Evaluation«, in: *Psychological Bulletin* 58 (1961), S. 459–490.

Young-Eisendrath, P.: *Hags and Heroes: A Feminist Approach to Jungian Psychotherapy with Couples*, Toronto 1984 (dt.: *Der Kuß der Froschkönigin. Therapie mit Paaren*, München 1998).

dies.: *Du bist ganz anders als ich dachte. Den Partner wirklich lieben lernen*, München 1993.

dies. und J. A. Hall: »Ways of Speaking of Self«, in: P. Young-Eisendrath und J. A. Hall (Hrsg.): *The Book of the Self: Person, Pretext, and Process*, New York 1987.

dies.: *Jung's Self Psychology: A Constructivist Perspective*, New York 1991.

dies. und F. Wiedemann: *Female Authority: Empowering Women through Psychotherapy*, New York 1987.